城市轨道交通职业教育系列教材——车辆类

城市轨道交通机械基础

主　编　○　张　波　　唐春林
副主编　○　蒋　晶　　郑国秀　　向　军　　李运洋
参　编　○　侯小琴　　张　鑫　　何昌艳　　冉龙超

西南交通大学出版社
·成都·

图书在版编目（CIP）数据

城市轨道交通机械基础 / 张波，唐春林主编. —成都：西南交通大学出版社，2019.7（2023.12 重印）
ISBN 978-7-5643-6975-0

Ⅰ. ①城… Ⅱ. ①张… ②唐… Ⅲ. ①城市铁路 – 机械学 – 职业教育 – 教材 Ⅳ. ①U239.5

中国版本图书馆 CIP 数据核字（2019）第 142499 号

Chengshi Guidao Jiaotong Jixie Jichu
城市轨道交通机械基础

主编	张 波 唐春林
责任编辑	何明飞
封面设计	何东琳设计工作室
出版发行	西南交通大学出版社
	（四川省成都市金牛区二环路北一段 111 号
	西南交通大学创新大厦 21 楼）
邮政编码	610031
发行部电话	028-87600564　028-87600533
网址	http://www.xnjdcbs.com
印刷	四川煤田地质制图印务有限责任公司
成品尺寸	185 mm×260 mm
印张	14.75
字数	368 千
版次	2019 年 7 月第 1 版
印次	2023 年 12 月第 5 次
定价	45.00 元
书号	ISBN 978-7-5643-6975-0

课件咨询电话：028-87600533
图书如有印装质量问题　本社负责退换
版权所有　盗版必究　举报电话：028-87600562

前　言

近年来,轨道交通行业迅速发展,相应的,对于轨道交通专业人才的需求也逐年增加。轨道交通行业各个专业技术从业人员都需要一定的机械基础知识,特别是相关检修岗位,对于机械基础知识要求较高。结合轨道交通行业相关岗位对机械基础知识的需求,以及轨道交通各专业学生学习后续专业课程的需要,我们编写了本书。

本书在编写过程中调研了重庆轨道交通集团、中车重庆长客轨道车辆有限公司等行业企业,由学校教师和企业专家共同组成了教材编写组,共同确定了本书的各章节内容:静力学基础、材料力学基础、工程材料、机构、机械传动、轴和轴承、液压与气压传动、机械连接等。

参与本书编写的有重庆公共运输职业学院张波(绪论、第1章、第7章第3节)、李运洋(第2章、第3章)、向军(第4、5章)、郑国秀(第6章、第2章第6节)、候小琴(第8章)、蒋晶(第5章第4节)、冉龙超(第5章第1节)、中车重庆长客轨道车辆有限公司何昌艳(第7章第1节)、重庆轨道交通集团张鑫(第7章第2节)、全书由张波、唐春林统稿。

本书可作为职业院校轨道交通专业教材,也可作为轨道交通行业相关企业职工培训教材。由于作者水平有限,书中难免存在疏漏和不足之处,恳求读者和专家批评指正。

编　者
2019年4月

目 录

0 绪 论 ... 1
  0.1 机械发展简史 ... 1
  0.2 机械相关概念 ... 4
  0.3 城市轨道交通系统中的典型机构 ... 8
  复习思考题 ... 9

1 静力学基础 ... 10
  1.1 力的概念与基本性质 ... 10
  1.2 力矩与力偶 ... 15
  1.3 物体受力分析 ... 22
  复习思考题 ... 29

2 材料力学基础 ... 31
  2.1 材料力学的基本概念 ... 31
  2.2 拉伸与压缩 ... 33
  2.3 剪切与挤压 ... 41
  2.4 圆轴的扭转 ... 44
  2.5 平面弯曲 ... 48
  2.6 金属的常见力学性能 ... 55
  复习思考题 ... 63

3 工程材料 ... 64
  3.1 碳素钢 ... 64
  3.2 钢的热处理 ... 72
  3.3 合金钢 ... 78
  3.4 铸 铁 ... 85
  3.5 有色金属 ... 88
  3.6 非金属材料 ... 92
  复习思考题 ... 95

4 机 构 ... 96
  4.1 平面机构的结构分析和运动分析 ... 96
  4.2 平面连杆机构 ... 107

  4.3 凸轮机构 ······ 120
    复习思考题 ······ 126

5 机械传动 ······ 129
  5.1 带传动 ······ 129
  5.2 链传动 ······ 137
  5.3 齿轮传动 ······ 144
  5.4 螺旋传动 ······ 161
    复习思考题 ······ 164

6 轴和轴承 ······ 166
  6.1 轴 ······ 166
  6.2 轴 承 ······ 169
    复习思考题 ······ 174

7 液压与气动技术 ······ 176
  7.1 液压与气压传动基础 ······ 176
  7.2 气压传动元件 ······ 180
    复习思考题 ······ 201

8 机械连接 ······ 202
  8.1 螺纹连接 ······ 202
  8.2 键连接 ······ 211
  8.3 销连接 ······ 214
  8.4 焊 接 ······ 215
  8.5 铆 接 ······ 220
  8.6 黏 接 ······ 223
  8.7 联轴器 ······ 225
    复习思考题 ······ 229

参考文献 ······ 230

0 绪 论

0.1 机械发展简史

机械是人类祖先在长期的生活和生产劳动中逐渐创造出来的。人类用机械代替简单的工具,使手和足的功能在很大程度上得到了"延伸"。机械的发展与人类文明发展紧密相连,概括起来可分为 3 个阶段。

1. 机械起源和古代机械发展阶段(公元前 7 000 年城市文明的出现到 17 世纪末)

世界考古学家发现,公元前 7 000 年,在巴勒斯坦地区犹太人建立的杰里科城,城市文明首次出现在地球上,最早的机械——车轮(见图 0.1)或许是此时诞生的。

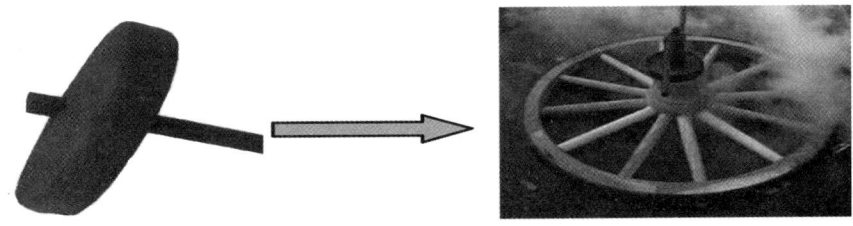

图 0.1 车轮的诞生图

当人类进入青铜器时代,机械得到了很大的发展。公元前 3 000 年,美索不达米亚人和埃及人开始普及青铜器,此后一系列的青铜工具(见图 0.2),如凿子、铜刀、两轮战车等得到了广泛的应用。

图 0.2 青铜工具

到公元前600年,学者希罗著书阐明了关于5种简单机械(杠杆、尖劈、滑轮、轮与轴、螺纹)推动重物的理论,这是已知的最早的机械理论。

公元前513年,希腊、罗马地区对木工工具作了很大改进,除木工常用的成套工具,如斧、弓形锯、弓形钻(见图0.3)、铲和凿外,还发展了球形钻、能拔铁钉的羊角锤、伐木用的双人锯等。此时,长轴车床和脚踏车床(见图0.4)已开始广泛使用,用来制造家具和车轮辐条。脚踏车床一直沿用到中世纪,是近代车床的基础。

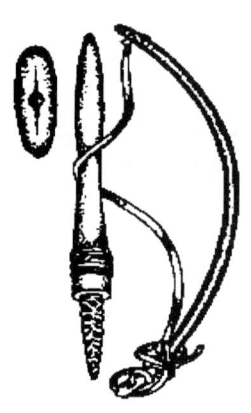
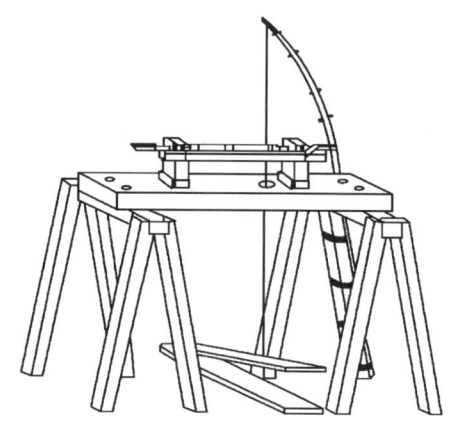

图0.3　弓形钻　　　　　　　　图0.4　脚踏车床

此后,随着人类对不同材料的成功使用以及阿基米德原理、静止液体中压力传递的基本定律等理论的产生,机械开始由简单走向复杂化。

1698年,英国的萨弗里制成了第一台实用的用于矿井抽水的蒸汽机——"矿工之友",开创了机械的原动力创新的先河。

2. 近代机械发展阶段(18世纪到20世纪初)

1769年,英国的瓦特(见图0.5)取得带有独立的实用凝汽器专利,从而完成蒸汽机(见图0.6)的发明,人类从此进入了"蒸汽时代"。

图0.5　詹姆斯·瓦特　　　　　图0.6　瓦特发明的高效率蒸汽机

1774 年，英国的威尔金森发明了较精密的炮筒镗床，这是第一台真正意义上的机床——加工零件的机器。它成功地用于加工气缸体，使瓦特蒸汽机得以投入运行。

1799 年，法国的蒙日（见图 0.7）发表《画法几何》一书，使"画法几何"成为机械制图的投影理论基础。

图 0.7　几何学家蒙日

1889 年，第一届国际计量大会首次正式定义"米"为"在 0 ℃，保存在国际计量局的铂铱米尺（见图 0.8）的两中间刻线间的距离。"世界从此有了更加统一的尺寸单位。

图 0.8　国际计量局的铂铱米尺

在这短暂的两个世纪之间，世界机械的发展主要集中于欧洲，人类经历了蒸汽时代（1770—1870 年）和电气时代（1870—1914 年）两次工业革命，使世界机械发生了脱胎换骨的改变。

3. 现代机械发展阶段（20 世纪初到现在）

20 世纪初，资本主义为了继续满足疯狂扩张的需要，更加注意生产效率的提高及大批量生产的实现。

美国费拉德尔菲尔机械工厂的工人——泰勒，经过对工作实践的研究，发明了高速钢刀具（见图 0.9），极大地提高了金属的切削速度；随后他又发明了一种计算尺（见图 0.10），使一个技术熟练的一流机械技师的计算速度提高了一倍。

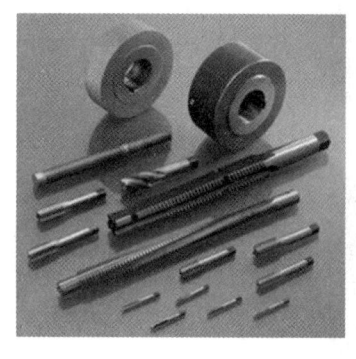

图 0.9　高速钢刀具

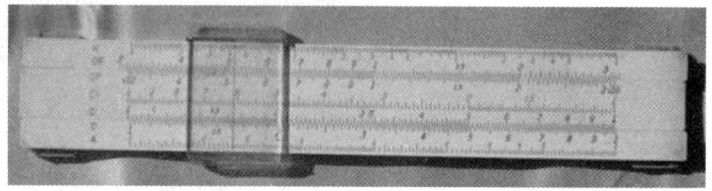

图 0.10　计算尺

为了实现大批量生产，从 19 世纪开始，人们就开始探索互换式的生产方法。其后，各种新式可互换的机床附件也应运而生。在制造机床的同时，为了保证机床的制造精度，千分尺等一大批测量器具被设计并制造出来。

随着对管理模式研究的逐步深入，机械制造开始走向自动化，自动化生产线应运而生。英国莫林斯公司根据威廉森提出的柔性制造系统的基本概念研制出"系统 24"。1976 年，日本发那科公司首次展出由 4 台加工中心和 1 个工业机器人组成的柔性制造单元。

随着科学技术的进步和工业生产的迅速发展，现代的机械已经远远不再是传统的"原动机＋传动机＋工作机"，而是已经逐渐会"自行思考"。未来的机械，将更加全面地普及计算机控制，发挥更加智能、高效的作用。

0.2　机械相关概念

1. 机器的概念

机器是执行机械运用的装置，用来变换或传递能量、物料与信息。机器就是人为实体（构件）的组合，各部分之间具有确定的相对运动，并能代替或减轻人类的体力劳动，完成有用的机械功或实现能量转换。

以家用洗衣机为例，电动机产生的动力经皮带传动和减速器减速后，带动波轮旋转，整个洗衣过程由洗衣机中的控制器来控制。一般机器主要由动力部分、传动部分、执行部分、控制部分等组成。各组成部分的作用和应用举例见表 0.1。

表 0.1 机器各组成部分的作用和应用举例

组成部分	作 用	应用举例
动力部分	把其他形式的能量转换为机械能,以驱动机器各部件运动等	电动机、内燃机、空气压缩机
传动部分	将原动机的运动和动力传递给执行部分的中间环节	城市轨道交通车辆中的带传动、螺旋传动、齿轮传动等,以及机器中常见的机械传动、液压传动、气压传动等
执行部分	直接完成机器工作任务的部分,处于整个传动装置的终端,其结构形式取决于机器的用途	金属切削机床的主轴、工作台、托板,以及城市轨道交通车辆中的车体、车门
控制部分	包括自动检测部分和自动控制部分,其作用是显示和反映机器的运行位置和状态,控制机器正常运行和工作	数控机床、轨道车辆中的控制装置

其中,动力部分、传动部分、执行部分和控制部分之间的关系如图 0.11 所示。

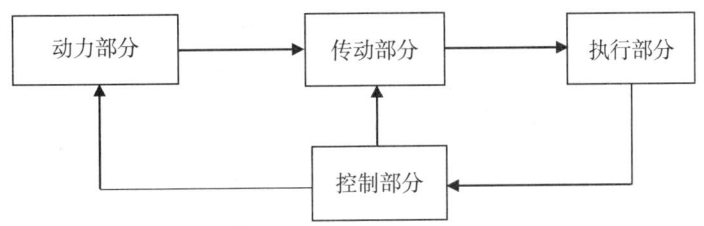

图 0.11 动力部分、传动部分、执行部分和控制部分之间的关系

按工作的类型,机器分为 3 种,见表 0.2。

表 0.2 常用机器的类别及应用举例

类 别	作 用	实 例
动力机器	用于变换能量的机器	内燃机、电动机(见图 0.12)
工作机器	用于完成有用机械功或搬运物料	机床、高速列车(见图 0.13)
信息机器	用于实现信息变换	计算机、手机(见图 0.14)

图 0.12 电动机　　　　　图 0.13 高速列车　　　　　图 0.14 手机

机器种类繁多，各类机器的功能不同，但是各类机器有共同的特征：
（1）都是人为的实物组合，由多构件组成。
（2）各构件间有确定的相对运动。
（3）能做功或进行能量转换。

2. 机器组成部件

（1）零件。

机械零件，又称机械元件。从制造角度看，机器是由若干个零件组成的。零件是机器组成中不可再拆的最小单元，是机器的制造单元，如图 0.15 中的螺母等。

图 0.15 螺母

机器中的零件可分为专用零件和通用零件。

① 专用零件。专用零件只适用于一定类型的特殊机械，具有专门的功用和性能，如汽车上使用的曲轴和凸轮轴等零件。

② 通用零件。通用零件是在各类机械中经常使用的零件，具有普遍的适用性，如汽车上使用的各类连接螺栓和螺母等零件。

（2）部件。

一套协同工作且完成共同任务的零件组合称为部件，如滚动轴承（见图 0.16）。

图 0.16 滚动轴承

（3）构件。

从运动角度看可以认为机器是由若干构件组成的，各构件之间具有确定的相对运动，所以构件是机器中作为一个整体运动的最小单元。汽车轮胎等构件一般由若干个零件刚性连接而成，也可能是单一的零件，如发动机连杆、汽车轮胎（见图0.17）等。

图 0.17　汽车轮胎

（4）机构。

机构由多构件组成且各构件间有确定的相对运动，如脚踏自行车的踏板机构、发动机中的曲柄连杆机构（见图0.18）。

图 0.18　发动机中的曲柄连杆机构

3. 机械的概念

综上所述,机械是机器与机构的总称,最简单的机器由一个机构组成;机构由构件组成,构件由零件组成。一台机器由许多零件组合而成,零件是机器的基本组成单元,也是制造单元;在拆装机器时,零件也是不能再拆分的最小单元。

0.3 城市轨道交通系统中的典型机构

轨道交通各个系统中包含各种类型的机械,如车门的传动机构通常采用丝杠螺母传动机构(见图0.19)、齿带传动机构(见图0.20);空气压缩机采用了曲柄滑块机构(见图0.21)、双螺杆传动机构(见图0.22);转辙机采用了齿轮传动机构(见图0.23)。还有很多轨道交通系统中应用到的其他机械,在此不做一一介绍。

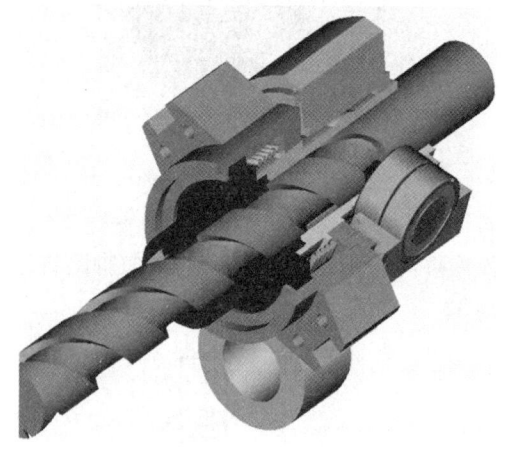

图 0.19 杠杆螺母传动机构(车门)

图 0.20 齿带传动机构(车门)

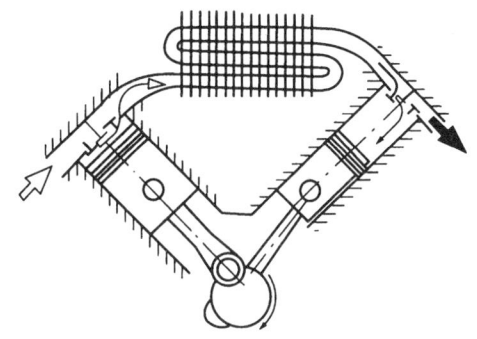

图 0.21　曲柄滑块机构（活塞式空气压缩机）

图 0.22　双螺杆传动机构（螺杆空气压缩机）

图 0.23　齿轮传动机构（转辙机）

复习思考题

1. 列举生活中的一些常用机械。
2. 列举你所知道的城市轨道交通中的机械。

1 静力学基础

1.1 力的概念与基本性质

1.1.1 力的概念

1. 定 义

用手推门时,手指与门之间有了相互作用,这种作用使门产生了运动。用汽锤锻打工件时,汽锤和工件间有了相互作用,工件的形状和尺寸发生了改变。人们在长期的生产实践活动中,经过不断地观察和总结,形成了力的定义:**力是物体间的相互作用**。

这种作用使物体的运动状态和形状尺寸发生改变。力使物体运动状态的改变称为**力的外效应**;力使物体形状尺寸的改变称为**力的内效应**。

2. 刚 体

用脚踢皮球,脚和球体之间进行了相互作用,球体的运动状态和形状尺寸同时发生了改变,力对球体的这两种效应并不是单独发生的,而是同时发生的。当研究物体的运动规律(包括平衡)时,可以忽略形状尺寸改变对运动状态改变的影响,把物体抽象为不变形的理想化模型——刚体。这是为物体抽象化的一个**最基本的力学模型**。

3. 力的三要素及表示法

在工程实践中,物体间机械作用的形式是多种多样的,如重力、压力、摩擦力等。力对物体的效应取决于力的三要素,即力的**大小、方向和作用点**。

力是一个既有大小又有方向的量,称为**力矢量**。一般,力有两种表示方法:

(1)用加粗的字母"***F***"表示(表示力的大小时用不加粗的字母"*F*"表示,如 *F* = 100 N)。

(2)用一个有向线段表示,线段的长度按一定的比例尺,表示力的大小;线段箭头的指向表示力的方向;线段的始端 *A*(见图 1.1)或末端 *B* 表示力的作用点。力的单位为牛顿(N),简称"牛"。把物体间的一个机械作用表示成有方向和大小的线段,是力学研究中对物体间机械作用的简化结果。

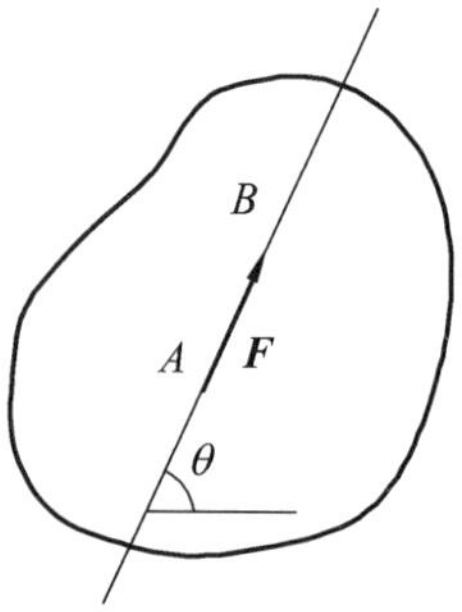

图 1.1 力的图示

4．平衡与平衡力系

平衡是指物体相对于地球静止或匀速直线运动。如果某一力系使物体处于平衡状态，则该力系称为**平衡力系**。

1.1.2 力系的概念

（1）力系：同时作用于一物体上的一群力。
（2）平衡力系：如果某一力系作用到一原来平衡的物体上，而物体仍然保持平衡，则此力系为平衡力系。
（3）等效力系：对物体的作用效果相同的两个力系。等效力系可相互替代。
（4）合力与分力：如果一个力和一个力系等效，那么这个力就称为这个力系的合力；反之，力系中的各个力称为这个力的分力。

由已知力系求合力的过程称为力的合成，反之为力的分解。

1.1.3 力的分类

（1）集中力：力作用的面积很小或与受力物体的面积相比很小，可以将力的作用面抽象为一个点，认为力集中作用于这一点，如推力、拉力等。
（2）分布力（载荷）：力作用的面积很大或与受力物体的面积相比不能忽略，而是在一定范围内连续分布于物体上的，如风对墙面的作用力、水对船壳的作用力等。

图 1.2 所示为沿梁轴线均匀、连续分布的载荷，在进行受力分析计算时常将均布载荷简化为一个集中力 F，其大小为 $F=ql$（l 为载荷作用的长度），作用线通过作用长度的中点。

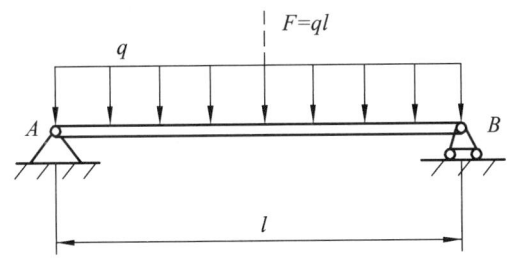

图 1.2 梁受均布载荷

1.1.4 力的性质

性质 1　力的平行四边形法则

作用于物体上同一点的两个力，可以合成为作用于该点的一个合力，合力的大小和方向由这两个力为邻边所构成的平行四边形的对角线来决定（见图 1.3）。

如用 F_R 表示力 F_1 和 F_2 的合力，则性质 1 的矢量表达式为

$$F_R = F_1 + F_2$$

即合力的矢量等于各分力的矢量和。

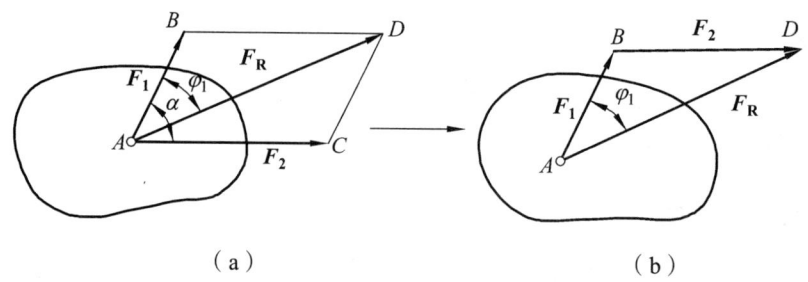

图 1.3 力的平行四边形法则和三角形法则

平行四边形法则是力的合成法则，也是力的分解法则。在图 1.4 中，拉力 F 作用在螺钉 A 上，与水平方向的夹角为 α，按此法则可将其沿水平及铅垂方向分解为两个分力 F_1 和 F_2（见图 1.4），分力的大小为

$$F_1 = F\cos\alpha$$
$$F_2 = F\sin\alpha$$

式中，α 为力 F 与 x 轴所夹的锐角。

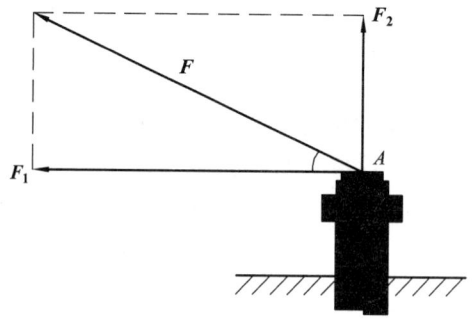

图 1.4 力的分解

推论 1 求两汇交力合力的三角形法则

用平行四边形公理作图求两汇交力的合力可以得到，通常只需画出半个平行四边形（三角形），如图 1.3（b）所示。

推论 2 求平面汇交力系合力的力多边形法则

如图 1.5 所示，多次应用力的三角形法则最终作出平面汇交力系的合力。

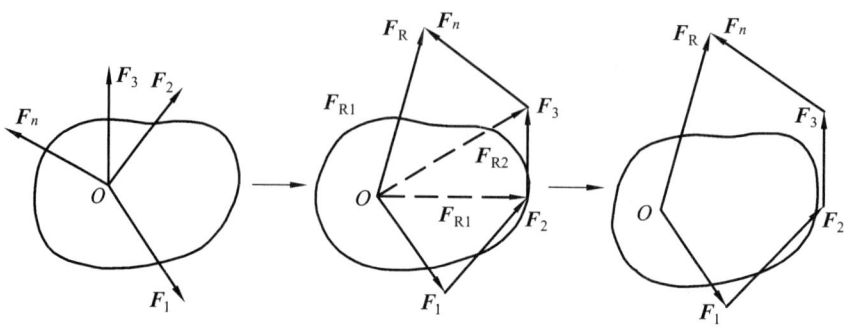

图 1.5 力的多边形法则

推论 3 三力平衡汇交定理

刚体受到同一平面内不平行的 3 个力作用而平衡时,这 3 个力的作用线必定交于同一点,如图 1.6 所示。

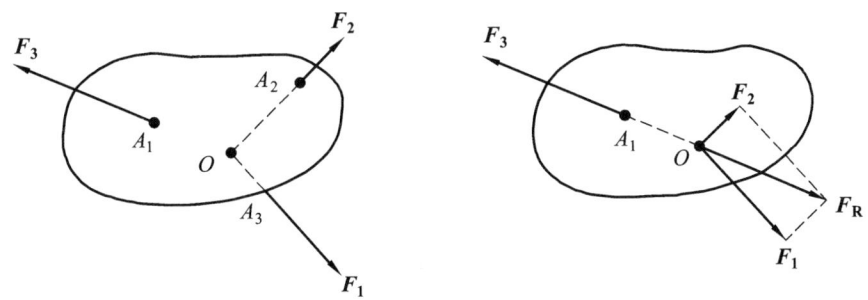

图 1.6 三力平衡汇交定理

性质 2 二力平衡条件

作用于同一刚体的两个力,使刚体处于平衡的充分必要条件是:这两个力的大小相等,方向相反,且作用在同一条直线上(见图 1.7),即

$$F_1 = -F_2$$

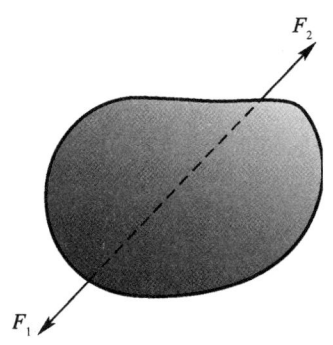

图 1.7 二力平衡

对于变形体而言,二力平衡公理只是必要条件,但不是充分条件。如在绳索两端施加一对等值、反向、共线的拉力时可以平衡,但受到一对等值、反向、共线的压力时就不能平衡了(见图 1.8)。

图 1.8 绳的受力

只在两力作用下平衡的刚体称为二力体或二力构件。当构件为直杆时,称为二力杆,如图 1.9 所示。

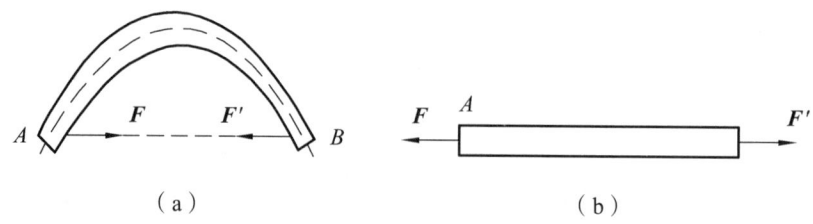

（a） （b）

图1.9 二力杆

性质3 作用与反作用定律

两个物体间的作用力与反作用力总是大小相等、方向相反、作用在同一条直线上，但分别作用在两个不同的物体上。 这个公理指出，力总是成对出现的，有一作用力必有一反作用力，这是分析物体之间相互作用力的一条重要规律。

作用力与反作用力，一般用同一字母表示。为了便于区别，在其中一个字母的右上角加一小撇"'"，如 F 表示作用力，则 F' 便表示反作用力。

力的作用与反作用定律无论是对刚体或变形体都是适用的。对于二力平衡条件而言，两个力作用在同一刚体上是一对平衡力，而作用力和反作用力则是分别作用在两个不同的物体上，作用力和反作用力不能平衡。

性质4 力的可传性

由于力对刚体只有运动效应，因此**作用于刚体上的力可沿其作用线移动到该刚体内任一点，而不改变力对刚体的作用效应**（见图1.10），这一性质称为**力的可传性**。

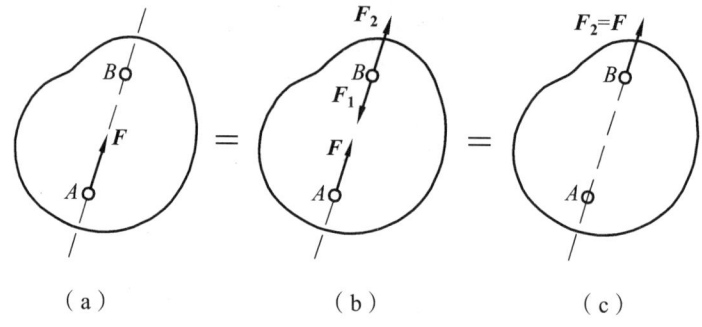

（a） （b） （c）

图1.10 力的可传行

例如，在日常生活中用绳拉车，或者沿着同一直线，以同样大小的力推车，对车将产生相同的运动效应（见图1.11）。

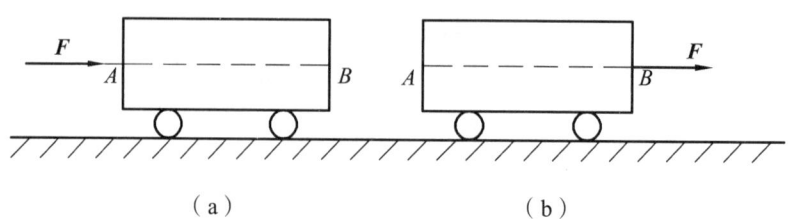

（a） （b）

图1.11 小车受力

由此可见，就力对刚体的运动效果而言，力的作用点已不再是重要因素。当然，在研究力对物体的变形效应时，力是不能沿作用线移动的。

1.2 力矩与力偶

1.2.1 力　矩

1. 力矩的概念

为了描述力对物体的转动效应，引入力矩的概念。

力除了能使物体移动外，还能使物体产生绕某一点的转动。力使物体绕某一点的转动效果，不仅与力的大小有关，还与力的作用线到这点的垂直距离有关，如用扳手拧螺母，如图 1.12 所示。将转动中心（见图 1.13 中的 O 点）称为矩心；矩心到力 F 作用线的垂直距离称为力臂，用符号 d 表示。

力使物体的转动效果与力 F 的大小有关，也与力臂的长短有关。力的大小与力臂长短的乘积，称为力矩。力矩衡量力 F 使物体绕某点 O 的转动效果，称为力 F 对 O 点的矩，简称为力矩，用 $M_O(F)$ 表示。

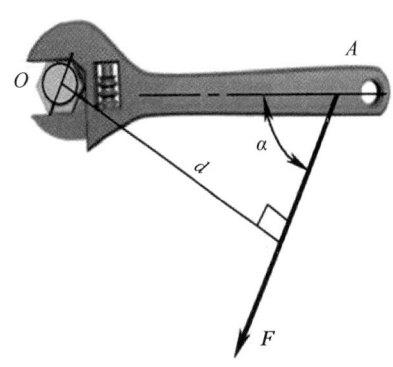

图 1.12　力对点之矩

$$M_O(\boldsymbol{F}) = \pm Fd$$

式中　$M_O(\boldsymbol{F})$——力 $\boldsymbol{F}$ 对 O 的矩，简称为力矩，N·m（kN·m）；
　　　F——力，N（kN）；
　　　d——力臂，m（mm）。

在平面问题中，通常规定：力使物体绕矩心逆时针方向转动时力矩为正，反之为负，如图 1.13 所示。

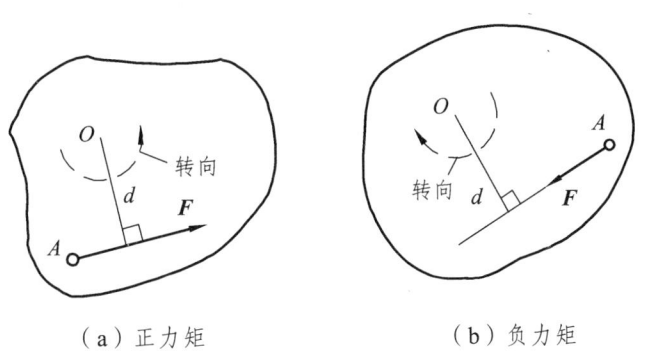

（a）正力矩　　　　　　　（b）负力矩

图 1.13　力矩的正负

由力矩的定义可知：

（1）力沿其作用线移动作用点时不会改变力对已知点的矩（力的可传递性原理）。

（2）力的作用线若通过矩心，则力矩为零。反之，如果一个大小不为零的力，对某点的力矩为零，则这个力的作用线必过该点。

（3）相互平衡的两力，对同一点力矩的代数和为零。

例 1.1 如图 1.14 所示，已知皮带紧边的拉力 $F_{T1} = 2\,000$ N，松边的拉力 $F_{T2} = 1\,000$ N，轮子的直径 $D = 500$ mm。试分别求皮带两边拉力对轮心 O 的矩。

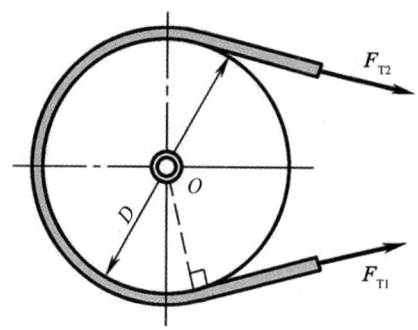

图 1.14 带轮的受力

解：由于皮带拉力沿着轮缘的切线，所以轮的半径就是拉力对轮心 O 的力臂，即

$$d = D/2 = 250 \text{ mm} = 0.25 \text{ m}$$

于是有

$$M_O(F_{T1}) = F_{T1}d = 2\,000 \text{ N} \times 0.25 \text{ m} = 500 \text{ N} \cdot \text{m}$$

$$M_O(F_{T2}) = -F_{T2}d = -1\,000 \text{ N} \times 0.25 \text{ m} = -250 \text{ N} \cdot \text{m}$$

拉力 F_{T1} 使轮逆时针转动，故其力矩为正；F_{T2} 使轮顺时针转动，故其力矩为负。

2. 合力矩定理

在有些计算力矩的实际问题中，力臂不易求出，用力矩的定义来求力矩比较麻烦。这时可以将这个力分解成两个力臂容易求出的分力，再由这两个分力的力矩来计算合力矩。分力矩与合力矩间的关系由合力矩定理给出。

合力矩定理 平面汇交力系的合力对平面上任一点之矩，等于所有分力对同一点力矩的代数和，即

$$M_O(F_R) = M_O(F_1) + M_O(F_2) + \cdots + M_O(F_n) = \sum M_O(F_i)$$

式中　$M_O(F_R)$——合力对 O 点之矩，N·m（kN·m）；

　　　$\sum M_O(F_i)$——力系中各分力对 O 点矩的代数和，N·m（kN·m）。

合力矩定理是一个普遍定理，对于有合力的其他力系，合力矩定理仍然适用。

例 1.2 如图 1.15 所示，在 ABO 直角弯杆上 A 点作用一力 F，已知 $a = 180$ mm，$b = 400$ mm，$\alpha = 60°$，$F = 100$ N。求力 F 对 O 点之矩。

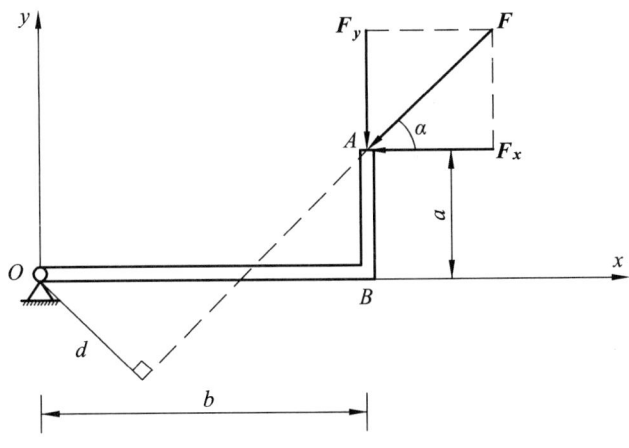

图 1.15　直角弯杆受力

解： $M_O(\boldsymbol{F}) = -Fd$

因为力臂 d 值不便计算，可将 $\boldsymbol{F}$ 分解为 $\boldsymbol{F}_x$ 和 $\boldsymbol{F}_y$ 两个分力，应用合力矩定理则可以较方便地计算出结果：

$$M_O(\boldsymbol{F}) = M_O(\boldsymbol{F}_x) + M_O(\boldsymbol{F}_y)$$

$$\boldsymbol{F}_x = F\cos\alpha = 100 \text{ N} \times \cos 60° = 50 \text{ N}$$

$$\boldsymbol{F}_y = F\sin\alpha = 100 \text{ N} \times \sin 60° = 86.6 \text{ N}$$

$$M_O(\boldsymbol{F}_x) = F_x a = 50 \text{ N} \times 0.18 \text{ m} = 9 \text{ N} \cdot \text{m}$$

$$M_O(\boldsymbol{F}_y) = -F_y b = 186.6 \text{ N} \times 0.4 \text{ m} = -34.6 \text{ N} \cdot \text{m}$$

所以　　　　$M_O(\boldsymbol{F}) = M_O(\boldsymbol{F}_x) + M_O(\boldsymbol{F}_y) = 9 \text{ N} \cdot \text{m} + (-34.6 \text{ N} \cdot \text{m}) = -25.6 \text{ N} \cdot \text{m}$

负号表示力 $\boldsymbol{F}$ 使 ABD 杆绕 O 点顺时针转动。

1.2.2　力　偶

1. 力偶的概念

在生产实践中，作用力矩可以使物体产生转动效应。另外，经常还可以见到使物体产生转动的例子，如图 1.16（a）、（b）所示，司机用双手转动转向盘，用手拧水龙头。力学研究中，把物体产生转动效应的一对大小相等、方向相反、作用线平行的两个力称为力偶，记作（$\boldsymbol{F}$, $\boldsymbol{F}'$），如图 1.17 所示。

力偶是一个基本的力学量，并具有一些独特的性质，它既不平衡，也不能合成为一个合力，只能使物体产生转动效应。力偶中两个力作用线所决定的平面称为力偶的作用平面，两力作用线之间的距离 d 称为力偶臂，力偶使物体转动的方向称为力偶的转向。

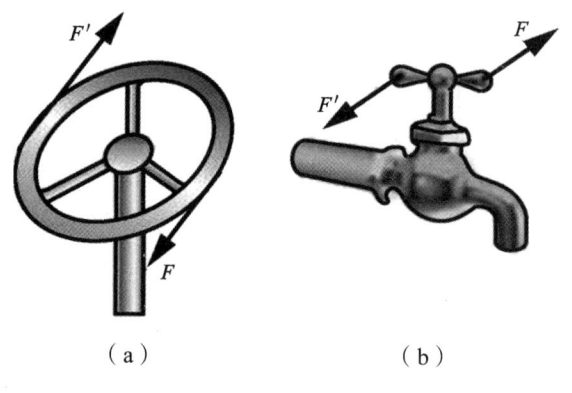
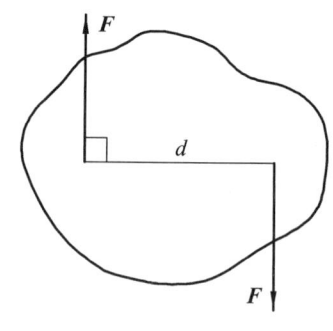

（a）　　　　　　　（b）

图 1.16　力偶的实例　　　　　　　图 1.17　力偶

2. 力偶矩

力使物体绕某点转动的效应可用力矩来度量，同理力偶使物体转动的效应可由力偶的两力对点的合力矩即力偶矩来度量，如图 1.18 所示，力偶（F，F'）对转动中心的合力矩为

$$M = M_O(F) + M_O(F') = F \cdot a + F' \cdot b = F(a+b) = Fd$$

3. 力偶的性质

根据力偶的定义，力偶具有以下一些特性：

（1）力偶无合力，在坐标轴上的投影之和为零。力偶不能与一个力等效，也不能用一个力来平衡，力偶只能用力偶来平衡。

图 1.18　力偶矩

力偶无合力，可见它对物体的效应与一个力对物体的效应是不相同的。一个力对物体有移动和转动两种效应；而一个力偶对物体只有转动效应，没有移动效应。因此，力与力偶不能相互代替，也不能相互平衡。可以将力和力偶看作是构成力系的两种基本要素。

（2）力偶对其作用平面内任一点的力矩，恒等于其力偶矩，而与矩心的位置无关。

图 1.19 所示一力偶 $M(F, F') = Fd$，对平面任意点 O 的力矩，用组成力偶的两个力分别对 O 点力矩的代数和度量，记作 $M_O(F, F')$，即

$$M_O(F, F') = F(d+x) - F'x = Fd = M(F, F')$$

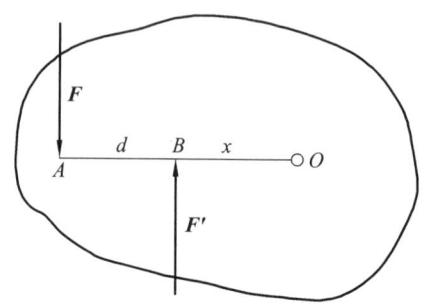

图 1.19　力偶对其左右面内任意点的力矩

以上推证表明：力偶对物体平面上任意点 O 的力矩，等于其力偶矩；力偶与矩心到力作用线的距离 x 无关，即与矩心的位置无关。

（3）力偶可在其作用平面内任意平移，而不改变它对物体的转动外效应。

（4）只要保证力偶矩的大小和力偶的转向不变，可以同时改变力偶中力的大小和力偶臂的长短，而不会改变力偶对物体的转动外效应。

值得注意的是，性质（3）、（4）仅适用于刚体，不适用于变形体。

由力偶的性质可见，力偶对物体的转动效应完全取决于其力偶矩的大小、转向和作用平面。因此表示平面力偶时，可以不表明力偶在平面上的具体位置以及组成力偶的力和力偶臂的值，而用一带箭头的弧线表示，并标出力偶矩的值即可。图1.20所示是力偶的几种等效代换表示法。

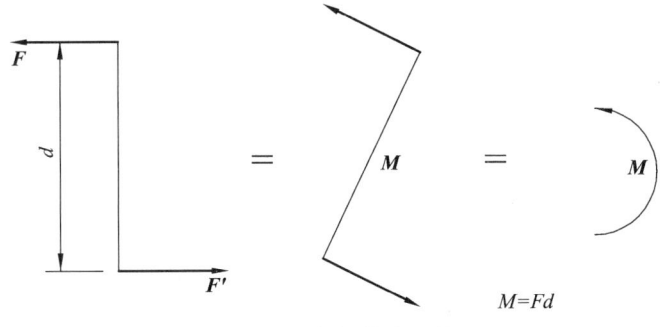

图 1.20　力偶的表示法

4．平面力偶系

作用在同一平面内的两个或两个以上力偶组成的力系，称为**平面力偶系**。

（1）平面力偶系的合成。

设在同平面内有 n 个力偶 $M(F_1, F_1'), M(F_2, F_2'), \cdots, M(F_n, F_n')$，它们的力偶臂分别为 $d_1, d_2, \cdots, d_n$，如图 1.21 所示，则它们的力偶矩分别为

$$M_1 = F_1 d_1, M_2 = -F_2 d_2, \cdots, M_n = F_n d_n$$

应用力偶等效条件推论 1 和推论 2，在力偶作用面内任取一线段 $AB = d$，在力偶矩不变的条件下，同时改变这些力偶中的大小和力偶臂的长度，使它们具有相同的力偶臂 d，并将它们在其作用面内转动和移动，使力的作用线重合，如图1.21（b）所示。于是得到与原力偶等效的新力偶，并有以下关系：

$$M_1 = F_1 d_1 = F_3 d, M_2 = -F_2 d_2 = -F_4 d, \cdots, M_n = F_n d_n = F_m d$$

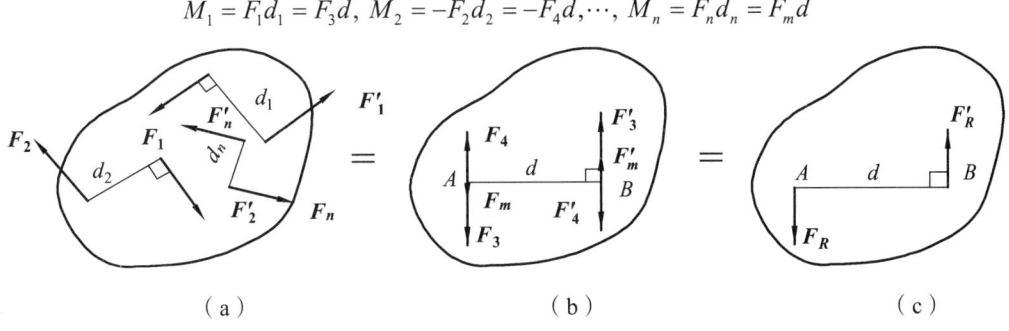

图 1.21　平面力偶系的合成

分别将作用在 A 点的 n 个力和 B 点的 n 个力进行合成，可得

$$F_R = F_3 - F_4 + \cdots + F_m$$
$$F'_R = F'_3 - F'_4 + \cdots + F'_m$$

F_R 与 F'_R 相等，于是构成了一个新的力偶 $M(F_R, F'_R)$，如图 1.21（c）所示。这就是原来 n 个力偶的合力偶，以 M 表示其力偶矩，得

$$M = F_R d = (F_3 - F_4 + \cdots + F_m)d = M_1 + M_2 + \cdots + M_n = \sum M_i$$

即平面力偶系可以合成为一个力偶系，合力偶矩等于力偶系中各分力偶矩的代数和。

（2）平面力偶系的平衡。

平面力偶系平衡的充分必要条件是所有各分力偶矩的代数和等于零，即

$$\sum M_i = 0$$

这就是平面力偶系的平衡方程，应用该方程可以求解一个未知量。

例 1.3 如图 1.22 所示，多头钻床在水平工件上钻孔，设每个钻头作用于工件上的切削力在水平面上构成一个力偶，$M_1 = M_2 = 13.5$ N·m，$M_3 = 17$ N·m。求工件受到的合力偶矩。如果工件在 A、B 两处用螺栓固定，A 和 B 之间的距离 $l = 0.2$ m，试求两螺栓在工件平面内所受的力。

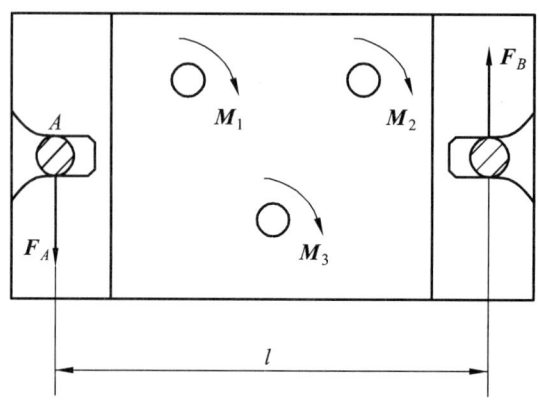

图 1.22 多头钻床钻孔

解：（1）求 3 个主动力偶的合力偶矩。

$$M = \sum M_i = -M_1 - M_2 - M_3 = -13.5 - 13.5 - 17 = -44 \text{（N·m）}$$

负号表示合力偶矩为顺时针方向。

（2）求两个螺栓所受的力。

选工件为研究对象，工件受 3 个主动力偶作用和两个螺栓的反力作用而平衡，故两个螺栓的反力 F_A 与 F_B 必然组成一力偶，设其方向如图 1.22 所示，由平面力偶系的平衡条件，有

$$\sum M_i = 0$$
$$F_A l - M_1 - M_2 - M_3 = 0$$

解得: $F_A = (M_1 + M_2 + M_3)/l = 220 \text{ N}$

所以 $F_A = F_B = 220 \text{ N}$，方向如图 1.22 所示。

1.2.3 力的平移

定理 作用在刚体上某点的力 F，可平行移动到刚体内任一点，但同时需附加一力偶，附加力偶矩等于原力对该点之矩。

证明 在刚体上 A 点有一力 F，并在该刚体上任取一不在力 F 作用线上的点 B。令 B 点到力 F 作用线的距离为 d，如图 1.23（a）所示，有

$$M_B(F) = Fd$$

在 B 点加一对等值、反向、共线的力 F' 和 F''，使

$$F = F' = -F''$$

由加减平衡力系原理，力系（F, F', F''）与力 F 等效，如图 1.23（a）、（b）所示。

力系（F, F', F''）可以看成一个作用在 B 点的力 F' 和一个力偶 $M(F, F'')$。于是作用在 A 点的力 F，被一个作用在 B 点的力 F' 和一个力偶 $M(F, F'')$ 等效代替，如图 1.23（c）所示。也就是说，可以将作用在 A 点的力 F 平行移动到 B 点，但必须同时附加一个相应的力偶。附加力偶矩为

$$M = Fd = M_B(F)$$

证毕。

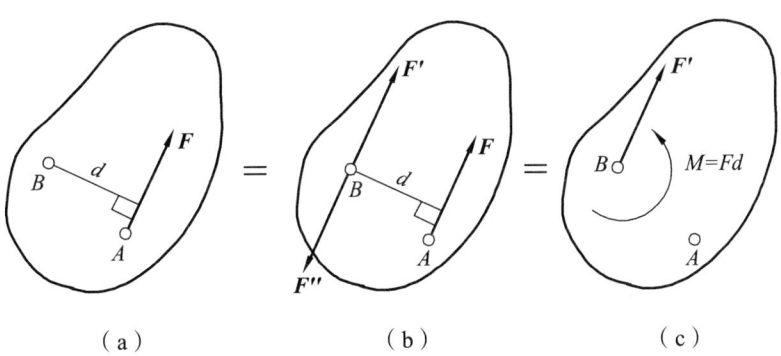

图 1.23 力的平移

力的平移定理，可以理解为一个力分解为一个与其等值的平行力 F' 和一个位于平移平面内的力偶 M。反之，也可以将位于同平面内的一个力 F 和一个力偶 M 合成为一个合力 F_R。合力 F_R 的大小和方向与力 F 的大小和方向相同，作用线距离 F 作用线的距离为

$$D = |M/F|$$

合力 F_R 作用线的具体位置由力 F 的方向和力偶 M 的转向确定。

力的平移定理常用在生产和生活实际中物体的受力分析。例如，用扳手和丝锥攻螺纹时，如果只用一只手在扳手的一端 A 加力 F，由力的平移定理可知，等效与在转轴 O 处加一个与 F 等值平行的力 F' 和一附加力偶 M，附加力偶矩的大小 $Fd = M_O(F)$，如图 1.24 所示。附加

力偶可以使丝锥转动，但力 F' 却使丝锥弯曲，影响攻螺纹的精度，甚至使丝锥折断，因此这样操作是不允许的，实际操作中必须双手在扳手的两端垂直施力。

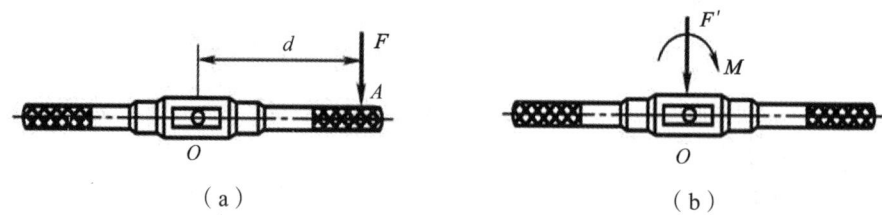

图 1.24　攻螺纹扳手单手施力受力分析

1.3　物体受力分析

1.3.1　约束、约束力

1. 概　念

（1）自由体。

可以在空间中做任意运动的物体称为自由体，如飞机、火箭等。

（2）非自由体。

受到其他物体的限制，沿着某些方向不能运动的物体称为非自由体，如悬挂的重物。

图 1.25 所示的曲柄冲压机，冲头只能沿铅垂方向平动，飞轮只能绕轴转动，所以都是非自由体。工程结构中的构件或机械中的零件都是非自由体。

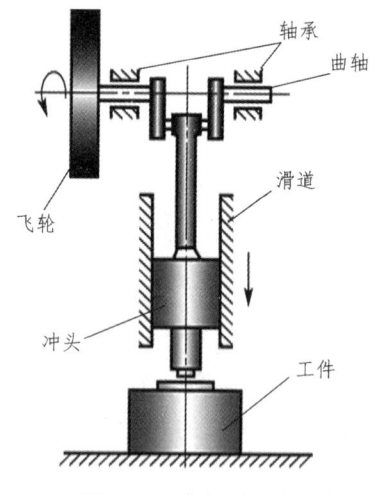

图 1.25　曲柄冲压机

（3）约束。

在工程结构中，每一零件一般都根据工作要求以一定方式和周围其他零件联系，它的运动会因此而受到一定限制。例如，桥梁因受到桥墩的限制而不能向下运动；轨道车辆受到铁轨的限制，只能沿轨道行驶；电机转子受到轴承的限制，只能绕轴线转动等。

（4）约束反力。

约束既然限制物体的运动，它就必须承受该物体对它的作用力，根据作用与反作用定理，约束也对该物体产生反作用力。将约束对研究物体的反作用力称为约束反作用力，简称约束反力或约束力。

既然约束是用来限制物体某些运动的，那么约束反力的方向必与该约束所能限制的运动方向相反，如图1.26所示。

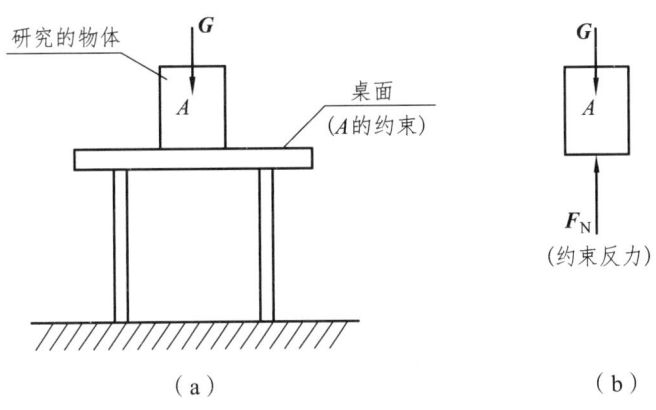

图 1.26 约束反力分析

（5）主动力。

主动力是使物体主动产生运动或运动趋势的力，如物体的重力、对物体的推力和拉力等，一般为已知力。

2. 约束的类型

（1）柔韧体约束。

由柔软而不计自重的绳索、链条、传动等形成的约束称为柔体约束，如图1.27所示绳索类只能受拉力，所以它们的约束反力是作用在接触点，方向沿绳索背离物体。

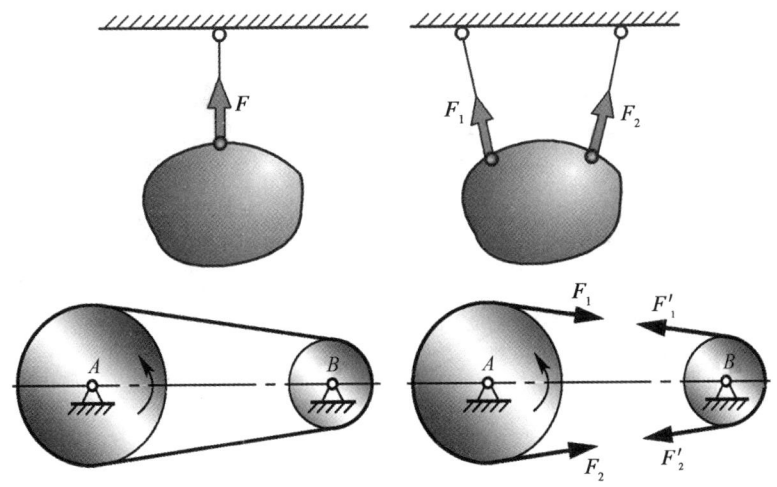

图 1.27 柔软的绳索、链条或传动带构成的约束

（2）具有光滑接触表面的约束。

两物体相互接触，如果可以忽略接触面间的摩擦，这种约束称为光滑面约束。其特点是只能限制物体沿接触面公法线压入接触面的运动，而不限制被约束物体沿接触面的切线方向运动。要保证两物体相互接触，接触面间只能是压力，而不能是拉力。因此，光滑面约束的约束反力是过接触点，沿接触面的公法线，并指向受力物体的压力。这种约束反力也常称作法向反力，一般用符号 F_N 表示，如图1.28和图1.29所示。

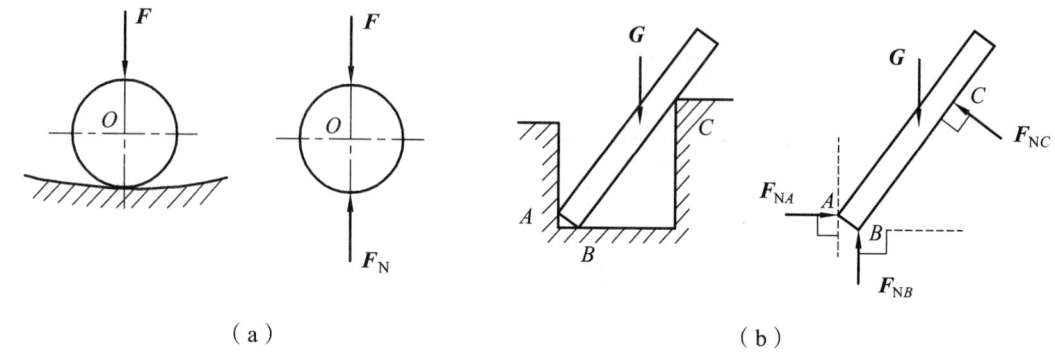

（a） （b）

图1.28 光滑面约束实例

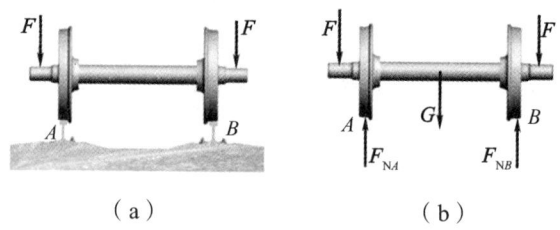

（a） （b）

图1.29 轨道车辆车轮受力

（3）光滑圆柱铰链约束。

圆柱铰链简称铰链。它由一个圆柱形销钉插入两个物体的圆孔中而构成，如图1.30所示。铰链约束只能限制两物体相对移动，不能限制其相对转动。铰链约束具体有3种形式，即固定铰支座、中间铰链和活动铰链支座。

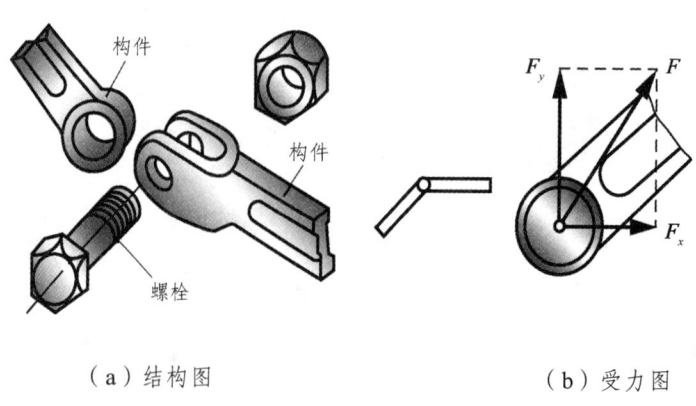

（a）结构图 （b）受力图

图1.30 铰链约束

① 固定铰支座。若相连的两个构件有一个固定在机架上，则称为固定铰链支座，如图 1.31 所示。

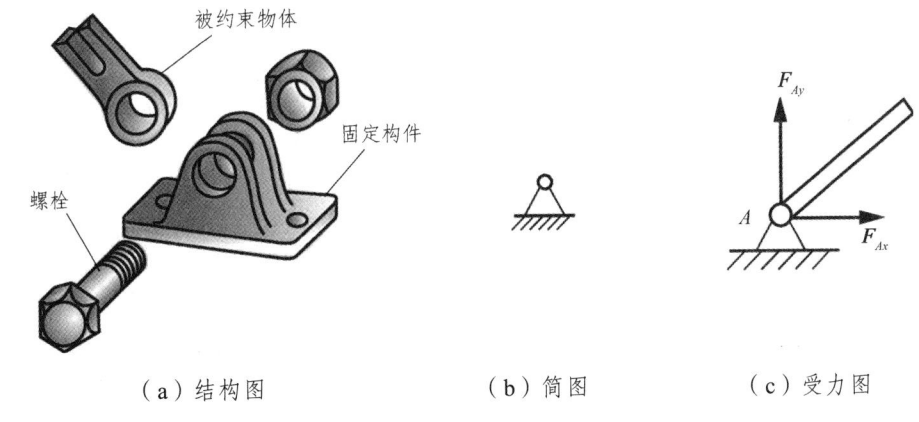

图 1.31　固定铰链约束

② 中间铰链。若相连的两个构件均无固定，则称为中间铰，如图 1.32 所示。

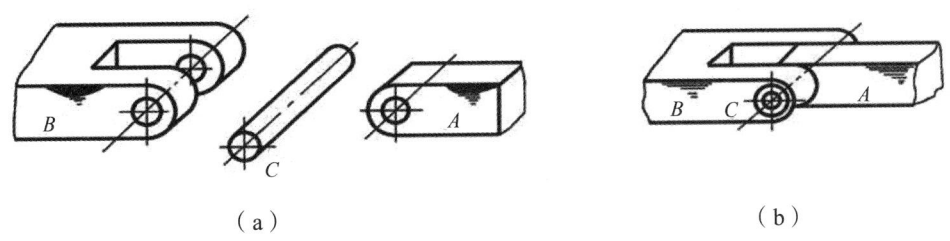

图 1.32　中间铰链约束原型

③ 活动铰链支座。若在固定铰支座的下面有辊轴，支座可以沿支承面移动，则称为活动铰链支座，如图 1.33 所示。活动铰链支座只限制物体沿垂直于支承面方向的运动，不能限制物体沿支承面的运动和绕销钉的转动。

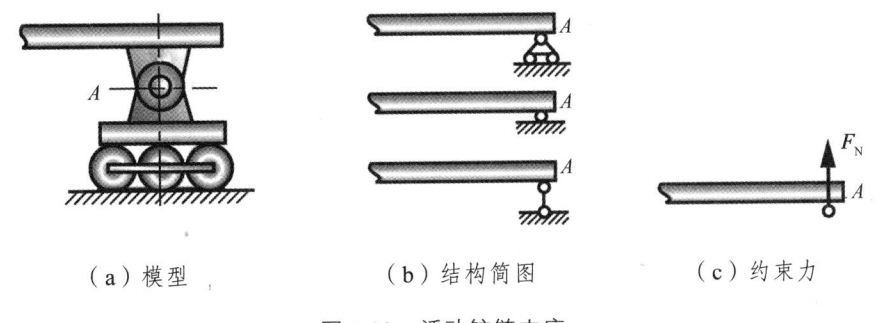

图 1.33　活动铰链支座

（4）固定端约束。

如图 1.34 所示，夹紧在刀架上的刀车和楼房的阳台，都是固定不动的。其特点是对物体一端起固定作用，限制物体向任何方向的转动和移动，这种约束称为固定端约束或固定端支座。工程实际中，固定端约束经常可见，如卡盘夹持的工件、镗床的刀杆、埋入地基中的电杆、跳水运动中的跳台和跳板等都可看成固定端约束。固定端约束可用一简化的力学模型，即一段插入固定端面内而另一端自由的直杆来表示，如图 1.35（a）所示。

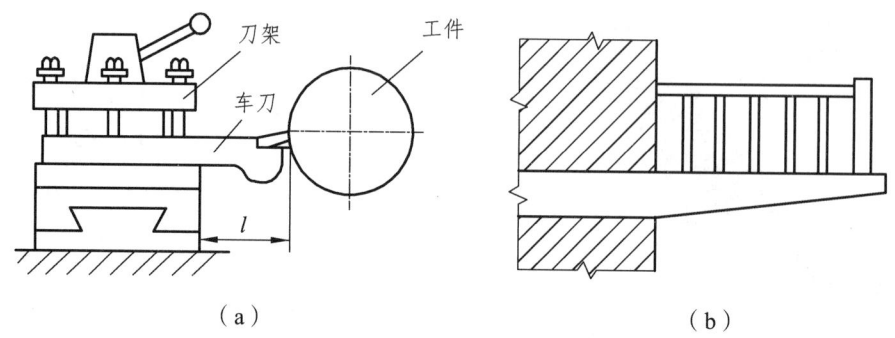

图 1.34 固定端约束实例

固定端约束的约束反力一般可简化为两个垂直的约束反力 F_{Ax}、F_{Ay} 和一个约束反力偶 M_A，如图 1.35（b）所示。其中，F_{Ax}、F_{Ay} 限制物体的移动，M_A 限制物体的转动。F_{Ax}、F_{Ay} 的指向和 M_A 的旋向可任意假定，是否正确可通过计算确定。

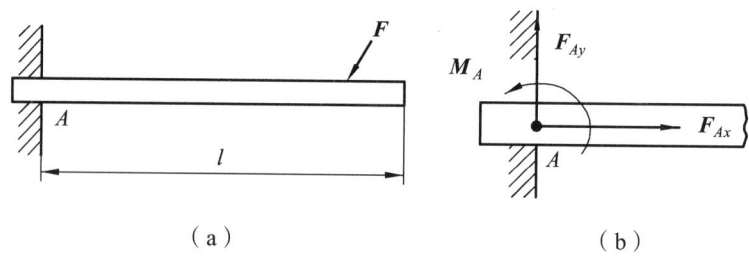

图 1.35 固定端约束受力

1.3.2 受力分析与受力图

1. 受力分析

解决力学问题时，首先要选定需要进行研究的物体（即选择研究对象），然后根据已知条件、约束类型并结合基本概念和公理分析它的受力情况，这个过程称为物体的受力分析。

作用在物体上的力有：主动力，如重力、风力、气体压力等；被动力，即约束反力。

2. 受力图

在研究物体的力学问题时，为了便于分析、计算，还应将所研究物体的受力情况用图形表示出来。为此，必须将研究对象从它相连的周围约束中"分离"出来，单独画出。这种从周围约束和受力中分离出来的研究对象，称为分离体。实际上，分离体就是解除了周围约束力之后的研究对象。约束解除后，约束对物体的作用用约束反力来代替。将研究对象的全部受力（约束反力和主动力）无一遗漏地画在分离体上，这种图形称为受力图，这个过程就是受力分析的过程。

一般而言，画受力图可按以下步骤进行：

（1）根据题意确定研究对象，并将研究对象从周围的约束中解除出来，画出研究对象的简单轮廓图（即取分离体）。

（2）在分离体上画出研究对象的全部主动力。

（3）分析分离体所受约束的类型，在分离体上解除约束处画出相应的约束反力。

（4）检查。

例 1.4 用力 F 拉动压路的碾子。已知碾子重力 G，并受到固定石块 A 的阻挡，如图 1.36（a）所示，试画出碾子的受力图。

解：（1）取分离体：单独画出碾子的轮廓图。

（2）画碾子的主动力：作用在碾子上的主动力有拉力 F 和重力 G。

（3）画碾子的约束反力：碾子在 A、B 两点受到石块和地面的约束，都是光滑面约束，约束力分别为 F_{NA} 和 F_{NB}。不计摩擦，约束力都沿接触点的公法线而指向碾子的中心。碾子的受力如图 1.36（b）所示。

（4）检查：分离体上所画的力是否正确、齐全。

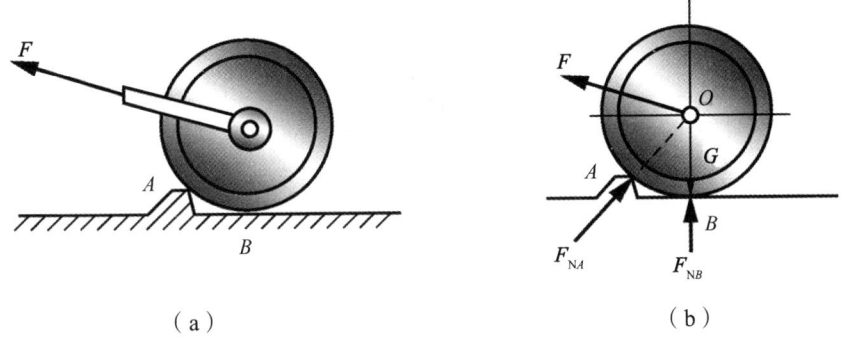

图 1.36 碾子受力图

例 1.5 匀质杆 AB 的重力为 G，A 端为光滑的固定铰链支座，B 端靠在光滑的墙面上，在 D 处受一与杆垂直的力 F 的作用，如图 1.37（a）所示。试画出 AB 杆的受力图。

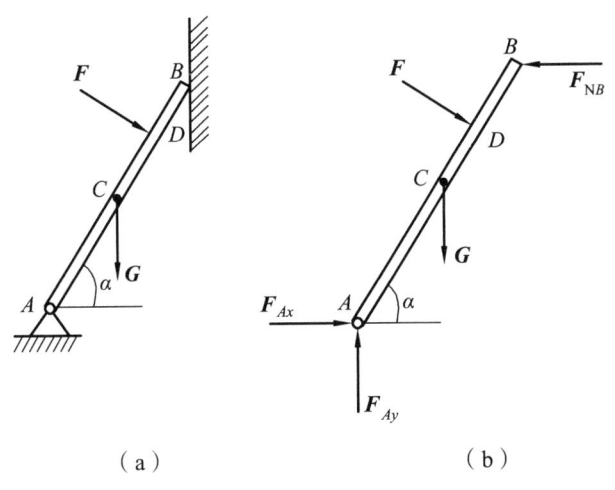

图 1.37 匀质斜杆

解：(1) 取分离体 单独画出 AB 杆。

(2) 画 AB 杆的主动力：AB 杆的主动力为重力 G 和载荷 F。

(3) 画 AB 杆的约束反力：AB 杆的约束由 B 点的光滑接触面约束和 A 点的固定铰链约束，对应有两个约束反力。由于 A 点的反力方向不能确定，故只能进行正交分解，方向可任意假设。AB 杆的受力如图 1.37（b）所示。

例 1.6 如图 1.38（a）所示的三铰拱桥，由左、右两个半拱铰接而成。设拱桥自重不记，在 AC 半拱上作用有载荷 F，试分别画出 AC 和 CB 半拱的受力图。

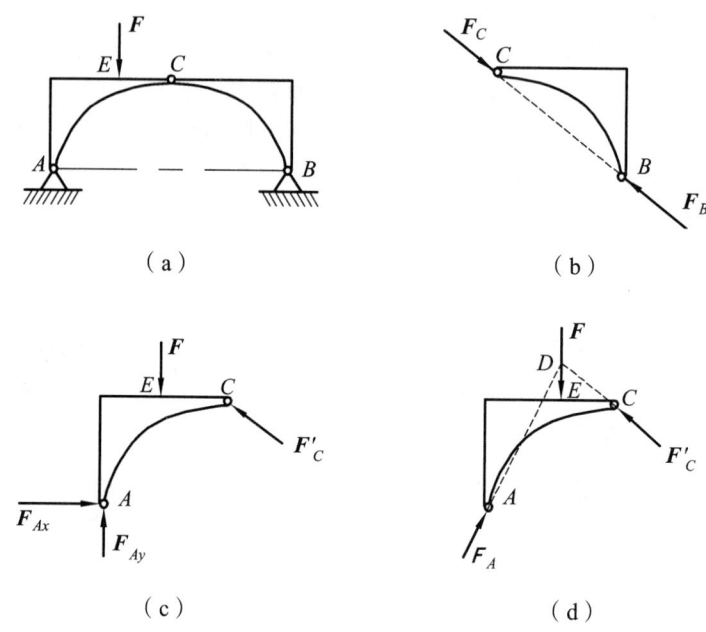

图 1.38 三铰拱桥

解：(1) 先画 BC 半拱的受力图：取 BC 半拱为分离体，由于 BC 自重不计，且只在 B、C 两处受到铰链的约束，因此 BC 半拱为二力构件，其受力图如图 1.38（b）所示。

(2) 再画 AC 半拱的受力图：取 AC 半拱为分离体。由于 AC 自重不计，因此主动力只有载荷 F。半拱在铰链 C 处受到 BC 半拱给它的约束反力 F'_C 的作用。根据作用与反作用定律，$F'_C = -F_C$。半拱在 A 处的受力可进行正交分解，如图 1.38（c）所示，也可按三角平衡汇交定理画成图 1.38（d）所示的形式。这里的 F、F_{Ax}、F_{Ay} 指向可随意假定，是否正确则需通过计算确定。

例 1.7 图 1.39（a）所示为曲柄压力机简图，由轮Ⅰ、连杆 AB 和冲头 B 组成，O、A、B 三处均可作为光滑铰链，如忽略摩擦和物体自重，试画出图示位置轮Ⅰ、连杆 AB、冲头 B 和整体受力图。

解：(1) 因为 AB 杆为二力杆，先画出 AB 杆的受力图，如图 1.39（b）所示。

(2) 然后画冲头 B 的受力图，因为冲头 B 可在竖直滑道中滑动，图示位置中只有左侧导轨对冲头 B 产生光滑面约束，右侧导轨与冲头 B 间让出了间隙，冲头 B 的受力图如图 1.39（c）所示。

（3）再画轮Ⅰ的受力图，取出轮Ⅰ画主动力偶 M，按作用与反作用定律相应画出 A 点的受力，再画出固定铰链支座 O 处的约束反力，如图 1.39（d）所示。

（4）最后画整体受力图，如 1.39（e）所示。

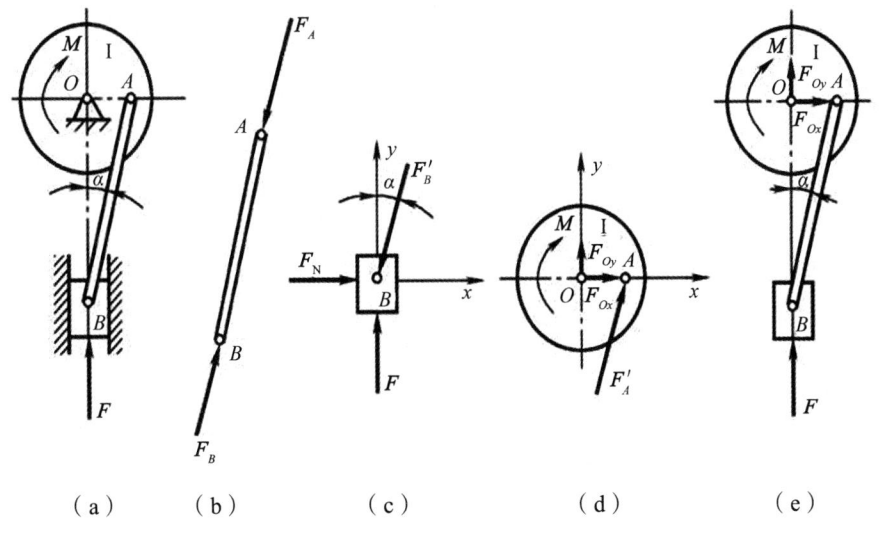

图 1.39　曲柄压力机

复习思考题

一、简答题

1. 力的三要素是什么？
2. 二力平衡的条件是什么？
3. 作用力和反作用力有什么关系？
4. 什么叫约束？常见的约束有哪些？

二、填空题

1. 力是一个既有_____又有_____的矢量。在国际单位制中，力的单位常用_____表示。
2. 作用在刚体同一平面上三个相互平衡的力，若其中两个力的作用线汇交于一点，则第三个力的作用线通过_____。
3. 在国际单位制中，力矩的单位常用_____表示。
4. 力偶的三要素是_____、_____、_____。
5. 作用于刚体上的力等效平移时，必须附加一个_____，它的值等于_____。

三、作图题

1. 画出图 1.40 中小球的受力图。

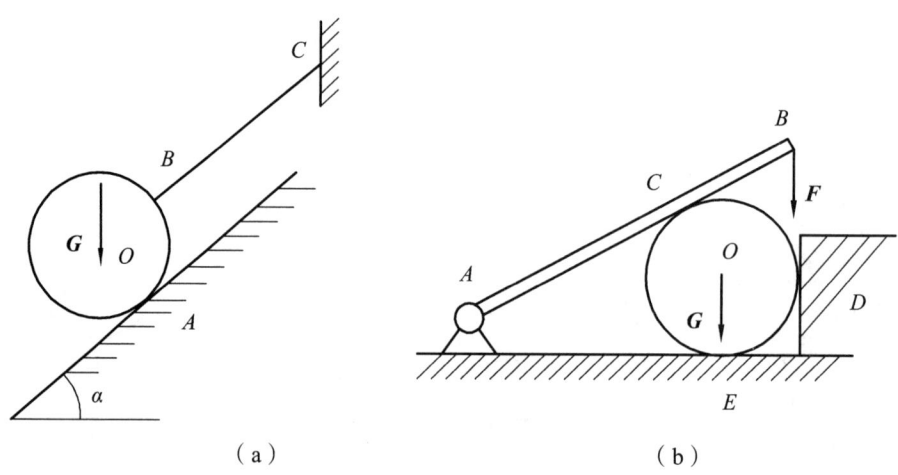

(a)   (b)

图 1.40   小球受力示意

2. 画出图 1.41 中杆件 AB 的受力图。

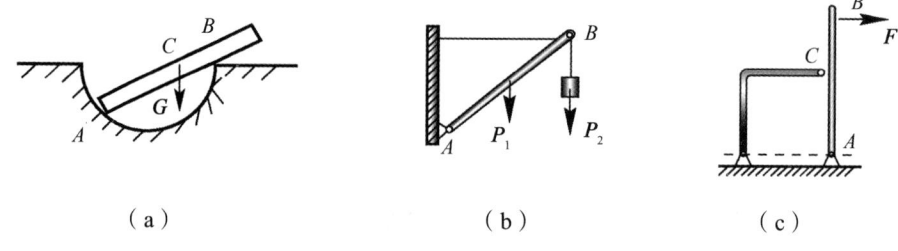

(a)   (b)   (c)

图 1.41   杆件受力示意

四、计算题

1. 求图 1.42 所示的支座反力。
2. 图 1.43 所示的支架中，荷载 $P = 80$ kN。求杆 BC 受到的力。

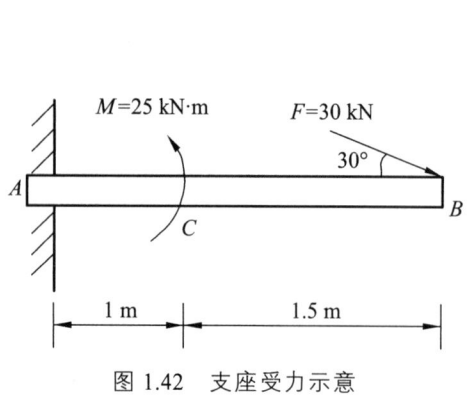

图 1.42   支座受力示意

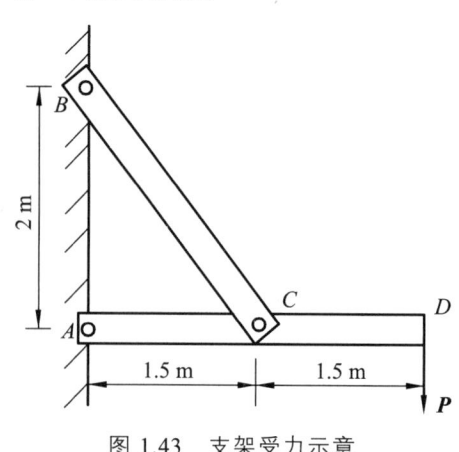

图 1.43   支架受力示意

2 材料力学基础

2.1 材料力学的基本概念

轨道交通上应用的各种机器设备和结构物都是由各种构件组成的，构件在工作时往往都承受载荷作用。在载荷作用下，构件必然产生变形——形状和大小发生变化，并可能发生破坏。为保证机器设备和结构物的正常工作，构件应满足以下要求：

1. 足够的强度

构件抵抗破坏的能力，称为强度。构件具有足够的强度就是指在规定的使用条件下构件不会被破坏。

2. 足够的刚度

构件抵抗变形的能力称为刚度。构件具有足够的刚度就是在规定的使用条件下，构件不会产生过大的变形。

3. 足够的稳定性

受压力作用的细长杆、薄壁杆等构件，当载荷增加时，可能出现突然失去初始平衡状态的现象，称为丧失稳定。所谓稳定性，是指构件保持原有平衡形式的能力。

生产实践中，构件不仅要满足强度、刚度和稳定性的要求，同时还必须符合经济方面的要求。前者往往要求加大构件的横截面，增大材料的使用量，且材料强度要求高；而后者却要求节省材料，尽量降低成本。因此，安全与经济两者之间是存在矛盾的。材料力学是研究构件强度、刚度和稳定性的学科，它的任务就是在满足强度、刚度和稳定性的前提下，为构件选择适宜的材料，确定合理的形状和尺寸，为生产实践服务。

2.1.1 固体变形与基本假设

在理论力学中，研究构件的受力情况和平衡条件，是假设把所讨论的物体都看成是"刚体"，作为理论力学的理想模型，是因为物体受力而产生的微小变形，对理论力学研究的机械运动一般规律影响不大，可略去不计。对于材料力学而言，变形正是它所研究的主要内容之一，因而它的研究对象是受力会变形的固体，简称为变形固体，并通过下列假设将其简化为理想模型。

1. 连续均匀性假设

假设变形固体的内部是连续不断地充满了物质，而且各处力学性质都相同。

2. 各向同性假设

假设变形固体在各个方向上具有相同的力学性质。

3. 小变形假设

假设变形固体变形量与其本身的尺寸相比，是很小的。因而在分析物体上力的平衡关系时，变形的影响可忽略不计，仍按物体原来的尺寸计算。

连续、均匀、各向同性和小变形的变形固体，是对实际物体的一种科学抽象。实践表明，按此力学模型所建立的材料力学理论基本上符合实际构件在外力作用下的表现，而且计算结果也能满足工程计算对精度的要求。

2.1.2 弹性变形和塑性变形

变形固体在解除外力后，具有恢复原形的性质，称为弹性。卸载后可消失的变形，称为弹性变形。一般工程材料当外加载荷未超过某限度时，仅产生弹性变形，称为完全弹性体。当外力超过某极限时，还将产生卸载后不能消失的塑性变形，称为弹塑性体。材料力学研究的主要问题是完全弹性体的小变形问题。

2.1.3 杆件变形的基本形式

实际构件的形状是各种各样的。简化后可大致归纳为 4 类：杆、板、壳和块（见图 2.1）。凡是长度远大于其他两个方向尺寸的构件，称为杆。材料力学的主要研究对象是杆件，且大多是等截面直杆，如图 2.1（b）所示。

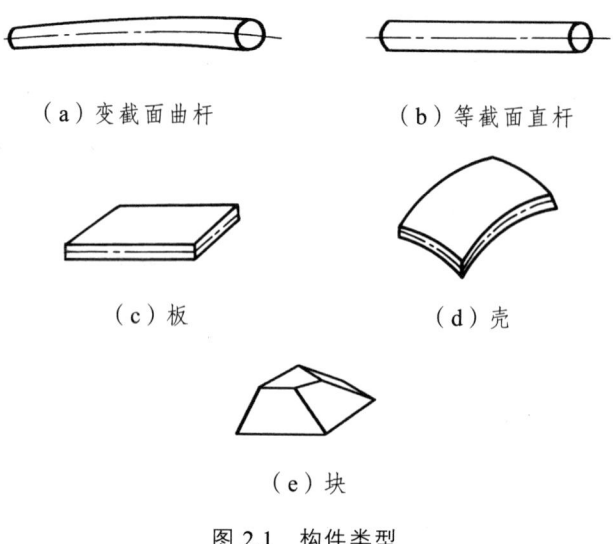

（a）变截面曲杆　　（b）等截面直杆

（c）板　　（d）壳

（e）块

图 2.1　构件类型

杆件受力后，其变形基本形式有以下 4 种：

1. 轴向拉伸和压缩变形

杆件受到沿轴线方向的两个大小相等而方向相反的拉力或压力时，杆件就会沿轴向伸长或缩短。这种变形就叫拉伸或压缩变形，如图 2.2（a）、（b）所示。

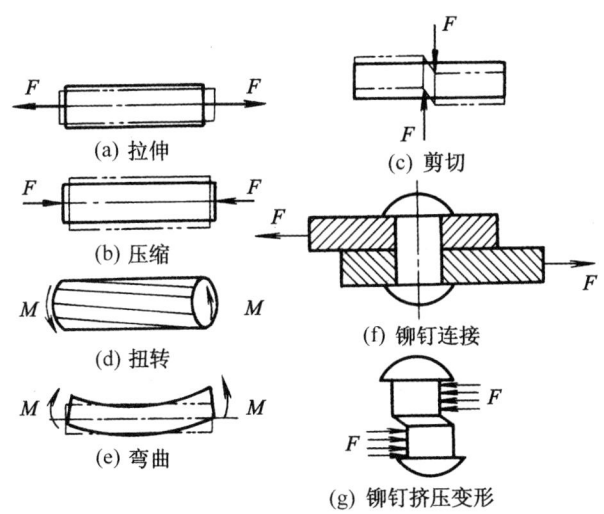

图 2.2　杆件基本变形形式

2. 剪切和挤压变形

杆件受到大小相等、方向相反、作用线不重合且相距较近的两个力的作用时，杆件的两个力中间部分产生各截面的相互错动，即剪切变形，如图 2.2（c）所示。机器中连接件的局部承受较大的压力，而出现塑性变形，这种变形叫挤压变形，如图 2.2（f）、（g）所示。

3. 扭转变形

杆件受到垂直杆轴线的两平面内大小相等、方向相反的两个力偶作用时，杆件所产生的变形称为扭转变形，如图 2.2（d）所示。

4. 弯曲变形

杆件受到与杆轴线相垂直的力作用或杆件纵向平面内受到力偶的作用时，产生的变形称为弯曲变形，变形后的轴线变成曲线，如图 2.2（e）所示。

其他复杂的变形形式，都是上述两种或两种以上基本变形的组合，称为组合变形。

2.2　拉伸与压缩

拉伸和压缩是杆件基本变形中最简单的一种，也是构件中最常发生的变形形式。如发动机中的连杆在工作中发生压缩变形，缸盖螺栓在工作中发生拉伸变形等。

2.2.1 拉伸和压缩的概念

如图 2.3 所示的三角架中，AB 杆和 AC 杆都是在外力作用下发生了伸长或缩短变形，这种在外力作用下发生伸长或缩短的变形称为拉伸或压缩。我们把外力沿轴线方向作用，构件只发生轴线方向的伸长或缩短的变形称作轴向拉伸或轴向压缩。杆件轴向拉伸与压缩时的受力简图如图 2.4 所示。

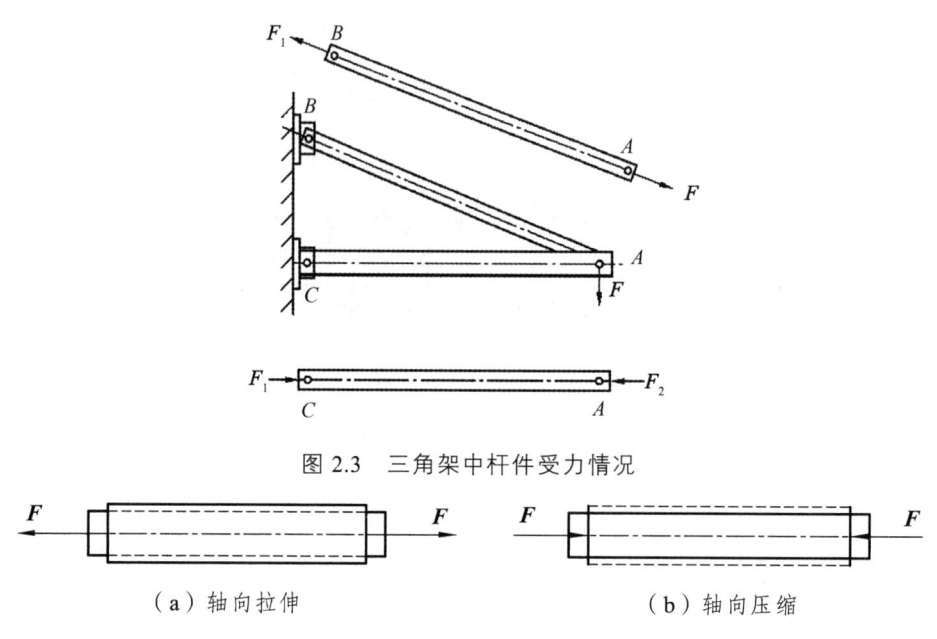

图 2.3 三角架中杆件受力情况

（a）轴向拉伸　　　　　　　　（b）轴向压缩

图 2.4 杆件受力简图

2.2.2 拉伸与压缩时的应力分析

1. 内力和截面法

（1）内力的概念。拉（压）杆在外力作用下产生变形，内部材料微粒之间的相对位置发生了改变，其相互作用力也发生了改变。这种由外力引起的杆件内部相互作用力的改变量，称为内力。

作用在杆件上的载荷和约束力是外力，而杆件的内力是由于外力的作用在杆件内部各部分间产生的相互抵抗力，它不是杆件内部固有的力。内力连续作用于杆件截面上，且随着外力的增减而变化。当内力超过某极限值时，构件就会丧失正常的工作能力，甚至发生破坏。可见，内力是解决强度问题必须进行分析计算的物理量。

（2）截面法。一般采用截面法，分析内力的形式和求内力的大小，如图 2.5 所示。

截面法是将杆件用假想的截面在要求内力的截面处截开，任取一部分作为研究对象，根据平衡情况确定该截面上内力的形式，并应用静力学平衡方程求出内力的大小和方向。截面法解决问题的步骤如下：

① 假想沿所求内力的截面处将杆件分成两部分。
② 任取其中一部分作为研究对象，画出受力图，并用内力代替另一部分。
③ 列平衡方程，求解内力。

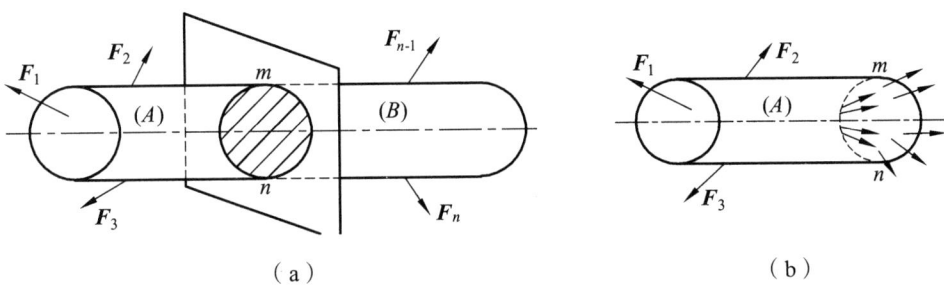

图 2.5 截面法

例 2.1 如图 2.6 所示,在零件上钻孔时,钻床的心轴受到的轴向反力为 $F = 15\text{ kN}$,试求钻床立柱上 $m—n$ 截面上的内力。

解:(1)用假想截面把钻床在 $m—n$ 处截开。

(2)取钻床上部为研究对象,画出受力图(由于截面上的内力要与外力 F 平衡,因此必须有一个垂直于截面的力和一个作用于截面垂直方向的力偶才能平衡。可用内力 F_N 和 M 代替下半部分对钻床上部的作用)。

(3)列平衡方程:

$$\sum F_y = 0$$
$$\sum M_O = 0$$
$$F - F_N = 0$$
$$Fe - M = 0$$

求得: $F_N = F = 15\text{ (kN)}, M = Fe = 15 \times 0.4 = 6\text{ (kN·m)}$

F 与 M 的方向如图 2.6 所示。

同样也可以取下半部分作为研究对象,得到的结论是相同的。

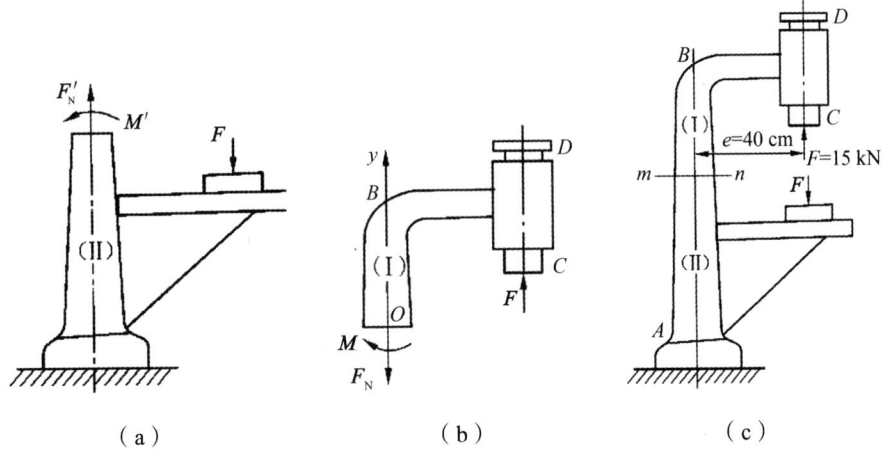

图 2.6 钻床受力情况分析

（3）轴力、轴力图。如图 2.7 所示，轴向拉伸或压缩时横截面上的内力也沿着杆件轴线方向，被称为轴力。轴力等于截面一侧所有外力的代数和。对于受力较复杂的杆件，各个横截面上的轴力是不相等的，我们通常用轴力图来表示轴力沿杆件轴线方向的变化情况，借助于轴力图可以确定杆件上最大轴力的大小、方向及其作用截面的位置。

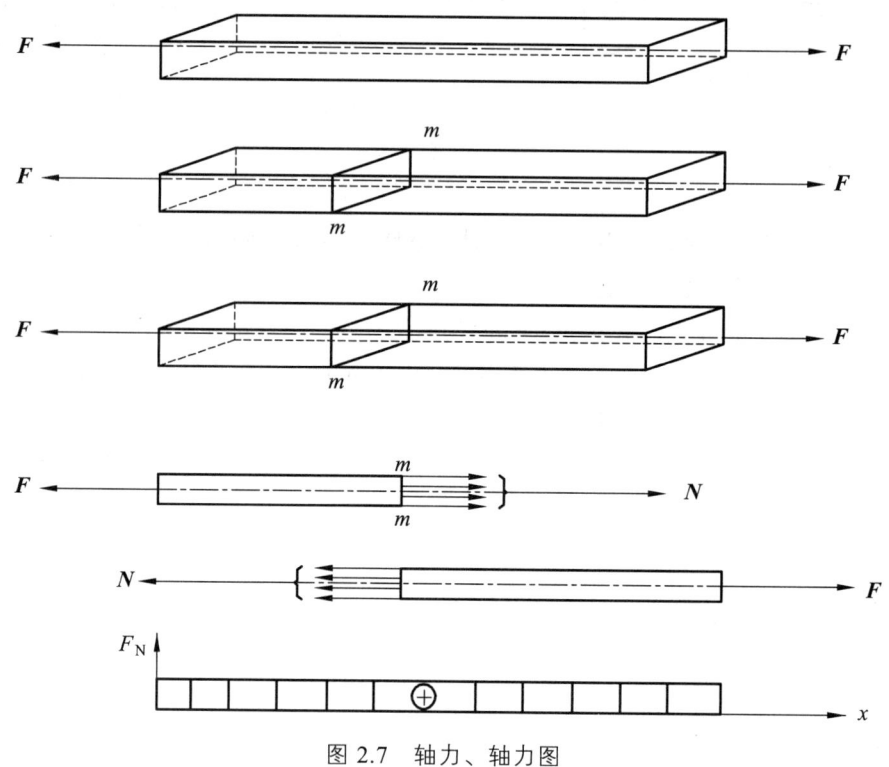

图 2.7　轴力、轴力图

绘制轴力图的方法是：建立 F_N-x 坐标系，x 轴平行于杆件轴线，表示截面的位置。F_N 轴垂直于轴线，表示轴力的大小。我们规定杆件受拉时的轴力为正，受压时的轴力为负。即拉为正，压为负。正的轴力画在 x 轴的上方，负的轴力画在 x 轴的下方。

例 2.2　如图 2.8 所示的等截面直杆，受轴向力 $F_1 = 15$ kN，$F_2 = 10$ kN 的作用。试求出杆件 1—1、2—2 截面的轴力，并画出轴力图。

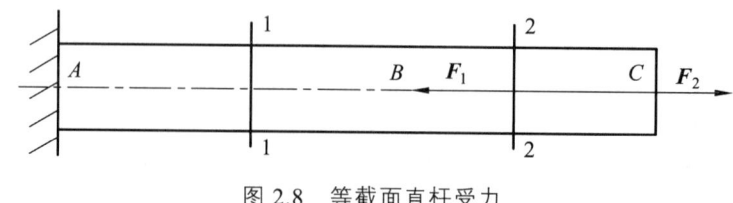

图 2.8　等截面直杆受力

解：（1）外力分析。先解除约束，画杆件的受力图，如图 2.9 所示。

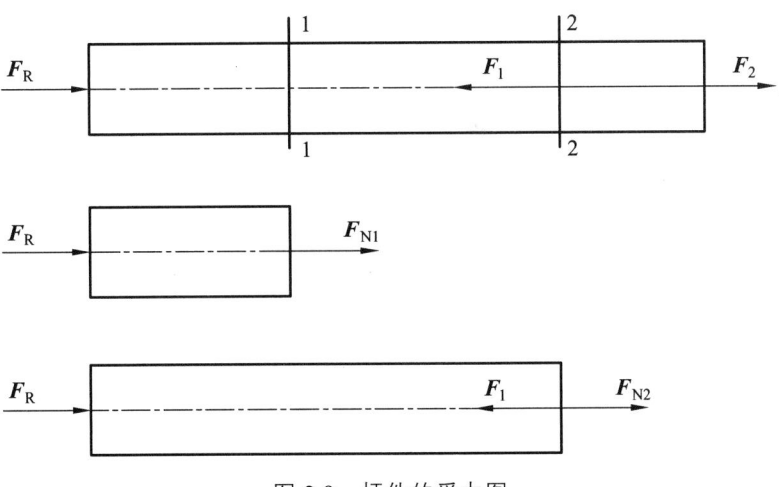

图 2.9 杆件的受力图

$$\sum F(x) = 0, \ F_R - F_1 + F_2 = 0$$
$$F_R = F_1 - F_2 = 15 - 10 = 5 \ (\text{kN})$$

（2）内力分析。外力 F_R，F_1，F_2 将杆件分为 AB 段和 BC 段，在 AB 段，用 1—1 截面将杆件截分为两段，取左段为研究对象，右段对截面的作用力用 F_{N1} 来代替。假定内力 F_{N1} 为正，列平衡方程。

$$F(x) = 0, \ F_{N1} + F_R = 0$$

可得　　　　　$F_{N1} = -F_R = -5 \text{ kN}$

同理可得　　　$F_{N2} = 10 \text{ kN}$

（3）建立 F_N-x 坐标系，画轴力图，如图 2.10 所示。

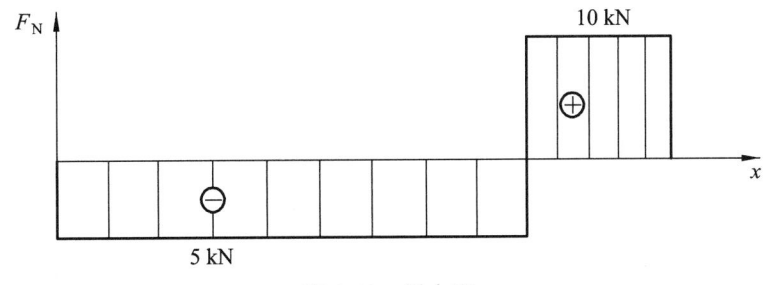

图 2.10 轴力图

2. 截面上的应力

（1）应力的概念。在分析内力时我们把截面上的内力作为一个力来分析，其实内力不是一个集中力或集中力偶，而是截面上各点的力的合成效果。我们把截面上各点的力称为应力，应力就是截面上某一点处内力分布的集度。

一个截面上的应力可以有两个分量：垂直于截面的称为正应力，用 σ 来表示；与截面相切的称为切应力，用 τ 表示。

如图 2.11 所示，截面上 K 点 ΔA 的面积上内力的合力为 ΔF，则应力就是 p。p 有两个分量 σ 和 τ。

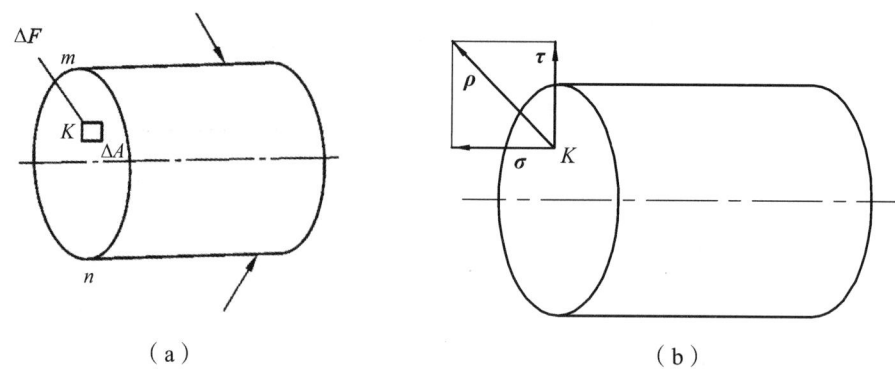

(a)　　　　　　　　　　　　（b）

图 2.11　截面上的内力

$$p = \lim_{\Delta \to 0} \frac{\Delta F}{\Delta A} = \frac{dF}{dA}$$

应力的单位是帕（Pa），通常还用兆帕（MPa）或吉帕（GPa）。

$$1\ \text{MPa} = 10^6\ \text{Pa}, \quad 1\ \text{GPa} = 10^9\ \text{Pa}$$

（2）轴向拉伸与压缩时杆件横截面上的应力。实验表明，等截面直杆在承受轴向拉伸或压缩载荷时（见图 2.12），杆件各纵向纤维发生的轴向变形是均匀一致的，且都发生了沿轴线方向的伸长或缩短，可见轴向拉压时横截面上只有正应力。

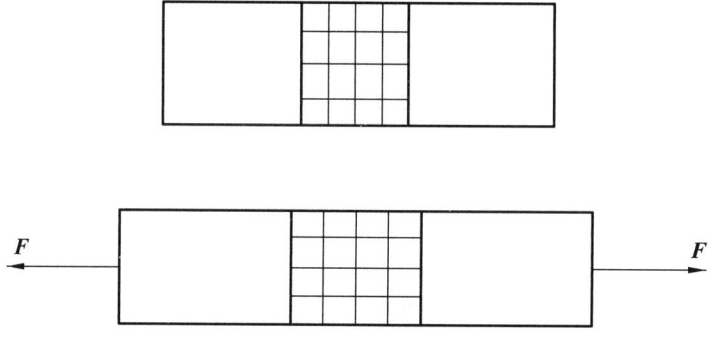

图 2.12　拉伸变形情况

根据材料均匀连续性假设和平面假设：受载前为平面的横截面变形后仍为平面。变形后横截面沿轴线方向发生了平行移动，各点移动的距离都相同，可见轴向拉压变形杆件横截面上各点的正应力都相同，也就是说轴向拉压时横截面上的应力是均匀分布的。

设杆件横截面上的轴力为 F_N，面积为 A，由于正应力在截面上均匀分布，故有

$$\sigma A = F_N$$

由此可得

$$\sigma = \frac{F_N}{A}$$

式中　σ——横截面上的正应力，MPa；

F_N——横截面上的轴力，N；

A ——横截面的面积，mm^2。

此即为计算拉、压杆横截面上正应力的表达式。通常规定：拉应力为正，压应力为负。

2.2.3 拉伸与压缩变形

1. 绝对变形

如图 2.13 所示，设施加载荷前杆件的原长为 L，横向尺寸为 b。变形后，由于杆件变形，长度变为 L_1，横向尺寸变为 b_1。

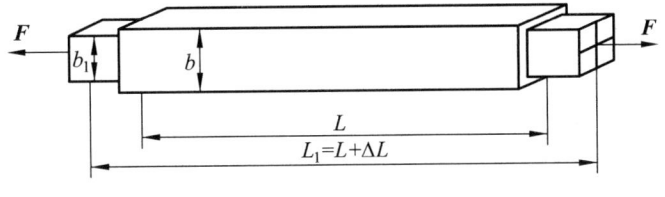

图 2.13 杆件变形

杆件变形后和变形前的长度之差，称为"纵向绝对变形"，用 ΔL 表示：

$$\Delta L = L_1 - L$$

杆件的横向尺寸在变形前后的差值，称为"横向绝对变形"，用 Δb 表示：

$$\Delta b = b_1 - b$$

在同样大小的力作用下，不同长度的杆件，其绝对变形量是不一样的，就是说绝对变形不能准确地反映杆件的变形程度。为此常以单位长度的变形量来度量杆件的变形程度，这就需要引入相对变形的概念。

2. 相对变形

相对变形（ε）是单位长度的变形量。把杆件沿轴线方向单位长度的伸长量称为杆件的轴向相对变形或轴向线应变。它只是个比值，无单位。拉伸时 $\varepsilon > 0$，压缩时 $\varepsilon < 0$。

$$\varepsilon = \frac{\Delta L}{L}$$

把杆件单位长度的横向变形量称为横向正应变，用 ε' 来表示：

$$\varepsilon' = \frac{\Delta L}{L}$$

杆件横向伸长时纵向则缩短；反之纵向缩短时横向则伸长。因此 ε 和 ε' 具有相反的正、负号。实践表明，在弹性范围内加载时纵向应变与横向应变间满足以下关系：

$$\varepsilon' = -\mu\varepsilon \tag{2.1}$$

其中，μ 称为横向变形系数，也称为泊松比，它是与材料有关的一个弹性常数，为无量纲量。

3. 胡克定律

拉伸或压缩实验表明，大多数工程材料制成的杆件，在弹性变形范围内，其纵向绝对变形 ΔL 与轴力 F_N、杆件长度 L 成正比，而与横截面面积 A 成反比。$\Delta L \propto F_N L / A$。此外 ΔL 还与杆件的材料有关，引入与材料有关的比例常数 E，得

$$\Delta L = \frac{F_N L}{EA} \tag{2.2}$$

此式称为胡克定律。式中常数 E 与材料有关，表示材料抵抗拉压变形的能力，称为材料的弹性模量，其单位符号是 GPa。

从式（2.2）中可以看出，在长度和受力相同的情况下，EA 越大，杆件的变形就越小，说明 EA 表示了杆件抵抗拉压变形能力的大小，称为杆的抗拉、压刚度。

利用 $\sigma = F_N / A$ 和 $\varepsilon = \Delta L / L$ 可以得到

$$\sigma = E\varepsilon \tag{2.3}$$

式（2.3）表明在弹性限度内，应力与应变成正比。这是胡克定律的另一种形式，利用该式可以通过已知的应力求出应变，也可通过测量出应变求应力。

例 2.3 构件如图 2.14 所示，已知：$F_1 = 10$ kN，$F_2 = 30$ kN，$A_{AB} = A_{BC} = 500$ mm²，$A_{CD} = 200$ mm²，$E = 200$ GPa。试求：① 各段杆横截面上的内力和应力；② 杆的总变形量。

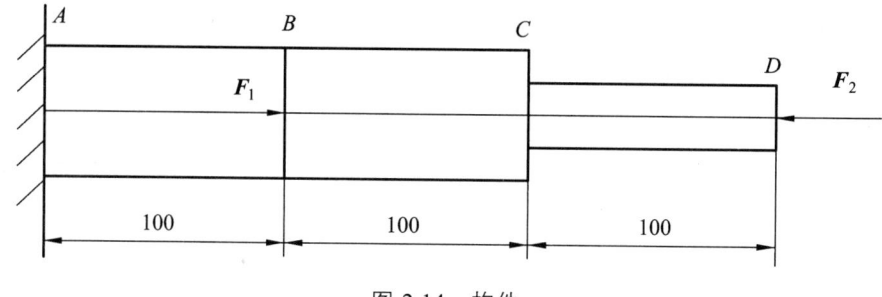

图 2.14 构件

解：（1）画杆的受力图，求约束力，如图 2.15 所示。

$$F_1 - F - F_2 = 0$$

解得　　　　　$F = F_1 - F_2 = 10 \text{ kN} - 30 \text{ kN} = -20 \text{ kN}$

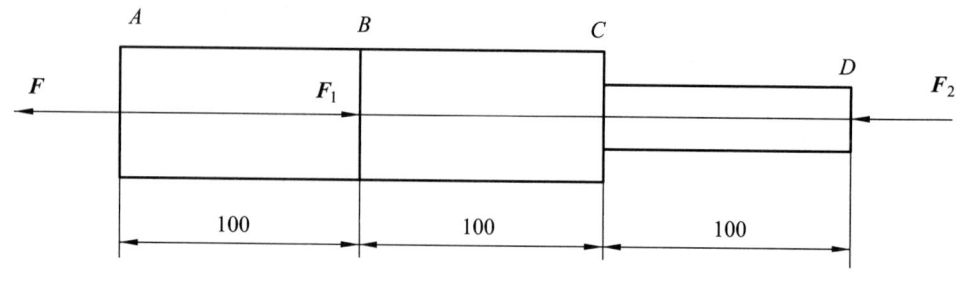

图 2.15 受力图

（2）求各段的轴力，画轴力图，如图2.16所示。

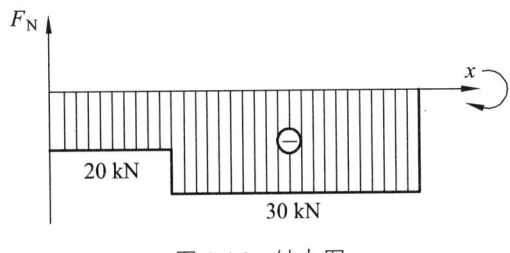

图2.16　轴力图

AB段轴力为

$$F_{NAB} = -20 \text{ kN}$$

BC、CD段的轴力为

$$F_{NBC} = F_{NCD} = -30 \text{ kN}$$

（3）求各段的应力。

AB段：

$$\sigma_{AB} = \frac{F_{NAB}}{A} = \frac{-2\,000}{500} = -40 \text{（MPa）（负号表示压应力）}$$

BC段：

$$\sigma_{BC} = \frac{F_{NBC}}{A} = \frac{-3\,000}{500} = -60 \text{（MPa）（负号表示压应力）}$$

CD段：

$$\sigma_{CD} = \frac{F_{NCD}}{A} = \frac{-3\,000}{200} = -150 \text{（MPa）（负号表示压应力）}$$

（4）计算杆件的变形量：

$$\Delta L = \Delta L_{AB} + \Delta L_{BC} + \Delta L_{CD} = \frac{F_{NAB}L}{EA_{AB}} + \frac{F_{NBC}L}{EA_{BC}} + \frac{F_{NCD}L}{EA_{CD}}$$

2.3　剪切与挤压

2.3.1　剪　切

1．剪切的概念

在工程实际中，常会有构件受到两组大小相等、方向相反且彼此非常接近的力的作用，这时构件会在两组力间的截面处发生相对错动变形，这种变形称为剪切变形，如图2.17所示。剪切变形的受力特点是外力大小相等，方向相反，作用线相距很近。其变形特点是沿与外力的方向平行的截面发生相对错动。产生相对错动的截面称为剪切面,剪切面总是平行于外力作用线,且在两个反向外力作用线之间。

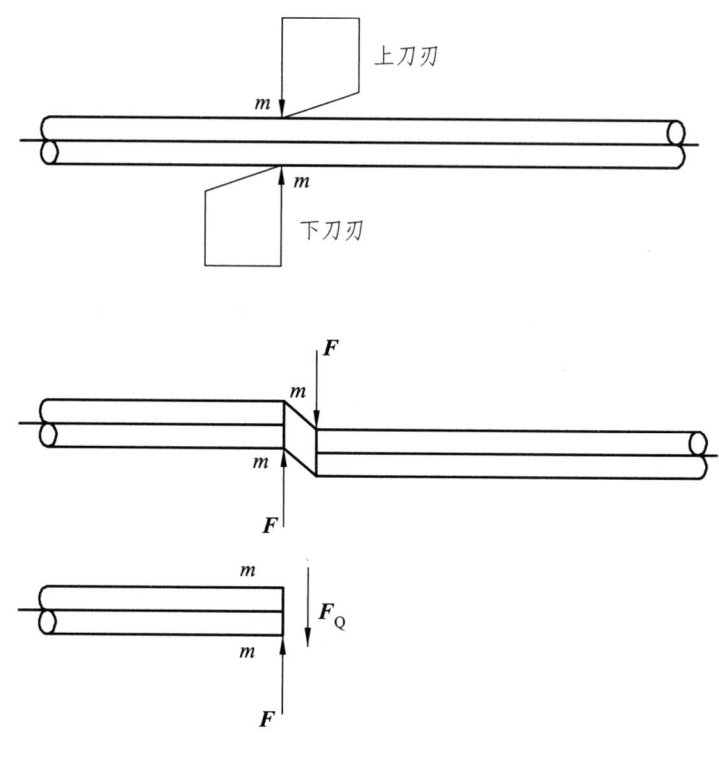

图 2.17 剪切过程

剪切变形大多发生在工程结构和机械零件的连接件上,如连接两个零件的销、铆钉、键和螺栓等,都是一些常见的受剪零件。在外力作用下,沿剪切面发生剪切变形,当外力过大时,沿剪切面将连接件剪断。为此,必须进行剪切强度计算。

图 2.18 所示就是铆钉剪切过程。

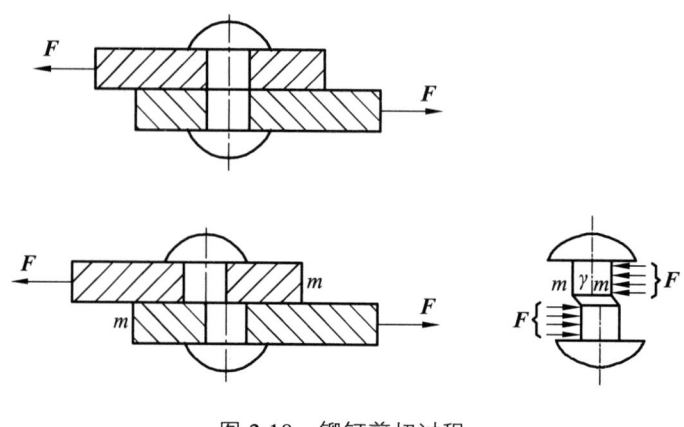

图 2.18 铆钉剪切过程

2. 剪切应力

构件受到剪切力的作用时，在它的剪切面上会产生沿截面作用的抵抗剪切变形的内力，这个内力称为剪力，用 F_Q 表示。剪力 F_Q 的大小可用截面法求得，如图 2.19 所示，单位是牛（N）或千牛（kN）。

单位面积上剪力的大小称为剪应力，用 τ 表示，单位是帕（Pa）或兆帕（MPa）。剪应力在剪切面上分布规律较复杂。工程上常采用以实验、经验为基础的实用计算法。实用计算法假设剪应力 τ 均匀分布在剪切面上。

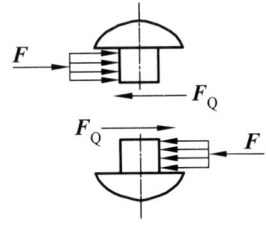

图 2.19 剪力 F_Q

设剪切面的面积为 A，剪力为 F_Q，则剪切面上的平均剪应力为

$$\tau_m = \frac{F_Q}{A} \tag{2.4}$$

式中　τ_m——平均切应力，MPa；
　　　F_Q——作用于截面上的剪力，N；
　　　A——剪切面面积，mm²。

3. 剪切实用计算

为了保证剪切变形构件工作时安全可靠，剪切强度条件为

$$\tau_m = \frac{F_Q}{A} \leqslant [\tau] \tag{2.5}$$

式（2.5）中的许用剪切应力 $[\tau]$，可从有关手册中查得，也可按下列近似的经验公式确定：

对于塑性材料，有：$[\tau] = (0.6 \sim 0.8)[\sigma]$；
对于脆性材料，有：$[\tau] = (0.8 \sim 1.0)[\sigma]$。
其中 $[\sigma]$ 为材料的许用拉应力。

2.3.2 挤压

1. 挤压的概念

一般情况下，杆件发生剪切变形的同时，往往还伴随着挤压变形。挤压变形是两杆件在相互传递压力的接触面上，由于局部受较大的压力，而出现塑性变形的现象——压陷、起皱，如图 2.20 所示，这种现象称为挤压破坏。作用于接触面间的压力，称为挤压力，用符号 F_{jy} 表示。杆件上发生挤压变形的表面称为挤压面。挤压面是两杆件的接触面，一般是垂直于外力的作用线。如图 2.20 所示钢板上的铆钉孔，由于挤压产生显著的局部塑性变形，原来的圆孔被挤压成扁圆孔。

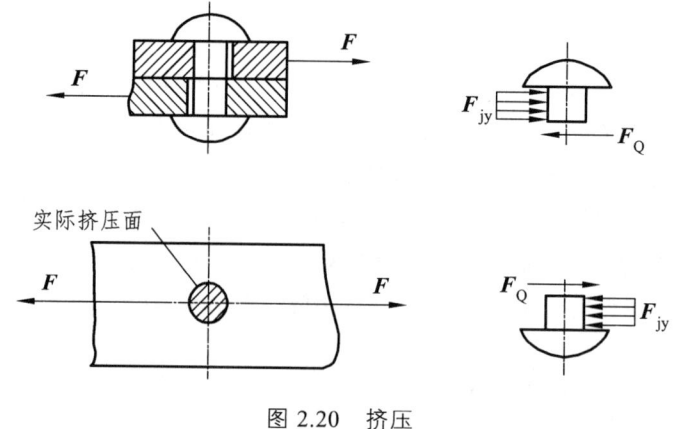

图 2.20 挤压

2. 挤压应力

由挤压力引起的应力称为挤压应力，用 σ_{jy} 表示。设挤压力为 F_{jy}，挤压面积为 A_{jy}。则挤压应力计算公式为

$$\sigma_{jy} = \frac{F_{jy}}{A_{jy}} \tag{2.6}$$

式中　σ_{jy}——平均挤应力，MPa；

F_{jy}——受压处的挤压力，N；

A_{jy}——挤压面积，mm^2。

2.4　圆轴的扭转

2.4.1　圆轴扭转的概念

在工程实际及日常生活中，我们常遇到发生扭转变形的构件。如图 2.21 所示为电机转动中的传动轴，其受力特点是载荷是一对力偶，力偶作用面均与直杆的轴线垂直，但方向相反，因而产生的变形形式相同，各横截面绕杆轴线发生相对转动，这种变形称为扭转变形。

在生产中，丝锥、钻头等工作时都主要产生扭转变形。

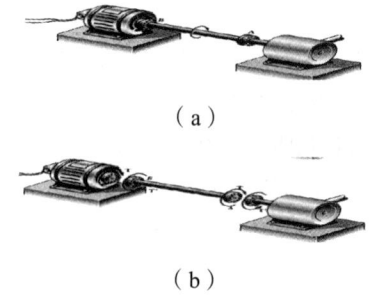

（a）

（b）

图 2.21　传动轴扭转

2.4.2 圆轴扭转外力偶矩、扭矩

1. 外力偶矩的计算

计算轴的扭转内力,首先要知道轴上所受的外力偶矩。当已知轴的转速和传递的功率时,外力偶矩可按理论力学中的公式计算。

$$M = 9\,550 \frac{P}{n} \tag{2.7}$$

式中　M——外力偶矩,$N \cdot m$;
　　　P——轴传递的功率,kW;
　　　n——轴的转速,r/min。

当功率 P 用马力表示时,外力偶的计算公式为

$$M = 7\,024 \frac{P}{n} \tag{2.8}$$

2. 圆轴横截面上的内力

(1)扭矩　圆轴发生扭转变形时,横截面上将有内力产生,求内力的方法仍然是截面法。如图2.22(a)所示的圆轴,在其两端垂直轴线的平面内作用着一对方向相反、力偶矩均为 M 的力偶,要求任意截面上的内力。首先用假想截面将构件截开,如图2.22(b)、(c)所示,取其任一段研究。由力偶系的平衡条件可知,为了与外力偶平衡,截面上内力系合成的结果应是一力偶,且力偶的作用面与横截面重合。此力偶矩称为扭矩,常用符号 T 表示。规定使轴做顺时针转动的扭矩为正,反之为负,如图2.23所示。扭矩 T 的大小,可根据力偶的平衡条件求得。若取左段为研究对象,如图2.22(b)所示,由 $\sum M = 0$,$T - M = 0$,即 $T = M$。

若取右段研究,如图2.22(c)所示,亦可求得同样数值的扭矩,但两者转向相反,因为它们是作用与反作用的关系。因此,扭转时任意截面上扭矩的大小可由下式确定:T = 截面一侧(左或右)所有外力偶矩的代数和。

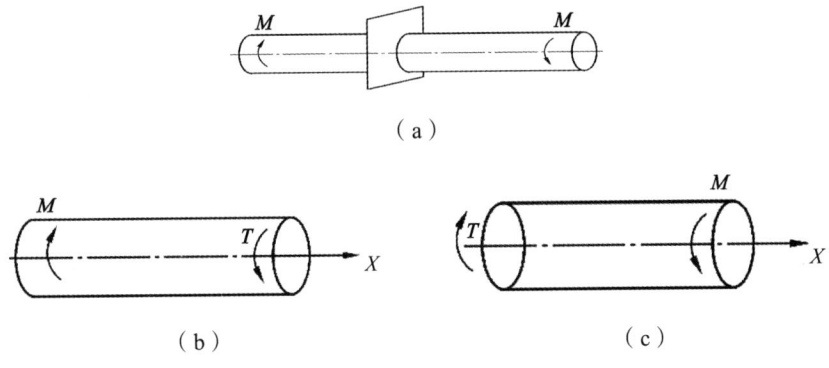

图 2.22　圆轴横截面上的内力

（2）扭矩图。当轴上作用几个外力偶时，各截面上的扭矩是不同的。各截面上的扭矩可以用扭矩图来表示。扭矩图是表示圆轴各截面上扭矩大小的简单图形。用横轴表示截面的位置，用纵轴表示扭矩，正的扭矩画在横轴上方，负的扭矩画在横轴下方，就可得到扭矩图。

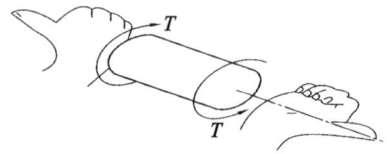

图 2.23　扭矩的正负规定

例 2.4　如图 2.24 所示，轴的转速 $n = 300$ r/min，主动轮 A 输入功率 $P_A = 22.1$ kW，从动轮 B、C 输出功率分别为 $P_B = 14.8$ kW，$P_C = 7.3$ kW。作该轴的扭矩图。

解：（1）求外力偶矩：

$$M_A = 9\,550\frac{P_A}{n} = 9\,550 \times \frac{22.1}{300} = 703\ (\text{N·m})$$

$$M_A = 9\,550\frac{P_B}{n} = 9\,550 \times \frac{14.8}{300} = 471\ (\text{N·m})$$

$$M_A = 9\,550\frac{P_C}{n} = 9\,550 \times \frac{7.3}{300} = 232\ (\text{N·m})$$

（2）求各截面上的扭矩，画扭矩图。

$$T_1 = -M_C = -232\ \text{N·m},\quad T_2 = M_B = 471\ \text{N·m}$$

其扭矩如图 2.24 所示。

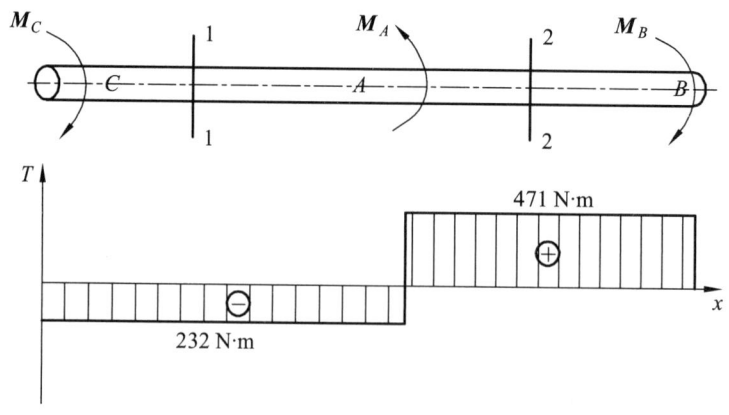

图 2.24　扭矩图

2.4.3　横截面上的应力

为了研究圆轴扭转变形的规律和横截面上应力的分布情况，首先让我们观察圆轴的扭转试验。

取一等截面圆轴,如图 2.25 所示,在其表面画一组平行于轴线的纵向线和平行于横截面边缘的圆周线,形成许多矩形。然后在垂直于轴线的平面内施加力偶 **M**,使轴产生扭转变形。由此可以得到圆轴表面的变形情况。

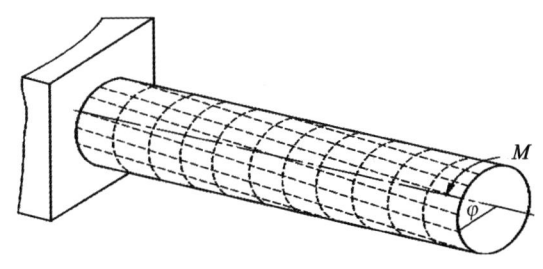

图 2.25 圆轴扭转试验

(1)各圆周线绕轴线发生了相对转动,但形状、大小及相互之间的距离均无变化。

(2)所有纵向线倾斜了同一微小角度 φ,原来的矩形均变为平行四边形,但纵向线仍近似为直线。

根据观察到的变形现象,我们可做如下假设:圆轴横截面变形后仍保持为平面,其形状、大小不变,半径仍保持为直线;相邻两横截面间的距离不变。这就是圆轴扭转的平面假设。

按照平面假设,圆轴扭转变形时的特点如下:各横截面像刚性圆盘一样绕轴线发生相对转动,且截面之间的距离不变。圆轴扭转变形时,截面上只有扭转切应力而无正应力。扭转切应力的分布规律为截面上某点的扭转应力的大小与该点至圆心的距离成正比。圆心处扭转应力为零,圆周上扭转应力最大,如图 2.26 所示。

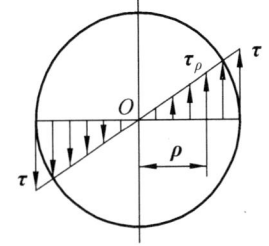

图 2.26 圆轴扭转应力

圆轴扭转时最大扭转应力为

$$\tau_{max} = \frac{T_R}{I_p} \tag{2.9}$$

式中　τ_{max}——横截面上最大扭转应力,Pa;

T——横截面上的扭矩,N·m;

R——圆轴的半径,m;

I_p——横截面的极惯性矩,它表示截面尺寸的几何性质,它的大小与截面形状和尺寸有关,m^4。

令 $I_p/R = W_p$,则

$$\tau_{max} = \frac{T}{W_p} \tag{2.10}$$

式(2.10)为圆轴扭转时横截面上最大扭转切应力的计算公式。W_p 表示横截面抵抗扭转能力的量,称为抗扭截面系数,单位符号是 m^3。

2.5 平面弯曲

2.5.1 梁弯曲的概念

1. 平面弯曲的概念

在日常生活和工程实际中,发生弯曲变形的构件是经常遇到的。如图 2.27 所示,龙门吊车的横梁 AB 在载荷和自重的作用下变弯;水罐在两支座中间受水的重力和自重作用发生微小弯曲。这些构件具有相同的受力特点:外力垂直于轴线或在轴线的平面内受到力偶的作用,而发生相同形式的变形——轴线由直线弯为曲线,这种变形称为弯曲。把以弯曲变形为主的构件称为梁。

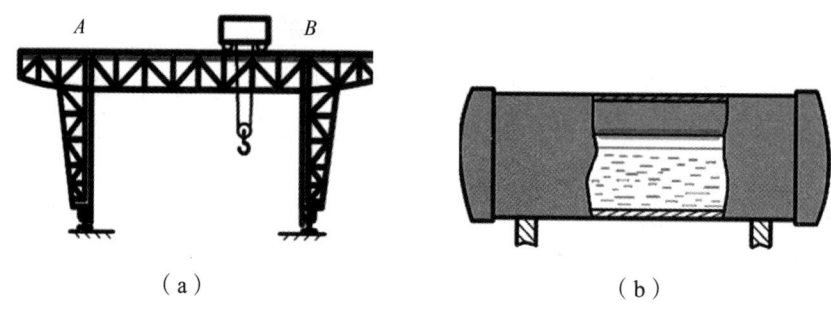

图 2.27 弯曲变形的构件

工程中常见的梁,其横截面往往具有对称轴,如图 2.28 所示,对称轴与梁的轴线构成纵向对称面。若作用在梁上的外力都位于纵向对称面内,并且力的作用线垂直于梁的轴线,则变形后的轴线将是平面曲线,并仍位于纵向对称面内,这种弯曲称为平面弯曲。

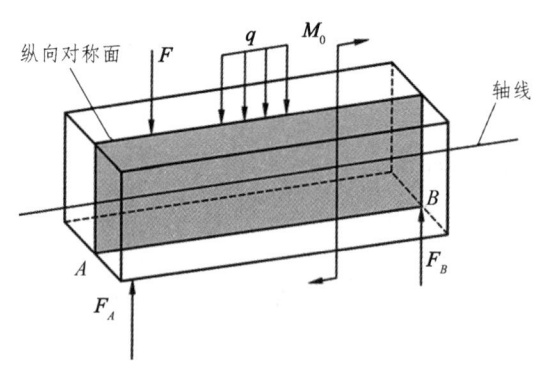

图 2.28 横截面具有对称轴

2. 梁的基本类型

梁的结构形式很多,按梁的支座形式可分为 3 种基本形式。
(1)简支梁。梁的一端为固定铰链支座,另一端为活动铰链支座,如图 2.29 所示。

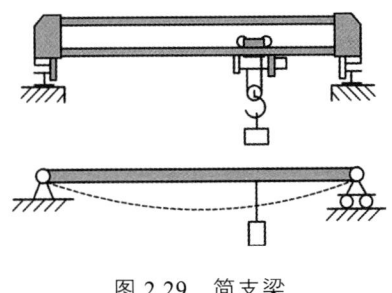

图 2.29 简支梁

（2）外伸梁。梁的支座形式与简支梁相同，梁的一端或两端伸出在支座以外，如图 2.30（a）所示。

（3）悬臂梁。梁的一端为固定端支座，另一端为自由端，如图 2.30（b）所示。

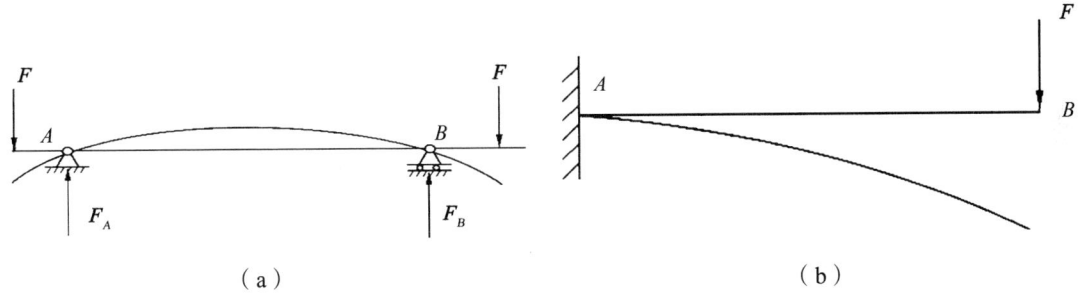

（a） （b）

图 2.30 外伸梁、悬臂梁

2.5.2 剪力和弯矩

1. 梁的外力

作用于梁的载荷包括外载荷和支座反力两部分。作用在梁上的外载荷有 3 种形式，如图 2.31 所示。

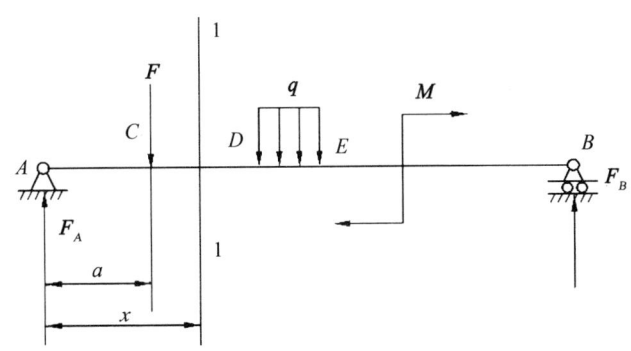

图 2.31 梁上作用载荷类型

（1）集中力。当力的作用范围与梁的长度相比很小时，可简化为作用于一点的力，称为集中力，其单位为牛顿（N）或千牛（kN），如图 2.30 中的 F。

（2）集中力偶。当力偶作用的范围远远小于梁的长度时，可简化为作用于某一截面的力偶，称为集中力偶，其单位符号为 N·m 或 kN·m，如图 2.30 中的 **M**。

（3）分布载荷。分布载荷是指载荷连续分布在梁的全部长度或部分长度上，其大小与分布情况，用单位长度上的力 q 表示，称为载荷集度，如图 2.30 中的均布力 q，其单位符号为 N/m 或 kN/m。

一般作用于梁上的载荷是已知的，而支座反力可以通过平衡方程求得。

2. 剪力和弯矩

梁在外力作用下，横截面上将有内力产生。计算内力的方法仍然是截面法。下面以简支梁为例，如图 2.32 所示。分析梁横截面上内力的简化结果。

设载荷 F 与支座反力 F_A、F_B 均已知，是位于梁纵向对称面内的平面平行力系。现运用截面法求任意截面 1—1 内力。

假想沿 1—1 截面将梁分为两段，如图 2.31 所示，由于整个梁是平衡的，它的任一部分也应处于平衡状态。根据平衡条件，1—1 截面必然存在两个内力分量。

（1）剪力 F_Q，其作用线平行于外力并通过截面形心（沿截面作用），$F_Q = F_A - F$。

（2）力偶矩 M，其力偶面垂直于横截面，称为弯矩，$M = F_A x - F a$。

通常梁的跨度比较大，剪力产生的剪应力对梁的影响很小，一般不计。下面我们只研究弯矩的作用。

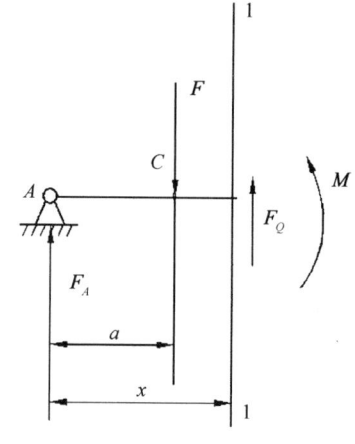

图 2.32 截面左图

可以看出，某截面上的剪力等于此截面一侧所有外力的代数和。

同样，某截面上弯矩的大小等于所取研究对象上所有外力对该截面形心力矩的代数和。梁上某截面的剪力正、负规定：使截面两侧发生左上右下相对错动的剪力为正，反之为负，如图 2.33（a）所示。梁上某截面弯矩的正、负规定，由该截面附近的变形情况确定。若梁在该截面附近弯呈上凹下凸，如图 2.33（b）所示，则弯矩力为正；反之则为负。

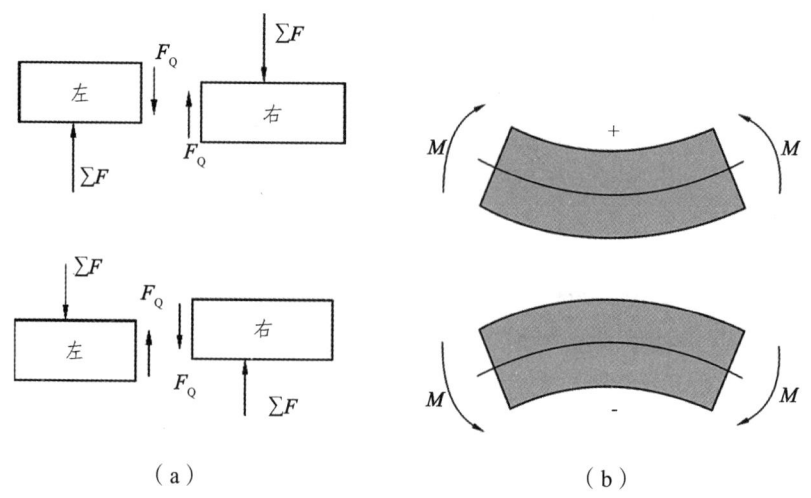

（a）　　　　　　　　　　　　（b）

图 2.33 剪力、弯矩正、负规定

也可直接规定外力的正、负号来求代数和，根据代数和的正、负号确定剪力和弯矩的正、负号。

计算剪力时通常规定：外力左上右下为正，左下右上为负。即取截面左侧计算剪力时向上的外力取正值，向下的外力取负值。取右侧为研究对象时则相反。

计算弯矩时一般规定：外力矩（力偶）左顺右逆为正，左逆右顺为负。即取截面左侧计算时，顺时针外力矩（力偶）为正值，逆时针外力矩（力偶）为负值，取右侧时则相反。

3. 剪力图与弯矩图

在一般情况下，梁横截面上的弯矩是随截面的位置而变化的。如果沿梁的轴线方向选取坐标 x 表示横截面的位置，则梁上各横截面的剪力和弯矩都可表示为坐标 x 的函数，即

$$F_Q = F_Q(x)$$

该式称为剪力方程。

为了形象地表明剪力沿梁的轴向变化情况，可以用横坐标 x 表示横截面的位置，而以纵坐标表示相应截面上的剪力，则可绘出 $F_Q = F_Q(x)$ 的图线。该图线称为剪力图。

$M = M(x)$ 称为弯矩方程。同样为表示弯矩沿梁的轴向变化情况，可以用横坐标 x 表示横截面的位置，而以纵坐标表示相应截面上的弯矩，则可绘出 $M = M(x)$ 的图线。该图线称为弯矩图。

例 2.5 如图 2.33（a）所示的简支梁 AB，在 C 点处受到集中力 F 作用，尺寸 a、b 和 l 均为已知，试做出梁的剪力图和弯矩图。

解：（1）求约束反力。

$$\sum M_A = 0;\ F_B l - F_A = 0;\ F_B = \frac{a}{l}F$$

$$\sum M_B = 0;\ Fb - F_A l = 0;\ F_A = \frac{b}{l}F$$

（2）列剪力方程与弯矩方程。可以看出，在集中载荷处剪力和弯矩要发生变化，可以把梁分成 AC 和 BC 两段分别建立弯矩方程。

AB 段：

$$F_Q(x) = F_A = \frac{Fb}{l}(0 \leqslant x \leqslant a)$$

$$M(x) = F_A x = \frac{Fb}{l}x(0 \leqslant x \leqslant a)$$

BC 段：

$$F_Q = F_A - F = \frac{Fb}{l} - F = -\frac{Fa}{l}(a \leqslant x \leqslant l)$$

$$M = F_A x - F(x-a) = \frac{Fa(l-x)}{l}(a \leqslant x \leqslant l)$$

（3）求特殊点的剪力与弯矩值，画剪力图与弯矩图。

$x = 0$ 时：$F_Q = \dfrac{Fb}{l}$, $M = 0$

$x = l$ 时：$F_Q = -\dfrac{Fa}{l}$, $M = 0$

$x = a$ 时：F_Q 从 $\dfrac{Fb}{l}$ 变为 $\dfrac{Fa}{l}$, $M = \dfrac{Fab}{l}$

由于方程都是一次方程，所以图线为直线，根据特殊点即可做出剪力图和弯矩图，如图 2.34（b）、（c）所示。

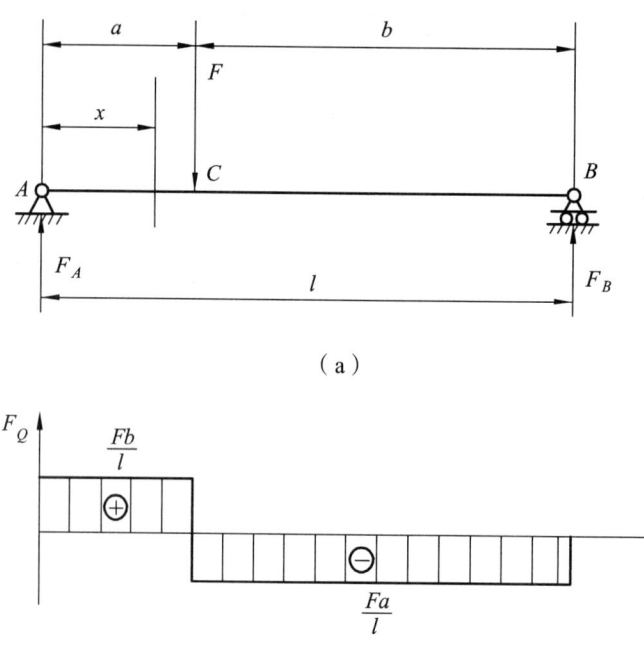

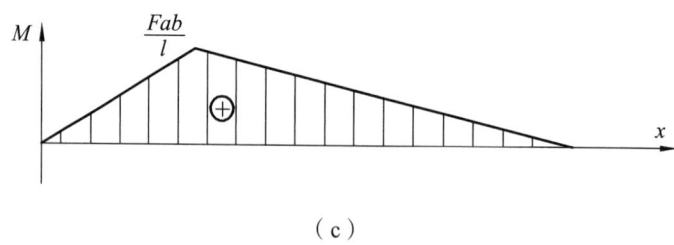

图 2.34 剪力图和弯矩图

通过总结，弯矩图有以下规律：

（1）梁受集中力或集中力偶作用时，弯矩图为直线，并且在集中力作用处，弯矩发生转折；在集中力偶作用处，弯矩发生突变，突变量为集中力偶矩的大小。

（2）梁受到均布载荷作用时，弯矩图为抛物线，且抛物线的开口方向与均布载荷的方向一致。

（3）梁的两端点若无集中力偶作用，则端点处的弯矩为 0；若有集中力偶作用时，则弯矩为集中力偶矩的大小。

2.5.3 纯弯曲时的正应力分析

1. 纯弯曲的概念

在一般的平面弯曲中，梁的横截面上既有剪力，又有弯矩，梁发生弯曲变形的同时，还伴有剪切变形，这种平面弯曲称为横力弯曲。若梁只有弯曲变形，无剪切变形，则这种平面弯曲称为纯弯曲。

2. 横截面上弯曲正应力的分布规律

纯弯曲时，梁横截面上只有弯矩，没有剪力。弯矩是横截面上内力合成的结果。如图 2.35（a）所示，取一矩形截面梁，在梁的侧面画上代表横截面边框线的横向直线和代表平行于轴线纵向纤维的纵向直线，且中间一条纵向直线与梁的轴线重合。然后在其对称面内施加力偶，梁发生纯弯曲变形，如图 2.35（b）所示。变形后横向线仍为直线，且仍与纵向线正交，但发生了相对转动。纵向线变成了曲线，除了与轴线相重合的纵向线长度不变外，其余各纵向线都产生了伸长或缩短，靠近凸出的一边伸长，而靠近凹进的一边缩短。可见，因变形后的横截面仍与纵向线正交，直角未发生变化，切应变为零，故切应力为零。弯曲变形时，梁的一部分纵向纤维伸长，另一部分缩短，从缩短到伸长，变化是逐渐而连续的。由缩短区过渡到伸长区，必存在一层既不伸长也不缩短的纤维，称为中性层。中性层是梁上缩短区与伸长区的分界面。中性层与横截面的交线称为中性轴，如图 2.35（c）所示。中性轴必通过横截面的形心。

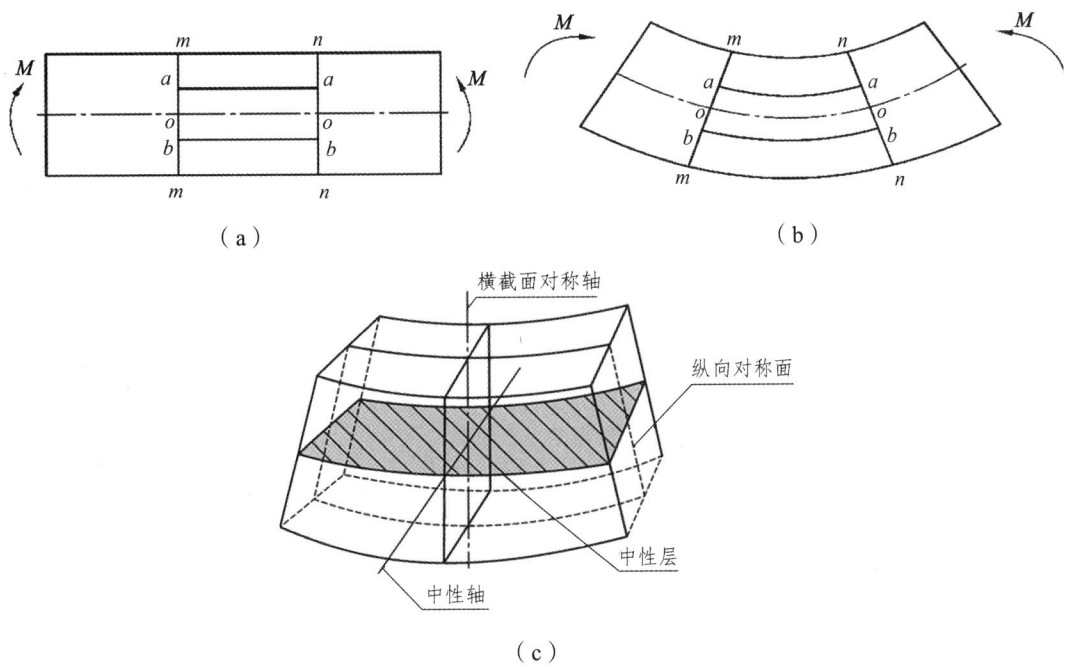

图 2.35 中性层和中性轴的概念

由上述分析可得正应力分布规律。即梁发生纯弯曲变形后，所有横截面仍保持平面，只是绕中性轴相对转动，截面上各点伸长处受拉，缩短处受压，其大小与该点到中性轴的距离成正比，中性轴上的正应力等于零，如图 2.36 所示。

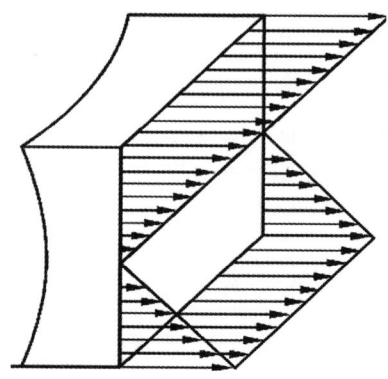

图 2.36 弯曲正应力的分布规律

3. 最大弯曲正应力的计算

横截面上任一点的弯曲正应力公式为

$$\sigma = \frac{My}{I_z} \tag{2.11}$$

式中　σ ——弯曲正应力，MPa；

　　　M ——横截面上的弯矩，N·mm；

　　　I_z ——横截面对中性轴的惯性矩，mm^4；

　　　y ——正应力作用点到中性轴的距离，mm。

式（2.11）是工程力学中基本理论公式之一。应用式（2.11）时，M、y 均可以绝对值代入计算，所求得的正应力是拉应力还是压应力，可根据梁的变形情况，通过判断纤维的伸长或缩短而确定。

由式（2.11）可知，横截面上最大弯曲正应力发生在上下边缘上各点，即 $\sigma_{max} = \frac{My_{max}}{I_z}$，引用符号 $W_z = \frac{I_z}{y_{max}}$，有

$$\sigma_{max} = \frac{M}{W_z} \tag{2.12}$$

式中，W_z 称为抗弯截面系数，其大小与截面的几何形状及尺寸有关，常用单位符号为 mm^3。

当弯矩 M 不变时，W_z 越大，σ_{max} 越小，所以 W_z 是表明梁横截面抵抗弯曲破坏能力的一个几何量。常用截面的 I_z、W_z 的计算公式如表 2.1 所示。

表 2.1 常用截面的惯性矩和抗弯截面系数

截面形状	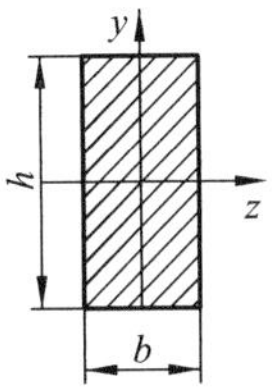 矩形	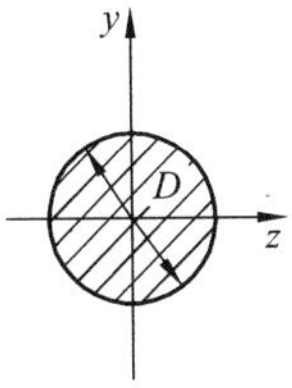 圆形	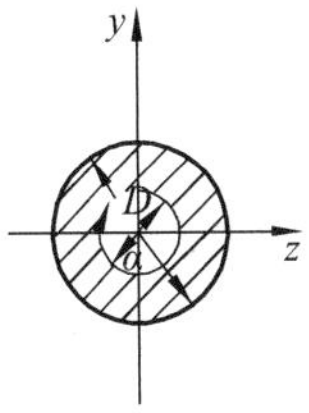 圆环
惯性矩	$I_z = \dfrac{bh^3}{12}$ $I_y = \dfrac{hb^3}{12}$	$I_z = I_y = \dfrac{\pi D^4}{64} = 0.05 D^4$	$I_z = I_y = \dfrac{\pi(D^4 - d^4)}{64}$ $= 0.05 D^4 (1 - \alpha^4)$ $\alpha = \dfrac{d}{D}$
抗弯截面模量	$W_z = \dfrac{bh^2}{6}$ $W_y = \dfrac{hb^2}{6}$	$W_z = W_y = \dfrac{\pi D^3}{32} = 0.1 D^3$	$W_z = W_y = \dfrac{\pi(1 - \alpha^4)}{32}$ $= 0.1 D^3 (1 - \alpha^4)$ $\alpha = \dfrac{d}{D}$

2.6 金属的常见力学性能

城市轨道交通中各种机械使用最多的材料是金属材料，为了正确、合理地使用金属材料，必须了解其性能。金属材料的性能包括使用性能和工艺性能。使用性能是指金属材料在使用过程中所表现出来的性能，主要有力学性能、物理性能和化学性能。工艺性能是指金属材料在各种加工过程中所表现出来的性能，主要有铸造、锻造、焊接、热处理和切削加工等性能。在机械行业中选用材料时，一般以力学性能作为主要依据。力学性能是指金属在外力作用下所表现出来的特性（或指金属在力作用下，显示与弹性和非弹性反应相关或涉及应力-应变关系的性能）。常用的力学性能判据有强度、塑性、硬度、韧性和疲劳强度等。金属力学性能判据是指表征和判定金属力学性能所用的指标和依据。判据的高低表征了金属抵抗各种损伤能力的大小，也是设计金属制件时选材和进行强度计算的主要依据。

2.6.1 强　度

强度是指金属抵抗塑性变形和断裂的能力。它是通过拉伸试验测得的。

1. 拉伸试验

试验前，将金属材料制成一定形状和尺寸的标准拉伸试样，如图 2.37 所示。图中 d_0 为试样原始直径（mm），l_0 为试样原始标距长度（mm）。按照 GB/T 228—2002《金属拉伸试验方法》规定，试样分为长试样和短试样。对于圆形拉伸试样，长试样 $l_0 = 10 d_0$，短试样 $l_0 = 5 d_0$。

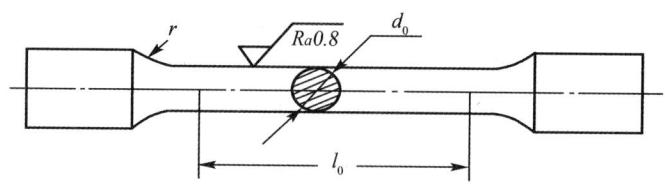

图 2.37　圆形标准拉伸试样

试验时，将标准试样装夹在拉伸试验机上，缓慢地进行拉伸，使试样承受轴向拉力，直至拉断为止。试验机自动记录装置可将整个拉伸过程中的拉伸力和伸长量描绘在以拉伸力 F 为纵坐标，伸长量 Δl 为横坐标的图上，即得到力-伸长量曲线，如图 2.38 所示。当拉伸力由零逐渐增加到 F_e 时（即曲线上 OE 段），试样的伸长量与拉伸力成正比例增加，试样随拉伸力的增大而均匀伸长，此时若去除拉伸力，试样能完全恢复到原来的形状和尺寸，即试样处于弹性变形阶段。当拉伸力超过 F_e 后，试样除产生弹性变形外，还开始出现微量的塑性变形。当拉伸力增大到 F_s 时，曲线上出现水平线段（或锯齿形线段），即表示拉伸力不增加，试样却继续伸长，称此现象为"屈服"。拉伸力超过 F_s 后，试样产生大量的塑性变形，直到最大拉伸力为 F_b 时试样横截面发生局部收缩，即产生"缩颈"。此后，试样的变形局限在缩颈部分，故承受的拉伸力迅速减小，直至拉断试样（曲线 K 点）。

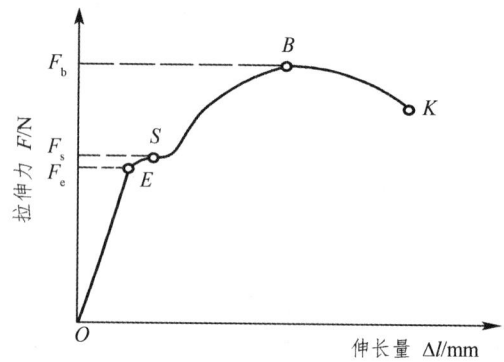

图 2.38　退火低碳钢的力-伸长量曲线

2. 强度的主要判据

金属材料的强度是用应力来度量的。单位截面上的内力称为应力，用符号 σ 表示。内力是指材料受外力作用发生变形时，内部产生阻止变形的抗力。

常用的强度判据有：弹性极限、屈服点和抗拉强度。

（1）弹性极限。

弹性极限是指试样产生完全弹性变形时，所能承受的最大应力，用符号 σ_e 表示，单位符号为 MPa。

$$\sigma_e = \frac{F_e}{A_0} \tag{2.13}$$

式中　F_e——试样产生完全弹性变形时的最大拉伸力，N；

A_0——试样原始横截面面积，mm^2。

（2）屈服点。

屈服点是指试样在拉伸过程中，力不增加（保持恒定）试样仍能继续伸长（变形）时的应力，用符号 R_e 表示，单位符号为 MPa。

$$R_e = \frac{F_s}{A_0} \quad (2.14)$$

式中　F_s——试样产生屈服时的拉伸力，N。

有些材料在拉伸时没有明显的屈服现象，无法测定 R_e。因此，GB/T 10623—2008 规定，以试样去掉拉伸力后，其标距部分的残余伸长量达到规定原始标距长度 0.2% 时的应力，为该材料的条件屈服点，用符号 $R_{p0.2}$ 选用新标准表示。

R_e 和 $R_{p0.2}$ 是表示材料抵抗微量塑性变形的能力。零件工作时一般不允许产生塑性变形。因此，R_e 是设计和选材时的主要参数。

（3）抗拉强度。

抗拉强度是指试样被拉断前所能承受的最大拉应力，用符号 R_m 表示，单位符号为 MPa。

$$R_m = \frac{F_b}{A_0} \quad (2.15)$$

式中　F_b——试样被拉断前的最大拉伸力，N。

R_m 表征材料对最大均匀塑性变形的抗力。R_e 与 R_m 的比值称为屈强比，屈强比越小，零件工作时的可靠性越高，因为若超载也不会立即断裂。但屈强比太小，材料强度的有效利用率降低。R_m 也是设计和选材时的主要参数。

2.6.2　塑　性

塑性是指断裂前材料发生不可逆塑性变形的能力。常用的判断依据有断后伸长率和断面收缩率。

1．断后伸长率

断后伸长率是指试样被拉断后，标距的残余伸长与原始标距的百分比，用符号 A 表示。

$$A = \frac{l_k - l_0}{l_0} \times 100\% \quad (2.16)$$

式中　l_0——试样原始标距长度，mm；

　　　l_k——试样被拉断后的标距长度，mm。

长试样的断后伸长率用符号 $A_{11.3}$ 表示，通常写成 A；短试样的断后伸长率用符号 A 表示。同种材料的 $A > A_{11.3}$，但不能直接比较。

2．断面收缩率

断面收缩率是指试样被拉断后，缩颈处横截面积的最大缩减量与原始横截面积的百分比，用符号 Z 表示。

$$Z = \frac{A_1}{A_0} \times 100\% \qquad (2.17)$$

式中 A_1——试样被拉断处的横截面面积，mm²；

A_0——试样原始的横截面面积，mm²。

断面收缩率不受试样尺寸的影响，因此能较准确地反映出材料的塑性。

一般 A 或 Z 值越大，材料塑性越好。塑性好的材料可用轧制、锻造、冲压等方法加工成形。另外，塑性好的零件在工作时若超载，也可因其塑性变形而避免突然断裂，提高了工作安全性。

2.6.3 硬 度

硬度是指材料抵抗局部变形，尤其是抵抗塑性变形、压痕或划痕的能力。硬度是衡量金属软硬程度的判据。

材料的硬度是通过硬度试验测得的。硬度试验所用设备简单，操作简便、迅速，可直接在半成品或成品上进行试验而不损坏被测件，并且还可根据硬度值估计出材料近似的强度和耐磨性。因此，硬度在一定程度上反映了材料的综合力学性能，应用很广。常将硬度作为技术条件标注在零件图样或写在工艺文件中。

硬度试验方法较多，生产中常用的是布氏硬度、洛氏硬度和维氏硬度试验法。

1. 布氏硬度

布氏硬度试验原理如图 2.39 所示。用直径为 D 的淬火钢球或硬质合金球作压头，以相应的试验力 F 将压头压入试件表面，经规定的保持时间后，去除试验力，在试件表面得到一直径为 d 的压痕。用试验力除以压痕表面积 A，所得值即为布氏硬度值，用符号 HB 表示。淬火钢球为压头时，符号为 HBS，硬质合金球为压头时，符号为 HBW。

$$\mathrm{HB} = 0.102 \times \frac{2F}{\pi D(D-\sqrt{D^2-d^2})} \qquad (2.18)$$

式中 d，D——压痕平均直径、压头直径，mm。

上式中只有 d 是变数，只要测出 d 值，即可通过计算或查表得到相应的硬度值。

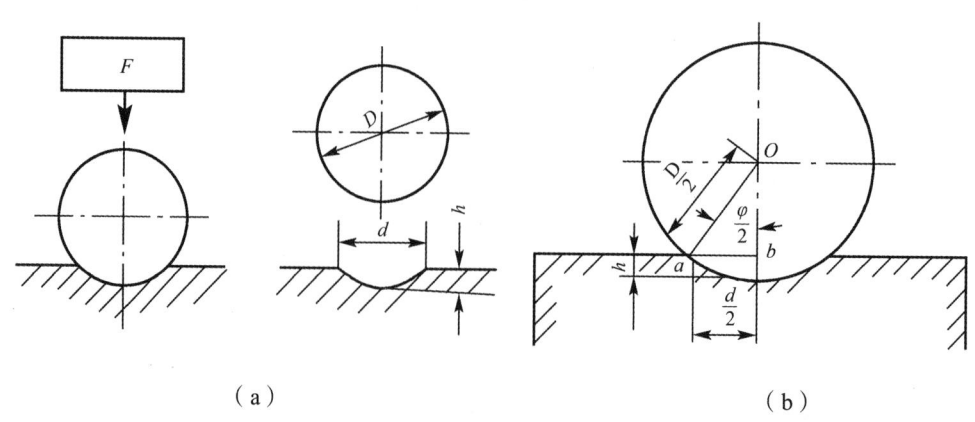

图 2.39 布氏硬度试验原理

布氏硬度试验时,应根据被测金属材料的种类和试件厚度,选用不同直径的压头、试验力和试验力保持时间。按 GB/T 231—2012 规定,压头直径有 4 种（10 mm、5 mm、2.5 mm 和 1 mm）,FD^2 的比值有 7 种（30、15、10、5、2.5、1.25 和 1）,可根据金属材料种类和布氏硬度范围选择 FD^2 值,见表 2.2。试验力保持时间：钢铁材料为 10~15 s,有色金属为 30 s,布氏硬度值小于 35 时为 60 s。

布氏硬度只适用于硬度较低、尺寸较大的金属材料,广泛应用于退火或调质后的钢件、灰口铸铁和有色金属等较软的材料。

表 2.2 按材料和布氏硬度范围选择 FD^2 值

材 料	布氏硬度值	FD^2
钢和铸铁	<140	10
	≥140	30
铜及其合金	<35	5
	35~130	10
	>130	30
轻金属及其合金	<35	2.5（1.25）
	35~80	10（5 或 15）
	>80	10
铅、锡		1.25（1）

注：① 当试验条件允许时,应尽量选用 10 mm 的球。
② 当有关标准中没有明确规定时,应使用无括号的 FD^2 值。

2. 洛氏硬度

洛氏硬度试验和布氏硬度试验同样采用压入法测定硬度。两者的区别是洛氏硬度试验用的压头是一个 120° 的圆锥形金刚石压头,施加相应载荷后,测定金属材料压痕的深度,以压痕深度来表示硬度值,如图 2.40 所示。

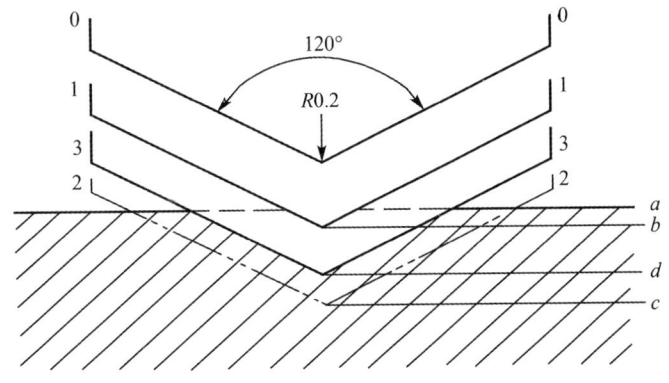

图 2.40 洛氏硬度试验原理

为使同一硬度计能测试不同硬度范围的材料，可采用不同的压头和试验力。按压头和试验力不同，GB/T 230—2018 规定洛氏硬度的标尺有 11 种，但常用的是 HRA、HRB、HRC 三种，其中 HRC 应用最广。洛氏硬度表示方法为在符号前面写出硬度值，如 62HRC、85HRA 等。洛氏硬度的试验条件和应用范围见表 2.3。

表 2.3 常用洛氏硬度的试验条件和应用范围

硬度符号	压头类型	总试验力 $F_总$/N	硬度值有效范围	应用举例
HRA	120° 金刚石圆锥	60（588.4）	70~88	硬质合金，表面淬火等
HRB	1.588 mm 钢球	100（980.7）	20~100	有色金属，退火、正火钢等
HRC	120° 金刚石圆锥	150（1 471.1）	20~70	淬火钢，调质钢等

注：总试验力 = 初试验力 + 主试验力。

洛氏硬度试验操作简便、迅速，测量硬度范围大，压痕小，无损于试件表面，可直接测量成品或较薄工件。但因压痕小，对内部组织和硬度不均匀的材料，所测结果不够准确。因此，需在试件不同部位测定 3 点取其平均值。洛氏硬度无单位，各标尺之间没有直接的对应关系。

3. 维氏硬度

维氏硬度试验原理与布氏硬度试验原理相似。区别在于维氏硬度的压头是两相对面夹角为 136° 的正四棱锥金刚石。试验时，在规定试验力 F 作用下，压头压入试件表面，保持一定时间后，卸除试验力，测量压痕两对角线长度 d_1 和 d_2，求其平均值，用以计算出压痕表面积，如图 2.41 所示。单位压痕表面积所承受试验力的大小即为维氏硬度值，用符号 HV 表示。

维氏硬度习惯上不标单位，其表示方法为：在符号 HV 前面写出硬度值，HV 后面依次用相应数字注明试验力和保持时间（10~15 s 不标）。例如 640HV30/20，表示在 30 kgf（294.2 N）试验力作用下，保持 20 s 测得的维氏硬度值为 640。

维氏硬度试验法所用试验力小，压痕深度浅，轮廓清晰，数字准确可靠，故广泛用于测量金属镀层、薄片材料和化学热处理后的表面硬度。又因其试验力可在很大范围内选择（49.03~980.7 N），所以可测量从很软到很硬的材料。但维氏硬度试验不如洛氏硬度试验简便、迅速，不适于成批生产的常规试验。

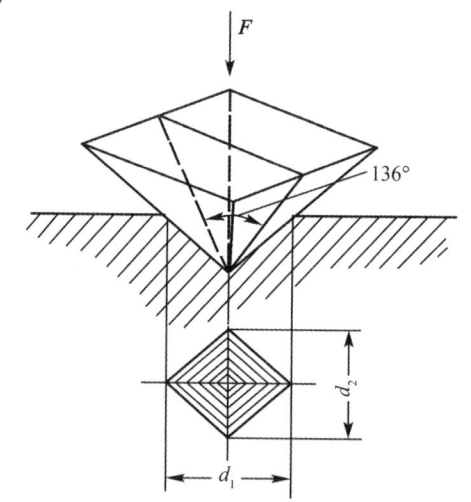

图 2.41 维氏硬度试验原理示意图

2.6.4 韧 性

生产中许多零件是在冲击力作用下工作的，如冲床用的冲头、锻锤的锤杆、风动工具等。对于这类零件,不仅要满足在静力作用下的强度、塑性、硬度等性能判据,还应具有足够的韧性。

韧性是指金属在断裂前吸收变形能量的能力,它表示了金属材料抗冲击的能力。韧性的判据是通过冲击试验确定的。

常用的方法是摆锤式一次冲击试验法,它是在专门的摆锤试验机上进行的。按 GB/T 229—2007《金属材料夏比摆锤冲击试验法》规定,将被测材料制成标准冲击试样,如图 2.42 所示。

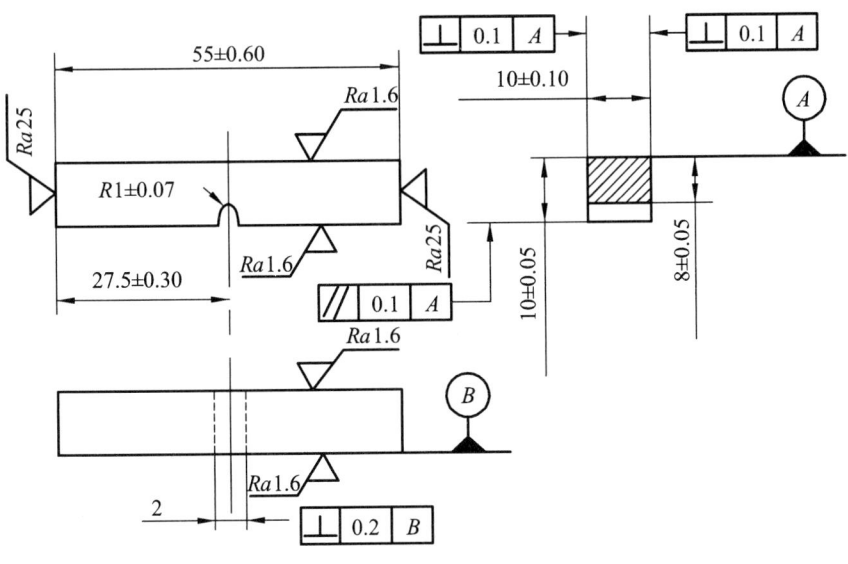

图 2.42 夏比 U 形缺口试样

试验时,将试样缺口背向摆锤冲击方向放在试验机支座上 [见图 2.43(a)],摆锤举至 h_1 高度,具有位能 mgh_1,然后使摆锤自由落下,冲断试样后,摆锤升至高度 h_2 [见图 2.43(b)],此时摆锤的位能为 mgh_2。摆锤冲断试样所消耗的能量,即试样在冲击力一次作用下折断时所吸收的功,称为冲击吸收功,用符号 A_K 表示(U 形缺口试样用 A_{KU}、V 形缺口试样用 A_{KV})

$$K = mgh_1 - mgh_2 = mg(h_1 - h_2) \text{ (J)}$$

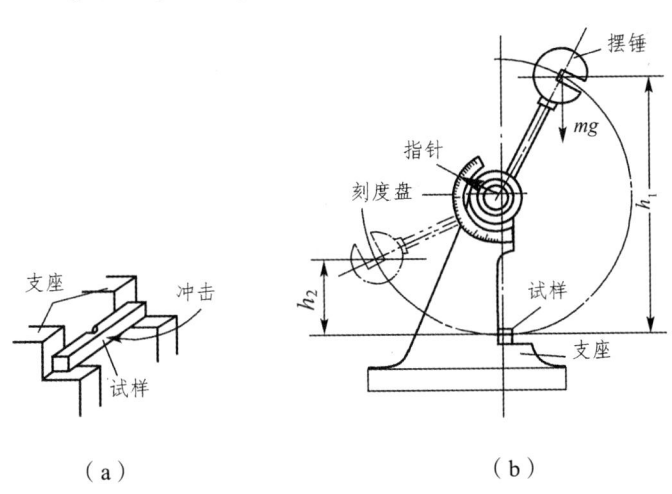

(a)   (b)

图 2.43 摆锤式冲击试验原理示意图

K 值不需计算，可由冲击试验机刻度盘上直接读出。冲击试样缺口底部单位横截面面积上的冲击吸收功，称为冲击韧度，用符号 a_K 表示，单位符号为 J/cm^2。

$$a_K = \frac{A_K}{A} \quad (2.19)$$

式中 A_K——冲击吸收功，J；

A——试样缺口底部横截面面积，cm^2。

冲击吸收功越大，材料韧性越好。冲击吸收功与温度有关。由图 2.44 可知，A_K 值随温度降低而减小，在不同温度的冲击试验中，冲击吸收功急剧变化或断口韧性急剧转变的温度区域，称为韧脆转变温度。韧脆转变温度越低，材料的低温抗冲击性能越好。

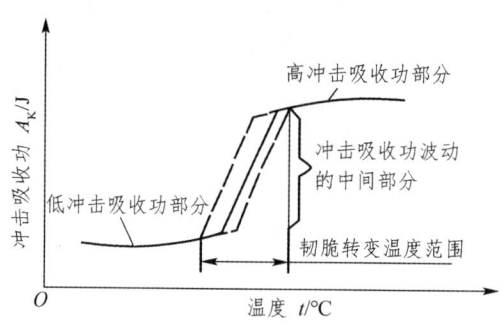

图 2.44 温度对冲击吸收功的影响

冲击吸收功还与试样形状、尺寸、表面粗糙度、内部组织和缺陷等有关。因此，冲击吸收功一般作为选材的参考，而不能直接用于强度计算。

应当指出，冲击试验时，冲击吸收功中只有一部分消耗在断开试样缺口的截面上，冲击吸收功的其余部分则消耗在冲断试样前，缺口附近体积内的塑性变形上。因此，冲击韧度不能真正代表材料的韧性，而用冲击吸收功 A_{KU} 或 A_{KV} 作为材料韧性的判据更为适宜。国家标准现已规定采用 A_{KU} 或 A_{KV} 作为韧性判据。

2.6.5 疲劳强度

许多零件如轴、齿轮、连杆、弹簧等是在循环应力作用下工作的。按循环应力大小和方向不同，零件承受的应力分为交变应力和重复应力两种。零件在循环应力作用下，在一处或几处产生局部永久性累积损伤，经一定循环次数后产生裂纹或突然发生完全断裂的过程，称为疲劳(疲劳断裂)。疲劳断裂前无明显塑性变形，因此危险性很大，常造成严重事故。据统计，大部分零件的损坏均是由疲劳造成的。

实验证明，金属材料能承受的交变应力 σ 与断裂前应力循环基数 N 之间的关系如图 2.45 所示。由图可知，当 σ 低于某一值时，曲线与横坐标平行，

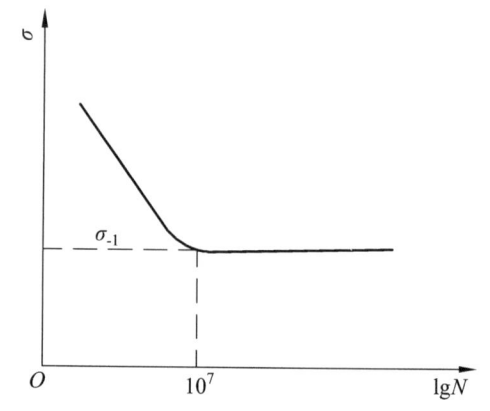

图 2.45 钢铁材料的疲劳曲线

表示材料可经无数次循环应力作用而不断裂,这一应力称为疲劳强度,用 σ_{-1} 表示光滑试样对称弯曲疲劳强度。

一般,交变应力越小,断裂前所能承受的循环次数越多,交变应力越大,循环次数越少。工程上用的疲劳强度,是指在一定的循环基数下不发生断裂的最大应力,通常钢铁材料的循环基数取 10^7,有色金属取 10^8。

材料存在气孔、微裂纹、夹杂物等缺陷,材料表面有划痕、局部应力集中等因素,均可加快疲劳断裂。减小表面粗糙度值和进行表面淬火、喷丸处理、表面滚压等方法均可提高材料的疲劳强度。

复习思考题

一、不定项选择题

1. 金属抵抗永久变形(塑性变形)和断裂的能力称为_____。
   A. 强度　　B. 塑性　　C. 硬度　　D. 韧性　　E. 疲劳强度
2. R_m 表示试样_____所能承受的最大拉应力。
   A. 拉断前　　B. 拉断后　　C. 屈服时
3. 一紧固螺钉在使用过程中发现有塑性变形,是因为螺钉材料的力学性能_____值不足。
   A. R_e　　B. A_{KU}　　C. A　　D. Z
4. 材料 A 的硬度为 380 HBS,材料 B 的硬度为 43 HRC,A 的硬度比 B_____。
   A. 硬　　B. 软　　C. 相近
5. 现有标准圆形截面长试样 A 和短试样 B,经拉伸试验测得 δ_{10}、δ_5 均为 25%,表明试样 A 的塑性比试样 B_____。
   A. 好　　B. 相同　　C. 差
6. 在有关零件的图纸上,出现以下几种硬度技术条件的标注方法,其中正确的标注是_____。
   A. 600~650 HBS　　　　B. HBW = 200~250 kgf/mm^2
   C. 45~50 HRC　　　　　D. 70~75 HRC
7. 洛氏硬度 HRC 选用_____压头类型,_____总试验力。
   A. 120° 金刚石圆锥　　B. ϕ1.587 5 mm 球　　C. 60 kgf(588.4 N)
   D. 100 kgf(980.7 N)　　E. 150 kgf(1 471.1 N)
8. 冲击吸收功 A_K 与温度有关,A_K 随温度降低而_____。
   A. 升高　　B. 不变　　C. 减小

二、简答题

1. 杆件的基本变形形式有哪几种?
2. 试说明材料力学中所说"内力"的含义。
3. 什么是弹性变形?什么是塑性变形?

3 工程材料

3.1 碳素钢

以铁（Fe）为基础的铁碳合金统称为钢铁材料，它是由多种元素组成的多成分的复杂合金，但最基本的元素是铁和碳，因此通常称为铁碳合金。

含碳量低于 2.11% 的铁碳合金称为碳素钢，简称碳钢，含碳量大于 2.11% 的铁碳合金称为铸造生铁。碳素钢的机械性能可以满足许多零件和工具的要求，又有良好的工艺性能，而且生产方便，价格低廉，因此在汽车拖拉机行业得到了广泛应用。

在实际使用的碳素钢中，由于冶炼的原因，都少量地含有硅（Si）、锰（Mn）、硫（S）、磷（P）等杂质元素。这些元素对碳钢的性能产生一定的影响，为此对其在钢中的含量均有严格的控制。

3.1.1 碳及几种杂质元素对碳素钢性能的影响

1. 碳

是决定钢性能的主要元素。当钢中的含碳量低于 0.77% 时，其含碳量越高，钢的强度和硬度也越高，而塑性和韧性则越低。当超过 1.0% 以后，钢的硬度仍将升高，但钢的强度、塑性和韧性都将显著下降，脆性也增大。

含碳量对钢的加工工艺性能也有较大的影响。含碳量低的钢强度低、塑性好，容易锻造和冷加工成型（如冷弯、冷冲压、冷挤、冷铆）。此外，含碳量低的钢焊接性能良好，采用一般的焊接方法就能获得良好的焊接质量。反之，含碳量高的钢的塑性变形抗力增加，塑性变形能力差而不易冷加工成型，且随着钢中含碳量的增大其可焊接性能逐渐变差。

2. 锰

锰是炼钢时作为脱氧除硫的元素以锰铁合金形式加入钢中。锰在钢中为有益元素，具有很好的脱氧能力，它与钢液中的氧结合，形成氧化锰（MnO）钢渣，降低钢中含氧量，从而改善钢的质量。锰的另一个重要作用是与硫化合，形成硫化锰（MnS），以消除硫在钢中的有害作用。锰也能溶于铁素体和渗碳体形成 $(FeMn)_3C$，提高钢的强度和硬度，但也降低了钢的塑性。碳素钢的锰含量一般为 0.5%~0.8%，最多不超过 1.2%。

3. 硅

硅在钢中也是一种有益元素。它能与钢液中的氧化合，形成二氧化硅（SiO_2），再与其他氧化物（FeO、MnO、Al$_2$O$_3$）结合形成硅酸盐钢渣，降低钢的含氧量，可使钢质致密。硅在碳钢中含量一般小于 0.5%，它能溶于铁素体，使铁素体强化，从而使钢的强度、硬度、弹性提高，而塑性、韧性降低。

4. 硫

硫是随生铁、废钢和燃料进入钢中的有害元素。硫在钢中不溶于铁，以 FeS 的形式存在，其熔点为 1 190 ℃。而 FeS 还会与 Fe 反应形成熔点只有 985 ℃ 的共晶硫化物（FeS-Fe）分布在晶界上。当对钢铁材料进行轧制和锻造热加工时，由于钢材的热压加工温度均高于共晶硫化物温度，而造成共晶硫化物在晶界熔化而引起钢材的开裂，这种现象称为"热脆"。

钢中硫的含量应有严格的控制。普通钢含硫量不得大于 0.055%，优质钢和高级优质钢含硫量应分别小于 0.040% 和 0.030%。

5. 磷

磷也是随同矿石、生铁和废钢进入钢中的有害杂质。磷在钢中全部溶入铁素体中，可使钢的强度、硬度有所提高，却使室温下使钢的塑性、韧性急剧降低，尤其是低温更为严重。这种在低温时使钢严重变脆的现象，称为"冷脆"。在易切削钢中适当地提高硫、磷的含量，增加脆性，可以提高切削效率，延长刀具寿命。

3.1.2 碳素钢的分类及应用

碳素钢的分类方法很多，可按冶炼方法、含碳量、品质、金相组织及用途等进行分类，下面介绍几种主要的分类方法。

1. 按钢的含碳量分类

（1）低碳钢。

低碳钢的含碳量低于 0.25%，在建筑上应用很广，如钢筋桥梁等。

（2）中碳钢。

中碳钢的含碳量为 0.25%～0.60%，主要用于制造传动机件，如曲轴、连杆、凸轮轴等。

（3）高碳钢。

高碳钢的含碳量高于 0.6%（一般不高于 1.3%），主要用于制造工具，如锉刀、斧子、锯及弹簧等。

2. 按钢的品质分类

根据钢中有害杂质元素的含量多少分类，碳钢通常分 3 类：

（1）普通碳素钢。

普通碳素钢中 S、P 含量分别不高于 0.055% 和 0.045%。

（2）优质碳素钢。

优质碳素钢中 S、P 含量均小于 0.035%。

（3）高级优质碳素钢。

高级优质碳素钢中 S、P 含量分别不高于 0.020% 和 0.030%。

3. 按钢的用途分类

（1）碳素结构钢。

碳素结构钢主要用于制造机械零件和工程构件（如齿轮、轴、螺钉等零件及桥梁、建筑等的构件），其含碳量为 0.70% 以下。

（2）碳素工具钢。

碳素工具钢主要用于制造刀具量具模具。这类钢都是高碳钢，一般含碳量为 0.7% ~ 1.35%。

3.1.3 碳素结构钢

碳素结构钢按质量可分为普通碳素结构钢和优质碳素结构钢。

1. 普通碳素结构钢

普通碳素结构钢简称为普通碳钢。

（1）普通碳素结构钢的牌号、化学成分及力学性能。

普通碳钢的牌号表示方法由 4 部分组成：

| 冶炼时脱氧方法 | 炼钢的品质等级 | 钢材屈服点数值 | 钢材屈服点字母 |

例：Q215-A·F

Q——钢材的屈服点（Q 为"屈"字汉语拼音的首字母）；

215——钢材的屈服强度 $\sigma_s \leqslant 215$ MPa；

A——钢材的品质为 A 等级（A、B、C、D 等级硫和磷有害杂质含量依次降低）；

F——冶炼的脱氧方法，即沸腾钢（F 为"沸"字汉语拼音首字母）。

注：TZ 即特殊镇静钢"特镇"汉语拼音首字母，在牌号表示时"Z"与"TZ"代号可以省略不写。

普通碳素结构钢的化学成分、力学性能分别如表 3.1 和表 3.2 所示。

表 3.1 普通碳素结构钢牌号及化学成分 GB/T 700-2006

牌号	统一数字代号 a	等级	厚度（或直径）/mm	脱氧方法	化学成分（质量分数）/%，不大于				
					C	Si	Mn	P	S
Q195	U11952	—	—	F、Z	0.12	0.30	0.50	0.035	0.010
Q215	U12152	A	—	F、Z	0.15	0.35	1.20	0.045	0.050
	U12155	B							0.045
Q235	U12352	A		F、Z	0.22	0.35	1.40	0.045	0.050
	U12355	B			0.20 b				0.045
	U12358	C		Z	0.17			0.040	0.040
	U12359	D		TZ				0.035	0.035

续表

牌号	统一数字代号 a	等级	厚度（或直径）/mm	脱氧方法	化学成分（质量分数）/%，不大于				
					C	Si	Mn	P	S
Q275	U12752	A	—	F、Z	0.24	0.35	1.50	0.045	0.050
	U12755	B	≤40	Z	0.21			0.045	0.045
			>40		0.22				
	U12758	C	—	Z	0.20			0.040	0.040
	U12759	D		TZ				0.035	0.035

注：a 表中为镇静钢、特殊镇静钢牌号的统一数字，沸腾钢牌号的统一数字代号如下：
　　Q195F——U11950；
　　Q215AF——U12150，Q215BF——U12153；
　　Q235AF——U12350，Q235BF——U12353；
　　Q275AF——U12750。
　　b 经需方同意，Q235B 的碳含量可不大于 0.22%。

表 3.2　普通碳素结构钢的力学性能

牌号	等级	R_{eH}/MPa						A/%					R_m/MPa	A_{KV}/J
		厚度（或直径）/mm												
		≤16	>16~40	>40~60	>60~100	>100~150	>150~200	≤40	>40~60	>60~100	>100~150	>150~200		
Q195	—	195	185	—	—	—	—	33	—	—	—	—	315~430	—
Q215	A	215	205	195	185	175	165	31	30	29	27	26	335~450	—
	B													27
Q235	A	235	225	215	215	195	185	26	25	24	22	21	370~500	—
	B													
	C													27
	D													
Q275	—	275	265	255	245	225	215	22	21	20	18	17	410~540	27

（2）普通碳素结构钢的应用。

普通碳素结构钢含硫、磷及其他非金属杂质较多，但价格便宜，产量高，所以大量用于金属结构或汽车上要求不高的零件。

Q195、Q215、Q235 等几种钢的塑性较好，焊接性能良好，适用于金属构件的制造；Q255、Q275 钢的强度较高，适用于制造承受中等载荷的机械构件。

2. 优质碳素结构钢

优质碳素结构钢按其含锰量又分为普通含锰量的优质碳素结构钢和较高含锰量的优质碳素结构钢。

（1）普通含锰量的优质碳素结构钢的牌号、化学成分和力学性能。

当钢中含碳量≤0.25%、含锰量在 0.35%~0.65%，以及钢中含碳量>0.25% 含锰量在 0.5%~0.8% 时，其牌号表示是用两位数字代表钢的平均含碳量，以 0.01% 为单位，即这两位数字等于平均含碳量的"%"前的数字乘以 100，而含锰量则不需表示。

例如，15 钢，表示含碳量大约为 0.15% 的普通优质碳素结构钢。又如 40 钢，表示钢中的平均含碳量为 0.40% 的普通优质碳素结构钢。

优质碳素结构钢的牌号、化学成分和力学性能如表 3.3 所示。

表 3.3 优质碳素结构钢的化学成分、力学性能

牌号	力学性能				伸长率	化学成分/%				
	屈服强度		抗拉强度			C	Si	Mn	S	P
	MPa	kg/mm²	MPa	kg/mm²	A/%		不大于		不大于	不大于
Q215A Q215B	215	22	335~410	34~42	31	0.09~0.15	0.03	0.25~0.55	0.050 0.045	0.045
Q235A Q235B	235	24	375~460	38~47	26	0.14~0.22 0.12~0.20	0.30	0.30~0.65 0.30~0.70	0.50 0.45	0.045 0.045
Q235C						≤0.18		0.35~0.80	0.40	0.040
Q235D						≤0.17		0.35~0.80	0.035	0.035
16Mn（Q345B）	345	35	510~600	51.60	22	0.12~0.20	0.20~0.55	1.2~1.6	0.045	0.045
X42	289	29.5	413	42.1		0.28	—	1.25	0.030	0.030
X52	358	36.5	455	46.4		0.30	—	1.35	0.030	0.030
X56	386	39.4	489	49.9		0.26	—	1.35	0.030	0.030
X60	413	42.1	517	52.7		0.26	—	1.35	0.030	0.030
X65	448	45.7	530	54.0		0.26	—	1.40	0.030	0.030
X70	482	49.2	565	57.6		0.26	—	1.40	0.030	0.030
L245	245		415		21	0.26		1.15	0.030	0.030
L290	290		415		21	0.28		1.25	0.030	0.030
L360	360		460		19	0.3		1.25	0.030	0.030

（2）较高含锰量的优质碳素结构钢的牌号、化学成分及力学性能。

钢中含碳量在 0.15%~0.60% 的优质碳素结构钢，其含锰量在 0.70%~1.00%；钢中的含碳量为 0.60%~0.70% 时，其含锰量在 0.90%~1.20%。因其含锰量较高而被称为较高含锰量的优质碳素结构钢。

这类钢的牌号用两位数字表示钢中平均含碳量，以 0.01% 作单位，并在这两位数字后面

标上"锰"字或元素符号"Mn"。

例如，15 Mn（或 15 锰），其中 15 表示该钢的平均含碳量为 0.15% 的优质碳素结构钢。该类钢的牌号、化学成分及力学性能如表 3.4 所示。

表 3.4 含锰量较高的优质碳素结构钢的化学成分、力学性能

牌号	化学成分/%					力学性能					HBS	
	C	Si	Mn	P	S	R_m/MPa (kgf/mm²)	R_e/MPa (kgf/mm²)	A/%	Z/%	R/MPa (kgf/mm²)	未热处理	退火钢
				不大于		不小于					不大于	
15Mn	0.12~0.19	0.17~0.37	0.70~1.00	0.035	0.035	410(42)	425(42)	26	55		163	
20Mn	0.17~0.24	0.17~0.37	0.70~1.00	0.035	0.035	450(46)	275(28)	24	50		197	
25Mn	0.22~0.35	0.17~0.37	0.70~1.00	0.035	0.035	490(50)	296(30)	22	50	71(9)	207	
30Mn	0.27~0.35	0.17~0.37	0.70~1.00	0.035	0.035	540(55)	315(32)	20	45	63(8)	217	187
35Mn	0.32~0.40	0.17~0.37	0.70~1.00	0.035	0.035	560(57)	335(34)	19	45	55(7)	229	197
40Mn	0.37~0.45	0.17~0.37	0.70~1.00	0.035	0.035	590(60)	355(36)	17	45	47(6)	229	207
45Mn	0.42~0.50	0.17~0.37	0.70~1.00	0.035	0.035	620(63)	375(38)	15	40	39(5)	241	217
50Mn	0.48~0.56	0.17~0.37	0.70~1.00	0.035	0.035	645(66)	390(40)	13	40	31(4)	235	217
60Mn	0.57~0.65	0.17~0.37	0.70~1.00	0.035	0.035	695(71)	410(42)	11	35		269	229
65Mn	0.62~0.70	0.17~0.37	0.90~1.20	0.035	0.035	735(750)	430(440)	9	30		285	229

（3）优质碳素结构钢的应用。

优质碳素结构钢中有害杂质硫、磷的含量较少，钢厂既保证钢的化学成分又保证钢的力学性能。这类钢多在热处理后广泛使用，用于制造要求较高的零件。

08F、08、10 等钢的含碳量较低、塑性好，广泛应用于冷冲压成型构件，如汽车驾驶室外壳、油箱等。

15、20 等几类钢塑性好，有良好的冷冲压性能和焊接性能，用于冷冲压构件和需经过热处理（如渗碳、氮化）而尺寸较小但需承受一定载荷的零件，如变速叉等。

30、35、40、45 等钢，经调质处理后具有良好的综合力学性能，广泛应用在曲轴、齿轮、凸轮轴、从动轴等零件的制造。

60、65、65Mn 等属于碳素弹簧钢，这几种钢经过热处理后，可用于要求具有较高韧性和强度的弹性零件或耐磨零件。

3.1.4 碳素工具钢

碳素工具钢属于高碳钢，其含碳量在 0.65%~1.35%，按质量不同又分为优质碳素工具钢和高级优质碳素工具钢两类。

1. 优质碳素工具钢的牌号、化学成分

优质碳素工具钢的 S、P 含量分别限制在 0.030% 和 0.035% 以下。

此类钢的牌号是用汉语拼音字头"T"代表"碳",其后用一位或两位数字代表钢的平均含碳量,注意这两位数字的单位是 0.1%,而不是 0.01%。例如,T8 表示平均含碳量约为 0.8% 的碳素工具钢。

2. 高级优质碳素工具钢的牌号、化学成分

这类钢中的 S、P 含量分别限制在 0.020% 和 0.030% 以下,其 Si、Mn 含量的范围也较窄,所以钢材性能较好。

此类钢的牌号与优质碳素工具钢的区别是在钢号末尾加注"A"。

例如,T8A 表示钢中平均含碳量为 0.8% 的高级优质碳素工具钢。

3. 碳素工具钢的应用

碳素工具钢一般都经热处理后使用,硬度可达 60~65 HRC,其耐磨性也好,广泛应用于各种刃具、模具、量具的制造。具体应用实例见表 3.5。

表 3.5 碳素工具钢的牌号、化学成分及用途

序号	牌号	化学成分/%					应作举例
		C	Mn	Si	S	P	
				不大于			
1	T7	0.65~0.74	≤0.40	0.35	0.30	0.035	凿子、锤子、模具、木工工具等
2	T8	0.75~0.84	≤0.40				
3	T8Mn	0.80~0.90	0.40~0.60				冲头、剪切金属用的剪刀、木工工具、简单模具
4	T9	0.85~0.94	≤0.40				刨刀、冲模、丝锥、丝刀、手锯锯条、卡尺等
5	T10	0.95~1.04					
6	T11	1.05~1.14					
7	T12	1.15~1.24					要求较高硬度的工具、钻头、丝锥、锉刀、刮刀等
8	T13	1.25~1.35					

3.1.5 铸 钢

铸钢的力学性能有些已达到或接近碳素钢的性能,而且随着铸造工艺的提高,铸件成品率也很高,并且无法锻造的形状复杂、尺寸大的工件,用铸造的方法却很容易实现,因此铸钢件在重型机械、冶金设备、运输机械等各个领域得到广泛应用。

1. 铸钢的牌号、化学成分和力学性能

铸钢牌号是用"铸钢"两字的汉语拼音字头"ZG"代表。铸造用铸钢在"ZG"后面标出一组数字,用以表示该铸钢的平均含碳量,以 0.01% 作单位,而工程铸钢牌号则是在"ZG"后面标出两组数字,以表示屈服强度和抗拉强度。

例如,ZG45 表示平均含碳量为 0.45% 的铸造用铸钢,ZG230—450 则表示屈服强度(σ_s)为 230 MPa、抗拉强度(σ_b)为 450 MPa 的工程用铸钢。常用铸造用铸钢、工程用铸钢的牌号、化学成分、力学性能如表 3.6 和表 3.7 所示。

表 3.6 铸造用铸钢的化学成分、力学性能

牌号	化学成分/%			力学性能					应用举例
	C	Mn	Si	σ_a/MPa	R_m/MPa	A/%	Z/%	α_{KU}/(J/cm²)	
				不小于					
ZG15	0.12~0.22	0.25~0.65	0.20~0.45	200	406	25	40	60	变速器壳体、机座
ZG25	0.22~0.32	0.50~0.80	0.20~0.45	240	450	20	32	45	机座、箱体等
ZG35	0.32~0.42	0.50~0.80	0.20~0.45	280	500	16	25	35	飞轮、机架、横梁等
ZG45	>0.42~0.52	0.50~0.80	0.20~0.45	320	570	12	20	30	联轴器、气缸、齿轮等
ZG55	>0.52~0.60	0.50~0.80	0.20~0.45	350	640	10	18	20	起重机齿轮、联轴器等

表 3.7 工程用铸钢的牌号、成分、力学性能

牌号	化学成分(最高含量)/%										力学性能(最小值)				
						残存元素					屈服点 $R_{P0.2}$/MPa	抗拉强度 R_m/MPa	伸长率 A/%	根据合同选择	
	C	Si	Mn	S	P	Ni	Gr	Gu	Mo	V				收缩率 Z/%	冲击韧性
															A_{KU}/J	α_{KU}/(J/cm²)
ZG200-400	0.20		0.80								200	400	25	40	30	60
ZG230-450	0.30	0.50									230	450	22	32	35	45
ZG270-500	0.40		0.90	0.04	0.04	0.30	0.35	0.20	0.05		270	500	18	25	22	35
ZG310-570	0.50	0.60									310	570	15	21	15	30
ZG340-640	0.60										340	640	10	18	10	20

2. 铸钢的应用

ZG200-400 和 ZG330-450 两类工程铸钢因塑性、韧性较好,并有一定的焊接性能,常应用于阀体、机架、大型减速箱外壳等构件的制造。

ZG310-570、ZG270-500 的强度和切削加工性能比较好,应用于制动轮、轧辊、轧钢机架、大齿轮、曲轴、横梁等零件的制造。

ZG390-640 的强度与硬度较高、耐磨性好、焊接性差、裂纹倾向性大,一般用于需要耐

磨的棘爪、叉头等零件的制造。

3.2 钢的热处理

热处理是将钢在固态加热到一定温度，并在此温度保持一定时间，然后以选定的冷却速度冷却，改变钢的内部组织，从而改善钢的性能的一种工艺方法。因此，热处理是强化钢材、使其发挥潜在能力的重要工艺措施。汽车、拖拉机工业中 70%～80% 的零件需经过热处理工序。

钢的热处理分为普通热处理和表面热处理两类。普通热处理按加热温度和冷却速度的不同又分为退火、正火、回火和淬火，表面热处理又分为表面淬火和化学热处理。

3.2.1 退 火

将钢件加热到临界温度（临界温度指零件在缓慢加热或缓慢冷却时，内部组织转变的温度）以上 30～50 K，保温一段时间后随炉缓慢冷却的热处理工艺称为退火。

退火的主要目的和用途：

（1）降低钢的硬度，提高塑性，改善切削加工性能和压力加工性能。
（2）细化晶粒，使组织成分均匀，改善力学性能，为以后热处理做准备。
（3）消除钢中的残余内应力，以防止变形和开裂。

3.2.2 正 火

将钢件加热到临界温度以上 30～50 K，保温一定时间后放在空气中冷却的热处理工艺称为正火。正火的保温时间一般按每毫米厚度保温 1 min 计算，一些大型工件也可用吹风、喷水雾等方法加快冷却速度。冷却时工件不能堆放在一起。

正火与退火的目的基本相同，二者的主要区别是正火的冷却速度比退火稍快，生产周期短、效率高、成本低。因正火后得到的组织比退火细，一些性能也比退火有所提高。所以，在工业上，凡能用正火代替退火的零件，就不采用退火处理，含碳量在 0.25%～0.5% 的中碳钢常用正火热处理。

正火的主要目的和用途：

（1）改变钢件硬度，改善切削加工性。
（2）可作为要求不高的普通结构件的最终热处理。
（3）可作为中碳钢及合金结构钢淬火前的预先热处理，以减少淬火缺陷。
（4）改善和细化铸钢件的铸态组织。

3.2.3 淬 火

将钢件加热到临界温度以上 20～30 ℃，保温一段时间后快速冷却的热处理工艺称为淬火。

1. 淬火的主要目的

（1）提高工件的力学性能。对于工具钢，主要是提高钢的硬度，以保证刀具的切削性能和工具的耐磨性；对于中碳钢，主要目的是为了提高强度和韧性，获得综合的力学性能。

（2）改善某些特殊钢的物理性能或化学性能。例如，提高不锈钢的耐磨性。

经过淬火处理的零件或工具不仅要有高的强度和硬度，而且还要求有足够的塑性和韧性相配合，因此淬火后需进行回火。淬火为回火做好了组织准备，而回火则决定了零件的使用性能和寿命。

2. 淬火冷却剂

（1）钢的淬透性。

在淬火中，对大多数的工件，希望表面和心部都能得到高硬度。若表面硬度已达到要求，而心部的硬度偏低，这种情况表示零件"未淬透"。淬透性是指，钢在一定条件下淬火时淬硬层所能透入的深度。若某种材料的淬硬层深，就说它的淬透性好或大。因此，淬透性是衡量材料热处理性能好坏的重要指标之一。

（2）淬火冷却剂（冷却介质）。

淬火时工件的冷却速度是由淬火冷却剂的冷却能力所决定的。

① 水及水溶液。

水是便宜、使用安全、无燃烧和腐蚀等危险、应用最广泛的冷却介质。一般碳钢零件用水作冷却介质，硬度都能达到要求。但它的冷却速度太快，使零件内外温差大，零件易产生严重变形，甚至开裂，故适用于低合金钢及碳素工具钢的淬火。

为了提高水的冷却能力，常在水中加入某种盐或碱（氯化钠或氢氧化钠）。水溶液适用于低碳钢和中碳钢的淬火。

② 油。

油也是广泛应用的冷却介质。常用淬火油有柴油、机油、变压器油等。油类的冷却能力较弱，冷却速度较慢，零件不易变形和开裂，但也不易淬硬、淬透，所以不适用于超过 5~8 mm 厚的碳素钢，被广泛用作各种合金钢和碳素钢小型零件的淬火冷却介质。

③ 盐浴液、碱浴液。

熔化的 $NaNO_3$、$NaOH$ 等，其冷却能力在水和油之间，常用于截面不大、形状复杂、变形要求严格的碳素工具钢、合金工具钢淬火。

（3）淬火冷却方法。

① 单液淬火法。

它是将加热钢件放到一种淬火介质中连续冷却到室温的操作方法。其优点是操作简单，易实现自动化。但单一冷却介质难以达到理想效果，故它的应用受到一定的限制。

② 双液淬火法。

将加热钢件先放到冷却能力较强的介质（水或盐碱溶液）中，待温度降到 300~400 ℃ 时取出，并迅速投入冷却速度较慢的油中，这种冷却的方法叫双液淬火法。此方法可有效地降低内应力，防止钢件的变形和开裂。

③ 分级淬火法。

将加热钢件先放入 50~260 ℃ 的盐浴或碱浴中冷却，停留一段时间，待其心部与表面的温差减少后再取出放在空气中冷却的方法叫分级淬火法。这是防止钢件变形和开裂的一种有效方法,而且硬度也较均匀。分级淬火效果比较理想,操作也容易,适用于形状复杂、尺寸较小、要求精密的零件。

④ 等温淬火法。

将加热的钢件放到温度稍高于 230 ℃ 的盐浴液中,停留较长时间后取出在空气中冷却的方法称为等温淬火。经等温淬火的钢件虽然硬度较低,但能在获得高强度的同时还具有良好的韧性。淬火后,钢件的内应力和变形都很小。对于碳钢和低碳合金钢等温淬火后可不再进行回火处理,故常用于形状复杂、强度和韧性要求较高的钢件。

3. 淬火缺陷及防治方法

由于淬火工艺控制不当、加热温度高、冷却剧烈,易产生以下缺陷:

(1) 硬度不足。

主要是由于加热温度过低,保温时间不足或冷却速度过慢造成的。硬度不足可通过正火后重新淬火的方法来消除。

(2) 过热或过烧。

当淬火加热温度过高或保温时间过长时,会使钢内部微小晶粒变得粗大,此现象称为过热。过热会使钢的脆性增加、强度低、塑性和韧性变差。可用正火或退火后重新淬火来消除。

加热温度更高时,不仅钢内晶粒粗大,而且在晶粒表面有熔化或氧化的现象,称为过烧。一般过烧的工件只能按报废处理。

(3) 变形与开裂。

变形和开裂的主要原因是钢件在加热和冷却时,由于工件表层与心部温差较大而造成热胀冷缩不同步所引起的。变形可校正过来,裂纹只能报废。

3.2.4 回 火

将淬火后的钢件重新加热到临界温度以下某一温度,保温一定时间,然后取出工件以一定的方式冷却下来的热处理方法称为回火。

钢件经淬火后的组织,在室温下处于不稳定状态,回火就是采用加热手段,使不稳定的淬火组织向相对稳定的回火组织转化的工艺过程。

1. 回火的目的

(1) 降低脆性,消除或减少内应力。
(2) 获得工件所要求的力学性能。
(3) 稳定工件尺寸,使工件经回火处理后在以后使用过程中不再发生尺寸和形状的改变。

2. 回火方法及应用

按回火温度高低可将回火分为 3 种:

(1) 低温回火(150 ~ 250 ℃)。

低温回火的目的是降低淬火内应力、减小脆性、保持工件的高硬度和耐磨性。

低温回火主要适用于中、高碳钢制成的各类工模具、机械零件,此外,对渗碳及碳氮共渗淬火后的工件也要进行低温回火。

一般淬火后低温回火硬度为 58～64 HRC。

（2）中温回火（352～500 ℃）。

中温回火主要是为了使工件在足够的韧性下，同时获得高弹性和高屈服强度。

中温回火主要用于含碳量在 0.6%～0.9% 的碳素弹簧钢及含碳量在 0.45%～0.75% 的合金弹簧钢。热锻模具和某些要求高强度的轴、轴套、刀杆等也采用中温回火。一般中温回火后硬度可达 35～45 HRC。

（3）高温回火（500～550 ℃）。

高温回火又称为调质处理。高温回火主要是为了获得既有一定强度、硬度，又有良好的冲击韧性的综合力学性能。

调质处理广泛用于各种重要零件和一些受力较复杂、重要的零件，特别是在交变载荷作用下工作的连杆、螺栓、齿轮及轴类等。

调质处理后硬度可达 25～35 HRC，220～350 HBS。

3.2.5 钢的表面热处理

钢的表面热处理大致分为两类，即表面淬火和表面化学热处理。

工业中许多零件都是在扭转和弯曲等交变载荷、冲击载荷作用下工作的，有些还在摩擦状态下工作。因而要求这类零件表面具有高硬度和耐磨性，而心部具有足够的塑性和韧性。若选用高碳钢，硬度虽能满足，但心部韧性不足；若选用低碳钢，心部虽能有足够的塑性和韧性，但表面硬度较低。因此，对于这类零件，一般选用中碳钢、中碳合金钢、碳素工具钢、低合金工具钢和球墨铸铁，经表面淬火即可达到要求，也可选用低碳钢采用表面化学热处理。

1. 表面淬火

表面淬火是将工件表面快速加热到淬火温度，而不等热量传至中心就迅速冷却，以达到表硬内韧的热处理工艺。

根据加热方法的不同，有火焰加热表面淬火和感应加热表面淬火两种。

（1）火焰加热表面淬火。

火焰加热表面淬火是利用氧-乙炔火焰（或其他可燃气体）将工件表面迅速加热到淬火温度后，立即喷水或用乳化液进行冷却的一种方法，如图 3.1 所示。

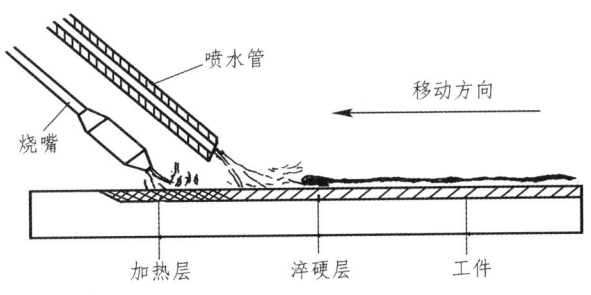

图 3.1 火焰加热表面淬火

火焰表面淬火的淬硬层深度一般为 2~6 mm。火焰表面淬火不需特殊设备，淬硬速度快，变形小，常用于中碳钢以及中碳合金结构钢零件，适用于单件和小批量生产或对大型零件的局部热处理。如机床导轨、大型轴类、大模数齿轮等，此工艺对于特大工件的局部淬火更为经济。但这一工艺容易产生过热，淬火质量不稳定，生产率也较低，因此使用受到一定的限制。

（2）感应加热表面淬火。

感应加热表面淬火是采用交变电磁场在零件表层产生涡流，将零件表层迅速加热到淬火温度，并迅速冷却的一种淬火热处理工艺。此法的原理如图 3.2 所示。将工件放在空心铜管（内部有冷却水）绕成的线圈（感应器）内，线圈通以一定频率的交流电，于是工件表层便产生同频率的感应电流（涡流），这种电流主要集中在零件的表层。由于零件表层存在电阻，所以当感应电流通过表层电阻时便产生热量，从而使工件的表层迅速加热到淬火温度（而工件心部温度仍接近室温），随即喷水冷却，从而达到表层淬火的目的。

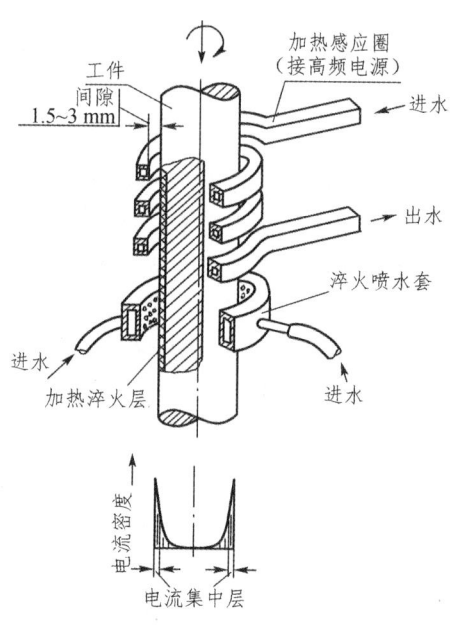

图 3.2　感应加热表面淬火

这种表面淬火的优点是加热迅速，生产率高，淬硬的深度易于控制且硬度均匀。其缺点是对形状和尺寸不同的零件需不同的感应线圈，设备较贵，只适宜用于大批量生产。

感应加热表面淬火的频率越高，淬透层就越薄。一般感应加热有 3 个频率选择：

① 高频加热（200~300 kHz）：淬硬层 0.5~2 mm。

② 中频加热（500~10 000 Hz）：淬硬层 2~8 mm。

③ 工频加热（50 Hz）：淬硬层 10~20 mm。

2. 钢的化学热处理

化学热处理是将工件置于一定介质中加热和保温，使介质中的活性原子渗入工件表层，以改变表层的化学成分和组织，从而使工件表面具有某些特殊的力学或物理化学性能的一种热处理工艺。

与表面淬火相比，化学热处理的主要特点是表面层不仅有组织的变化，而且有成分的变化。在汽车、拖拉机制造中，最常用的有渗碳、离子氮化、气体碳氮共渗（氰化处理）和渗金属等多种。但无论哪一种均通过以下3个过程来实现：

分解：介质在一定温度下，发生化学分解，产生渗入钢中的活性原子。

吸收：活性原子被工件表面吸收。

扩散：渗入表面的活性原子，从表面向中心扩散，形成一定厚度的扩散层（渗层）。

（1）钢的渗碳。

渗碳是向钢表面渗入碳原子的过程。它是将零件置于含碳的介质加热和保温，使活性炭原子渗入钢的表面，提高钢的表面含碳量。其目的与钢的表面淬火相似。

钢的渗碳方法分为气体渗碳、液体渗碳和固体渗碳3种，最常用的是气体渗碳。

气体渗碳是将钢件放在密封的加热炉中，滴入煤油、丙酮、甲醇（或直接通入渗碳气体，如煤气、石油液化气）等渗剂，并加热到 900~950 ℃。这些渗碳剂在高温下分解产生活性炭原子，这些活动碳原子被钢件表面吸收，随着保温时间的延长，逐渐向内部扩散，最后形成一定深度的渗碳层。

气体渗碳工件的加热及渗碳层厚度较均匀，不易过热，劳动条件好，质量容易控制。一般每保温 1 h，渗碳层厚度可增加 0.2~0.3 mm。

车上有许多零件是在受较强烈的冲击作用和受磨损的条件下进行工作的。这样的零件一般都采用低碳钢或低合金钢通过渗碳淬火和低温回火处理，这样就能使零件不仅表面具有高的硬度和耐磨性，而且心部具有较高的韧性和适当的强度。

（2）钢的渗氮（氮化）。

钢的渗氮是利用氮气在一定温度范围（450~570 ℃）所分解的活性氮原子向钢的表层扩散而形成铁氮化合物，从而改变钢件表层的理化性能和力学性能的一种方法。渗氮目的是提高工件表面硬度、耐磨性、耐蚀性和疲劳强度。

氮化通常在专用设备或井式渗氮炉中进行。将零件放入密闭的炉内，加热到 570 ℃ 左右，通入氨气（NH_3）或氮气（N_2），气体分解出活性氮原子，被零件表面吸收，与钢中的金属元素形成氮化物，并向心部扩散。当炉温降至 200 ℃ 以下时，停止供介质，零件出炉。氮化层深度一般为 0.1~0.6 mm。

氮化处理的特点是渗氮后不需再淬火便有很高的表层硬度。渗氮是在低温下进行的，工件变形很小，且疲劳强度可提高 15%~35%。另外，氮化后零件在水中、热蒸气中及碱性介质中有较高的抗蚀性。但渗氮生产周期长、氮化层薄而脆，不宜承受集中的重载荷，并需要专用的氮化钢等。

（3）碳氮共渗（氰化）。

它是向零件表面同时渗入碳原子和氮原子的化学热处理工艺。常用的是气体碳氮共渗，即在气体渗碳的同时，向炉内送入一定量的氨气。

碳氮共渗有中温气体氰化和低温气体氰化（也称软氮化）两种。中温气体氰化的共渗温度为 820~870 ℃，共渗层表面含碳量约 0.7%~1.0%，含氮量约 0.15%~0.50%，主要起渗碳作用，共渗后还必须进行淬火和低温回火，此法常用于处理低碳钢及低合金钢。低温气体氰化的温度为 500~610 ℃，时间为 1~3 h，该共渗层的优点是硬而不脆，具有一定的韧性，能起到一定的耐磨和抗胶合作用，它以氮化为主，处理后在空气中冷却即可。低温渗氮适用于中碳合金钢、高速钢、铸钢及粉末冶金等。

中温气体碳氮共渗所用的共渗剂有煤油加氨气、煤气加氨气和甲醇加丙烷加氨气等。低温共渗剂主要有尿素、甲酰胺、三乙醇胺等。这些介质在共渗温度下能同时分解出活性碳、氮原子，起到共渗的作用。

3.3 合金钢

所谓合金钢，就是在碳钢的基础上，为了使钢的力学性能提高或获得某些特殊的物理化学性能而特意加入含量在一定范围的一种或多种元素而形成的一类钢。加入的元素称为合金元素。

常用的合金元素有：铬（Cr）、锰（Mn）、镍（Ni）、硅（Si）、铝（Al）、硼（B）、钨（W）、钼（Mo）、钛（Ti）、钒（V）、钴（Co）及稀土元素 R_E 等。

3.3.1 合金元素对合金钢性能的影响

合金元素在钢中的作用是非常复杂的，而且各种不同合金元素对合金钢性能的影响也不相同。但概括起来，合金元素对合金钢的性能产生以下几方面的影响：

（1）合金元素含量适当时，可使钢的韧性提高。

（2）合金元素可提高合金钢的硬度和耐磨性。

（3）合金元素能细化晶粒，改善钢的淬透性和力学性能。因此在获得同样淬硬层深度的情况下可以采用冷却能力较低的淬火介质，这样可减少形状复杂零件在淬火时的变形和开裂，在淬火条件相同条件下，合金钢可获得较深的淬硬层，从而得到较高的力学性能。

（4）与碳素钢相比，在相同的回火温度下，合金钢比同样含碳量的碳素钢具有更高的硬度和强度。因此，如果要达到相同的强度，合金钢可在更高的温度下回火，以充分消除内应力，使韧性更好。

（5）合金元素可改善合金钢的一些特殊的物理、化学性能，如耐蚀性、耐热性。

但是，大部分合金钢，特别是碳以及合金元素含量较高时，合金钢的脆性增大，对应力集中的敏感性也增大，其工艺性能不如碳钢。

3.3.2 合金钢的分类与牌号

1. 合金钢的分类

合金钢的分类最常用的是下面的两种分类方法。

（1）按用途分类有 3 种。

合金结构钢：主要用于重要的机械零件和工程构件。

合金工具钢：主要用于重要的工模具、量具、刃具等。

特殊性能钢：具有某种特殊物理、化学性能的钢。如不锈钢、耐热钢、耐磨钢等。用于有特殊要求的零件。

（2）按合金元素的含量分类有 3 种。

低合金钢：合金元素总含量小于 5%。
中合金钢：合金元素总含量为 5% ~ 10%。
高合金钢：合金元素总含量大于 10%。

2. 合金钢的牌号

合金钢牌号采用碳含量、合金元素（种类及含量）和质量级别来编号。

（1）合金结构钢的牌号。

采用"两位数字（碳含量）+元素符号+数字"来表示。前两位数字表示钢的平均含碳量的万分之几，元素符号表明钢中含有的主要合金元素，后面的数字表示该合金元素平均含量的百分数。凡平均含量小于 1.5% 时，不标该合金的含量。如果含量为 1.5% ~ 2.5%、2.5% ~ 3.5%、3.5% ~ 4.5% 时，则相应地用平均含量 2、3、4 表示。例如：

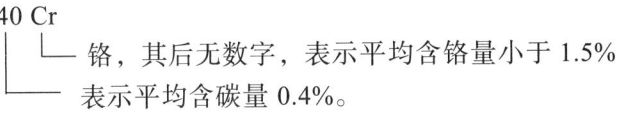

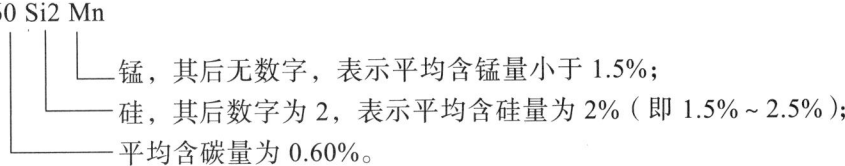

（2）合金工具钢的牌号。

合金工具钢的牌号和合金结构钢的区别仅在于含碳量的表示方法。当含碳量小于 1.0% 时，首部只用一位数字表示平均含碳量的千分之几；当含碳量大于或等于 1% 时，则不予标出。例如：

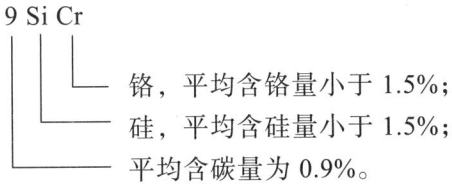

但应注意，高速钢（是一种高合金工具钢）和其他一些高合金钢，即使含碳量小于 1%，也不标注含碳量。例如：

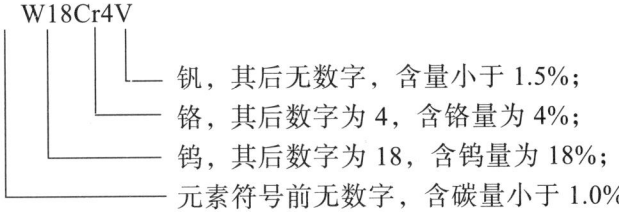

（3）特殊性能钢的牌号。

特殊性能钢牌号的表示方法与合金工具钢牌号表示法基本相同。首部的数字表示平均含

碳量的千分之几,当平均含碳量小于千分之一时,用 O 表示。例如:

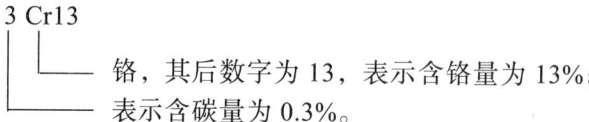

此外,还有一些特殊专用钢,为表示钢的用途,在钢的牌号前冠以汉语拼音字母字头,而不标含碳量(因其含碳量一般都大于或等于 1.0%),合金元素含量的标注也特殊。例如:

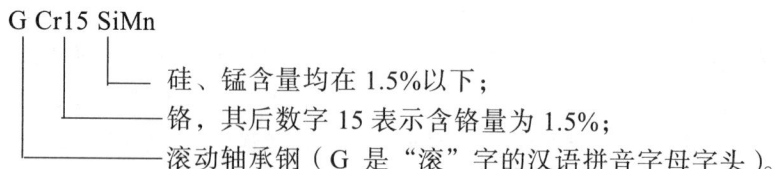

这里应注意牌号中铬元素后面的数字是表示含铬量的千分之几,其他元素仍按百分之几表示。

3.3.3 合金结构钢

在生产实际中应用最广的是合金结构钢。按用途可分为低合金结构钢(工程用钢)和机构制造用钢两类。后者又分为 4 种:合金渗碳钢、合金调质钢、合金弹簧钢、滚动轴承钢。

1. 低合金结构钢

低合金结构钢虽然是一种低碳(C 含量为 0.1%~0.25%)、低合金(一般合金元素总量小于 3%)的钢,但由于合金元素的强化作用,这类钢比相同含碳量的碳素结构钢的强度(特别是屈服点)要高得多,并且具有良好的塑性、韧性和焊接性,在大气和海水中的耐蚀性也比碳素钢好。

低合金结构钢主要用于制造工程结构,如桥梁、船舶、车辆和大型钢结构等。对于汽车上的零件,如汽车大梁、球头销、活塞销、汽油箱托架、半轴齿轮及气缸盖螺栓等,要求具有良好的综合机械性能,若用低合金结构钢代替普通碳素结构钢在同样的承载能力下,至少可使结构零件的质量减轻 20%~30%。

常用低合金结构钢的牌号、成分与力学性能如表 3.8 所示。

表 3.8 常用低合金结构钢的化学成分与力学性能

钢号	化学成分/%				钢材厚度或直径/mm	R_m/MPa	R_e/MPa	A/%
	C	Mn	Si	其他		不小于		
09MnNb	≤0.12	0.18~1.20	0.20~0.55	Nb=0.015~0.050	≤16	410~560	295	24
10MnSiCu	≤0.12	1.25~1.60	0.80~1.10	Cu=0.20~0.40	4~10	490~640	345	22
16Mn	0.12~0.18	1.20~1.60	0.20~0.55	—	≤16	510~660	345	22
15MnV	0.12~0.18	1.20~1.60	0.20~0.55	V=0.04~0.12	≤4	550~700	410	19
16MnRe	0.12~0.20	1.20~1.60	0.20~0.55	Re=0.20~0.20	≤16	510~660	345	22
15MnTi	0.12~0.18	1.20~1.60	0.20~0.55	Ti=0.12~0.20	≤25	530~680	390	20

2. 合金渗碳钢

合金渗碳钢是用来制造既要有优良的耐磨性、耐疲劳性,又要承受冲击载荷的作用而有足够高的韧性和足够高强度的零件。如汽车上传动系的齿轮、万向节十字轴、活塞销、气门挺杆及凸轮轴等一般都用合金渗碳钢制造。

合金渗碳钢的含碳量在 0.10%~0.25%,以保证心部有足够高的塑性和韧性,加入铬(Cr)、镍(Ni)、锰(Mn)、钒(V)、钛(Ti)等合金元素是为了提高钢的淬透性和细化晶粒,提高力学性能。

常用合金渗碳钢牌号和力学性能见表 3.9。

表 3.9 常用合金渗碳钢的牌号、热处理规范及性能

牌号	毛坯尺寸/mm	热处理 淬火 温度/°C	热处理 淬火 冷却剂	回火 温度/°C	回火 冷却剂	力学性能≥ R_m MPa	力学性能≥ R_e MPa	力学性能≥ A %	力学性能≥ Z %	力学性能≥ A_K J
15CrA	15	880,第二次淬火 700~870	油	180	油、空	685	490	12	45	55
20CrMnTi	15	880,第二次淬火 870	油	200	水、空	1 085	835	10	45	55
20MnVB	15	860	油	200	水、空	1 085	885	10	45	55
15MnVB	15	860	油	200	水、空	885	635	10	45	55
20Mn2B	15	880	油	200	水、空	980	785	10	45	55
20MnTiB	15	860	油	200	水、空	1 130	930	10	45	55
20CrNi3	25	830	水、油	480	水、油	930	735	11	55	78
20Cr	15	880,第二次淬火 780~820	水、油	200	水、空	835	540	11	40	47

3. 合金调质钢

合金调质钢是用来制造一些受力复杂的重要零件(如汽车上的半轴、连杆、万向节叉及变速器二轴等),它们既要求有很高的强度,又要有良好的塑性和韧性。

合金调质钢的含碳量一般为 0.25%~0.50%。含碳量过低,硬度不足,含碳量过高,则韧性不好。加入合金元素的目的也是为了增加钢的淬透性,细化晶粒以提高强度和综合力学性能。

合金调质钢的热处理工艺是调质,故称为合金调质钢。调质后零件有良好的综合性能。若零件表面有耐磨性要求,调质后需再进行表面淬火或化学热处理。

常用合金调质钢的牌号、热处理规范及性能如表 3.10 所示。

表 3.10 常用合金调质钢牌号、热处理规范及性能

牌号	试样毛坯尺寸/mm	热处理				力学性能				
		淬火		回火		R_m	R_e	A	Z	A_K
		温度/°C	冷却介质	温度/°C	冷却介质	MPa		%		J
40Cr	25	850	油	520	水、油	980	785	9	45	47
40MnB	25	850	油	500	水、油	1 030	835	9	40	39
40Mn2	25	840	水	540	水	885	735	12	45	55
50Mn2	25	820	油	550	水、油	930	785	9	40	39
42CrMo	25	850	油	550	水、油	1 080	930	12	45	63
30CrMnTi	试样	880	油	200	水、空	1 470	—	9	40	47

注:热处理温度允许范围:淬火±15 °C,低温回火30 °C,高温回火±5 °C。

4. 合金弹簧钢

弹簧是利用弹性变形吸收能量以缓和振动和冲击,或依靠弹性贮能来起驱动作用的。因此,用于制造弹簧的材料应具有高的弹性极限、高的疲劳强度、抗拉强度及足够的塑性和韧性。

弹簧钢碳量一般为 0.45%~0.70%。若含碳量过高,塑性和韧性降低,疲劳极限也下降。加入锰(Mn)、硅(Si)、铬(Cr)等元素主要是提高淬透性和增强弹性。对于重要用途的弹簧钢必须加入铬(Cr)、钒(V)、钨(W)等,它们不仅可提高钢的淬透性,而且减少钢在加热时的过热倾向,使钢具有更高的高温强度和韧性。

常用合金弹簧钢的牌号、热处理规范和力学性能如表 3.11 所示。

表 3.11 常用合金弹簧钢的牌号及力学性能

牌号	热处理			力学性能≥			
	淬火温度/°C	淬火剂	回火温度/°C	R_e	R_m	$A_{11.3}$	Z
				MPa		%	
65Mn	830±20	油	540±50	785	981	8	30
55Si2Mn	870±20	油	480±50	1 177	1 275	6	30
60Si2Mn	870±20	油	480±50	1 177	1 275	5	25
55SiMnVB	860±20	油	460±50	1 226	1 373	5	30
50CrVA	850±20	油	500±50	1 128	1 275	(δ_5) 10	40

5. 滚动轴承钢

滚动轴承钢是用来制造各种滚动轴承的滚动体和套圈的,也用来制造各种工具(如丝锥、板牙、铰刀等)和耐磨零件(如一些量具、柴油机上的喷油泵柱塞、喷油嘴的针阀等)。

应用最广的轴承钢是高碳铬钢,它的含碳量为 0.95%~1.05%,含铬量为 0.40%~1.65%。加入合金元素铬是为了提高钢热处理后的硬度、疲劳强度和耐磨性。对于大型轴承,为进一步提高淬透性,还可加入 Si、Mn 等元素。

常用滚动轴承钢的化学成分、热处理及用途见表3.12。

表3.12 常用轴承钢的成分、热处理及用途

牌号	化学成分/%				热处理			应用范围
	C	Cr	Mn	Si	淬火温度/°C	回火温度/°C	HRC	
GCr9	1.0~1.10	0.9~1.20	0.25~0.45	0.15~0.35	820±10	160±10	62~66	10~22 mm（滚珠轴承）
GCr15SiMn	0.95~1.05	1.40~1.65	0.95~1.25	0.95~1.25	830±10	150~180	≥62	大型套圈、50~100 mm（滚珠轴承）
GCr15	0.95~1.05	1.40~1.65	0.25~0.45	0.25~0.45	825~845	150~170	62~66	中小型套圈、<50 mm（滚珠轴承）
GSiMnV	0.95~1.05	V:0.95~1.05	1.35~1.85	1.35~1.85	780~810	150~170	≥62	可代替GCr15

3.3.4 合金工具钢

合金工具钢是在碳素工具钢的基础上为了提高钢的一些特有性能再加入适量合金元素的钢。合金工具钢按用途可分为刀具钢、模具钢和量具钢。

1. 合金刀具钢

合金刀具钢分为低合金刀具钢和高速钢。

低合金刀具钢其碳含量一般为0.8%~1.5%，合金含量为3%~5%。加入铬（Cr）、锰（Mn）、硅（Si）的目的是提高强度，加入钨（W）、钒（V）等元素是为了提高硬度和耐磨性。这类钢常用于制造低速或手动工具或刀具等，如丝锥、板牙、钻头、铰刀、刮刀和拉刀等。由于合金元素加入量不大，一般工作温度不得超过302°C，否则刀具硬度下降很多。

常用低合金刀具钢牌号、热处理及用途如表3.13所示。

表3.13 常用低合金刃具钢的牌号、成分、热处理及用途

牌号	化学成分/%				热处理		用途
	C	Si	Mn	Cr	淬火温度°C及介质	HRC	
9SiCr	0.85~0.95	1.20~1.60	0.30~0.60	0.95~1.25	820~860 油	62	板牙、丝锥、铰刀、搓丝板、冷冲模、冷轧辊
CrWMn	0.95~1.05	0.40	0.80~1.10	0.90~1.20	800~830 油	62	用作淬火变形小的刀具、长铰刀、丝锥、拉刀、丝杠、冷冲模
9Mn2V	0.85~0.95	0.40	1.70~2.00		780~810 油	62	车床丝杠、量规、样板、冷作模具
Cr06	1.30~1.45	0.40	0.40	0.5~0.7	780~810 水	64	刮刀、刻刀、剃刀
8MnSi	0.75~0.85	0.30~0.60	0.80~1.10		800~820 油	60	凿子、锯条

注：除用途外，均摘自GB/T 1299—2014《工模具钢》

高速钢也称白钢或锋钢，属于高碳合金钢。由于加入大量碳及合金元素，使它具有较高的硬度、强度和耐磨性，且在 600 ℃ 左右硬度仍能保持在 60HRC 以上。常用的高速钢有 W18Cr4V 和 W6Mo5Cr4V2。前者通用性强，能满足一般要求，但红硬性较差且价高，主要用于制造截面较小的刀具和普通钻头，后者的特点是价格相对较低，用来制造钻头、滚刀、铣刀以及大截面的刀具。

2．合金模具钢

合金模具钢主要用于制造各种金属成型用的工、模具，可分为冷作模具钢和热作模具钢。

冷作模具钢主要用于使金属冷态下变形的模具。如冷冲模、冷挤压模、冷镦粗模、拉丝模等。常用的冷作模具钢有 Cr12、9Mn2V、CrWMn 等。含碳量为 $0.8\% \sim 1.7\%$。

热作模具钢主要用于使金属在高温下成型的模具，如热锻模、压铸模等。一般 5CrNiMo、5CrMnMo、4CrW2Si 等常用于制作热锻模，3Cr2W8V 钢常用于制作挤压模和压铸模。

3．合金量具钢

量具，如游标卡尺、千分尺、塞规、样板等，是测量工件的工具。它们的工作部分要求高硬度、高耐磨性和高的尺寸稳定性及足够的韧性。量具没有单独的专用钢种。常用的合金量具钢有 CrMn、CrWMn 等。

3.3.5 特殊性能钢

特殊性能钢是指具有特殊物理、化学性能的钢，用来制造有特殊性能要求的零件。这类钢种类很多，常用的有不锈钢、耐热钢和耐磨钢。

1．不锈钢

不锈钢是指在腐蚀介质（空气，水，酸、碱类溶液或其他介质）中具有高的抗腐蚀能力的钢。常用的有铬不锈钢和铬镍不锈钢两类。

（1）铬不锈钢的含铬量在 12% 以上，含碳量一般在 $0.18\% \sim 0.40\%$。含铬量越高，耐蚀性越好，含碳量高，强度和硬度高。常用的铬不锈钢有 1Cr13、2Cr13、3Cr13、4Cr13 等。1Cr13、2Cr13 适用于制造在大气、海水、蒸汽等介质中工作的零件，塑性和韧性好。3Cr13、4Cr13 硬度可达 50HRC 左右，用于制造弹簧、轴承、医疗器械及在弱酸腐蚀条件下工作并有较高强度的零件。

（2）铬镍不锈钢的含铬量在 18% 左右，含 9%~10% 的镍，含碳量低甚至极微。这类钢具有良好的耐蚀性、塑性、焊接性和低温韧性及高温强度。常用的铬镍不锈钢有 1Cr18Ni19、2Cr18Ni19 等。主要用于制造强腐蚀介质（硝酸、磷酸、有机酸及碱水溶液等）中工作的设备，如吸收塔、贮槽、管道及容器等。

2．耐热钢

耐热钢是指在高温下不发生氧化并有较高强度的钢。可分为抗氧化钢和热强钢两类。

（1）抗氧化耐热钢。

抗氧化钢常用的有 3Cr18Mn12Si2N、2Cr20Mn9Ni2Si2N，它们有较好的铸造性，用来制造铸件。另外 4Cr9Si2、1Cr13SiAl 也是常用的抗氧化钢。

（2）热强钢。

常用热强钢有 4Cr10Si2Mo、5Cr21Mn9Ni4N 等，主要用于制造发动机排气门，可在 600 °C 以下长期工作。4Cr14Ni14W2Mo 钢可以制造工作温度大于 650 °C 的航空、船舶、载重汽车的内燃机排气阀。

3. 耐磨钢

耐磨钢是指具有较高耐磨性能的钢。目前多采用高锰钢来制造高耐磨零件。高锰钢的牌号主要有 ZGMn13，含碳量为 1.0%～1.3%，含锰 11%～14%。因为有良好的铸造性能，高锰钢机械加工性能差，所以常用铸造的方法制造零件。

3.4 铸 铁

铸铁是含碳量大于 2.11% 的铁碳合金，并且含有比普通碳素钢较多的硅（Si）、锰（Mn）、硫（S）、磷（P）等元素。

在铸铁中，碳可以以两种形式存在：一种是石墨，它很软，强度极低，另一种是渗碳体（用符号"Fe_3C"表示），它是化合物，硬度达 800HBS 并且脆性很大，几乎无塑性和韧性。根据碳的存在形式，铸铁可分为白口铸铁、灰口铸铁、可锻铸铁、球墨铸铁。另外还有一种合金铸铁，它是在灰口铸铁或球墨铸铁中有目的的加入一些合金元素的铸铁。白口铸铁中碳主要以渗碳体的形式存在。其断口呈银白色，故称为白口铸铁。这类铸铁的性能既硬又脆，很难进行切削加工，所以很少直接用来制造零件。

3.4.1 灰口铸铁

1. 灰口铸铁组织及性能

这类铸铁中碳大部或全部以片状石墨形式存在，其断口呈暗灰色，故称为灰口铸铁。由于灰口铸铁是由金属基体和片状石墨两部分组成，而片状石墨硬度和强度都极低，这就相当于在钢基体中存在着许多细小的裂缝，从而使灰口铸铁的抗拉强度、疲劳强度降低，并且塑性、韧性很差，不能承受冷加工塑性变形，也不能锻造和轧制。尽管石墨降低了铸铁的机械性能，却使铸铁获得了许多钢所不及的优良性能，如良好的切削加工性、耐磨性、润滑性、减振性等。此外，灰口铸铁还有良好的铸造性，它的熔点比钢的熔点低，流动性好，冷却收缩率小。因此。灰口铸铁是应用最广泛的一种铸铁，其产量约占各类铸铁的 80% 以上。对于机械性能要求不高而形状复杂的零件，如机床床身，汽车上的气缸体、气缸盖、变速器箱体等均可采用灰口铸铁制造。

2. 灰口铸铁的牌号和应用

灰口铸铁的牌号用"灰铁"两字汉语拼音的第一个字母"HT"和一组数字表示。数字表示抗拉强度（MPa）。如 HT200，其中"HT"表示灰口铸铁，"200"表示抗拉强度为 200 MPa。灰口铸铁的牌号和力学性能如表 3.14 所示。

表 3.14 灰口铸铁的牌号和力学性能

牌　　号	HT100	HT150	HT200	HT250	HT300	HT350
抗拉强度/MPa	≥100	≥150	≥200	≥250	≥300	≥350

3.4.2 可锻铸铁

1. 可锻铸铁的组织及性能

可锻铸铁又叫玛钢、马铁或韧铁，它是白口铸铁经长时间的石墨化退火，使渗碳体在固态下分解，而获得的具有团絮状石墨的铸铁。在退火过程中，随着组织转变时的冷却速度不同，可形成黑心可锻铸铁和珠光体可锻铸铁。前者具有较高的塑性和韧性；后者具有较高的强度、硬度和耐磨性，但塑性与韧性较低。

应注意的是，因可锻铸铁的塑性和韧性比灰口铸铁好，故称为可锻铸铁，但可锻铸铁并非可以锻打。

2. 可锻铸铁的牌号和应用

可锻铸铁的牌号由三个字母和两组数字表示，前两个字母为"KT"，即"可铁"的汉语拼音的第一个字母，第三个字母是类别代号，"H"和"Z"分别表示"黑"心和"珠"光体可锻铸铁。其后的两组数字分别表示抗拉强度和延伸率。例如，KTH350-10，"KTH"表示黑心可锻铸铁，"350"表示抗拉强度不低于 350 MPa，"10"表示延伸率不小于 10%。

可锻铸铁的牌号及力学性能如表 3.15 所示。

表 3.15 黑心可锻铸铁与珠光体可锻铸铁的牌号与力学性能

系列	类别	牌　号	试样直径/mm	R_m	$R_{P0.2}$	$A/\%(l_0=3d_0)$	HBS
				≥MPa			
A	黑心可锻铸铁	KTH300-06	12或15	300	—	6	≤150
B		KTH330-08		330	—	8	
A		KTH350-10		350	200	10	
B		KTH370-12		370	—	12	
A	珠光体可锻铸铁	KTZ450-06	12或15	450	270	6	150~200
A		KTZ550-04		550	340	4	180~230
A		KTZ650-02		650	430	2	210~260
A		KTZ700-02		700	530	2	240~290

3.4.3 球墨铸铁

1. 球墨铸铁的组织和性能

铁水经过球化处理而使石墨大部或全部呈球状（有时为团絮状）的铸铁，称为球墨铸铁。由于球墨铸铁中的石墨呈球状，对基体的割裂作用降低，可以充分发挥基体的性能。所以球墨铸铁的力学性能比灰口铸铁和可锻铸铁的力学性能都高。其强度、塑性、韧性与相应组织的铸钢差不多。在某些方面，如屈强比（屈服强度与抗拉强度之比）比钢还高，疲劳强度大致与中碳钢相同，耐磨性优于表面淬火钢。由于石墨的存在，使它具有与灰口铸铁同样良好的切削加工性、耐磨性、减振性和铸造性能。

2. 球墨铸铁的牌号和应用

球墨铸铁的牌号是由"球铁"两字的汉语拼音字母的字头"QT"及两组数字组成，两组数字分别代表其最低抗拉强度（MPa）和延伸率。例如 QT400-18 中"QT"表示球墨铸铁，"400"表示最小抗拉强度值为 400 MPa，"10"表示伸延率最小值为 10%。

球墨铸铁的牌号及主要力学性能如表 3.16 所示。

表 3.16 球墨铸铁的牌号及主要力学性能

牌 号	$R_m \geq$/MPa	$R_{P0.2} \geq$/MPa	$A \geq$/%	HBS（供参考）
QT400-18	400	250	18	130~180
QT400-15	400	250	15	130~180
QT450-10	450	310	10	160~210
QT500-7	500	320	7	170~230
QT600-3	600	370	3	190~270
QT700-2	700	420	2	225~305
QT800-2	800	480	2	245~335
QT900-2	900	600	2	280~360

注：此表为单铸试块的力学性能，此外还有附铸试块。附铸试块的强度值比单铸试块低。

3.4.4 合金铸铁

1. 耐热铸铁

在铸铁中加入 Al、Si、Cr 等合金元素，可以在铸件表面形成致密的保护性氧化膜（如 Al_2O_3、SiO_2、Cr_2O_3），使铸铁在高温下具有抗氧化的能力，称为耐热铸铁。在汽车上，耐热铸铁可用于制造进、排气门座及排气管密封环等。

2. 耐磨铸铁

当灰口铸铁的含磷量提高到 0.4%~0.6%，再加入 Cr、W、Cu、Ti 等合金元素构成合金高磷铸铁。它的强度、韧性和耐磨性都较高。这类铸铁属于耐磨合金铸铁。汽车的气缸套和活塞环一般用耐磨合金铸铁制造，且主要以高磷系列的合金铸铁为主。活塞环一般是用含钨、铬、锰的高磷耐磨铸铁制造。CA1093 型发动机的活塞环用耐磨性更好的含铌合金铸铁制造。

3. 高强度铸铁

在球墨铸铁中加入少量 Cu、Mo 等合金元素,可得到高强度合金铸铁。可用来制造柴油机曲轴,连杆及主轴承盖等。

3.5 有色金属

通常把铁和铁碳合金称为黑色金属,把黑色金属以外的金属及其合金称为有色金属。轨道车辆上一些零件必须用有色金属材料制作,以满足特殊要求。常用的有色金属主要有铝、铜及其合金。

3.5.1 铝及铝合金

纯铝因其强度低,切削加工性差、可焊性差等特点,在汽车工业中使用较少。而铝合金因其具有强度高、质量轻等优点,得到广泛应用。

铝合金就是在铝中加入适量的 Si、Cu、Mg、Mn 等元素后组成的合金。铝合金按其成分和工艺特点,可分为变形铝合金和铸造铝合金两类。

1. 变形铝合金

这类铝合金的特点是塑性好,可进行冷热状态下的压力加工。可分为防锈铝、硬铝、超硬铝和锻铝等。

(1)防锈铝。

防锈铝属于铝-锰系和铝-镁系合金。其强度适中,塑性优良,耐蚀性好,具有较好的抛光性,光泽可长期保持。防锈铝主要用于制造耐蚀性好的容器及车辆装饰,及受力小的结构件、铆钉等。

防锈铝的代号用"LF"("铝"及"防"的汉语拼音字母字头)及一组顺序号表示。

(2)硬铝。

硬铝分铝-铜-镁和铝-铜-锰两类合金。这类合金通过淬火、时效处理可以显著提高强度。由于密度小,强度与密度的比值较高,故名硬铝,常用于制作铆钉、蒙皮等。硬铝的耐蚀性比纯铝差,故常在表面包一层纯铝,以提高其耐蚀性。

硬铝的代号用"LY"和一组顺序号来表示。

(3)超硬铝。

超硬铝是在硬铝中再加入锌形成的铝-铜-镁锌系合金。经淬火、时效处理,其硬度超过硬铝,故称为超硬铝。其耐蚀性较差,一般表面要包一层纯铝,以增加抗蚀能力。主要用于飞机上的一些构件。

其代号用"LC"和一组顺序号来表示。

(4)锻造铝。

锻造铝的化学成分和硬铝相似,能通过时效处理来提高强度,在加热状态下有良好的塑性,可进行热变形加工。锻铝有较高的强度,用于制造飞机零件。

其代号用"LD"和一组顺序来表示。

2. 铸造铝合金

铸造铝合金简称铸铝。其种类很多，常用的有铝-硅系、铝-铜系、铝-镁系和铝-锌系等合金。

铝-硅系合金是最常用的铸造铝合金，俗称硅铝。这种合金有着优良的铸造性能，同时还具有密度小、抗蚀能力好、力学性能较好等优点，所以广泛用来制造形状复杂、要求有较高强度和耐蚀性的零件。

铸铝的代号用"ZL"及3位数字表示。第1位表示铝合金的类别（1——铝-硅系、2——铝-铜系，3——铝-镁系，4——铝-锌系），第二、三位表示合金的顺序号。

常用铝-硅系铸造铝合金的代号、成分及性能见表3.17。

表3.17 常用铝-硅系铸造合金牌号、成分、性能

牌 号	代 号	化学成分/%				力学性≥		
		Si	Cu	Mg	Mn	R_m/MPa	A/%	HBS
ZAlSi7Mg	ZL101	6.5~7.5		0.25~0.45		155	2	50
ZAlSi12	ZL102	10.0~13.0				145	4	50
ZAlSi9Mg	ZL104	8.0~10.5		0.17~0.35	0.2~0.5	145	2	50
ZAlSi5CulMg	ZL105	4.5~5.5	1.0~1.5	0.4~0.6		人工时效 155	0.5	65
ZAlSi12CulMglNil	ZL109	11.0~13.0	0.5~1.5	0.8~1.3	Ni = 0.8~1.5	人工时效 195	0.5	90
ZAlSi12Cu2Mgl	ZL108	11.0~13.0	1.0~2.0	0.4~1.0	0.3~0.9	人工时效 195		85
ZAlSi7Cu4	ZL107	6.5~7.5	3.5~4.5			165	2	65
ZAlSi9Cu2Mg	ZL111	8.0~10.0	1.3~1.8	0.4~0.6	0.1~0.35	205	1.5	80

3.5.2 铜及铜合金

纯铜呈紫红色，具有良好的导电性、导热性、耐蚀性和塑性，但纯铜的强度不高，硬度较低，且价格贵。故一般不将铜直接制作成各种构件，只有在汽车上个别场合应用纯铜，如气缸垫、进排气管垫、轴承垫片、一些管接头、制动管、散热管、油管和电气接头等。工业上常使用铜含金，常用的铜合金可分为黄铜、黄铜和白铜3类。

1. 黄 铜

黄铜是以锌为主加元素的铜合金。按化学成分的不同，黄铜又分为普通黄铜和特殊黄铜。

（1）普通黄铜。

仅由铜和锌两种元素组成。其牌号用"黄"字的汉语拼音首字终"H"加数字表示，数字表示铜的百分含量，其余为锌。如H68表示含铜68%，其余为锌的普通黄铜。

普通黄铜常用来制作车辆上的散热器分水管、汽油滤清器滤芯、化油器零件、管接头、垫圈、螺钉等。

（2）特殊黄铜。

在普通黄铜中加入其他合金元素所组成的合金，称为特殊黄铜。常加入的合金元素有锡、

硅、锰、铅和铝等，分别称为锡黄铜、硅黄铜、锰黄铜等。

特殊黄铜的牌号用"H+元素符号+若干组数字"表示。第一组数字表示铜的百分含量，第二组表示主加元素的百分含量，数字间用短线分开。如 HPb59-1 表示含铜59%，铅 1%的铅黄铜。

特殊黄铜在车辆上用作耐磨损的零件，如转向节衬套、钢板弹簧衬套、离合器与制动蹄支轴衬套等。

2. 青 铜

除了黄铜和白铜（铜和镍的合金）外，所有的铜基合金都称为青铜。按化学成分的不同，分为锡青铜和无锡青铜。

（1）锡青铜。

锡青铜是以锡为主加元素的铜合金。它有良好的强度、硬度、耐腐蚀性和铸造性。它的铸造收缩率是合金和有色金属中最小的。因此，它适用于铸造形状复杂、壁厚较大的零件，常用作轴承材料。

其牌号用"青"字的汉语拼音首字母"Q"和几组数字组成。第一组数字为主加元素的百分含量，后几组数字为其他添加元素的百分含量如 QSn4-4-2.5 表示含锡量约 4%，含锌约 4%，含铅约 2.5% 的锡青铜。

锡青铜用于制造各种扁圆弹簧及铜丝网，车辆上用作轴套垫及轴承垫。

（2）无锡青铜。

由于锡的价格较高，所以出现了在铜中不加锡元素，而是添加铝、镍、锰、硅、铍、铅等元素的青铜，这些青铜被称为无锡青铜或特殊青铜。

无锡青铜具有高的强度、耐磨性及良好的耐腐蚀性，有的特殊青铜还有高的导电性、导热性和热强性，因而是锡青铜很好的代用品。无锡青铜可用于制造汽车上的轴承、衬套等。

无锡青铜的牌号与锡青铜的相似。

3.5.3 轴承合金

轴承合金是用来制造滑动轴承的材料。轴承是支承轴并保证其正常运转的零件。因此轴承合金应满足以下基本要求：

（1）足够的强度及硬度，以承受轴颈较大的压力。

（2）高的耐磨性，低的摩擦系数，以减少轴颈的磨损。

（3）足够的塑性和韧性，较高的疲劳强度，以承受轴颈的交变载荷，并抵抗冲击和振动。

（4）良好的导热性、耐蚀性及小的膨胀系数。

（5）良好的磨合性，使其与轴颈能较快地紧密配合。

为满足上述要求，轴承合金的理想组织应由塑性好的软基体和均匀分布在软基体上的硬质点（一般为化合物）构成。

常用的轴承合金有锡基轴承合金、铅基轴承合金、铜基轴承合金、铝基轴承合金等。

1. 锡基轴承合金

它是以锡为基础，加入适量的锑（Sb）、铜（Cu）等元素组成，又称为锡基巴氏合金。

这种合金具有适中的硬度、低的摩擦系数,并有较好的塑性和韧性,优良的导热性和耐蚀性。这种轴承合金常用于高速、重载下的重要的轴承。

2. 铅基轴承合金

铅基轴承合金是以铅为基础,加入适量的锑、锡、铜等元素组成的合金。其特点是强度、硬度、韧性均低于锡基轴承合金,摩擦系数较大。但其价格较低,故在可能的情况下,应尽量代替锡基轴承合金使用。这类轴承合金一般用于中等负荷的轴承。

3. 铜基轴承合金

铜基轴承合金是以铜为基础,加入适量的锡、铅、锌及磷、锰等元素组成的合金。

铜基轴承合金的优点:具有良好的润滑作用,摩擦系数低,其抗压强度、疲劳强度、硬度、导热性及耐热性都很高。因此,铜基轴承合金可用于承受高载荷,高速度及高温下工作的轴承。

4. 铝基轴承合金

铝基轴承合金有铝镁锑合金、低锡铝合金(含锡 6% 左右)和高锡铝合金(含锡 20% 以上)。前两者的塑性、韧性等力学性能良好,且屈服强度较高,因此其负载能力较高。主要用于低速柴油机等轴承上。而高锡铝合金有较高的疲劳强度、良好的导热性和耐热性,又有良好的耐磨、减摩性和抗蚀性,因此被广泛用于汽车、拖拉机、内燃机上。

轴承合金的牌号:按国家标准 GB/T 1174—1992《铸造轴承合金》规定,用"轴"字汉语拼音首字母"Z"加基本元素符号与主加元素符号及百分含量表示。

如 ZSnSb4Cu4:Cu 后的"4"表示平均含铜量为 4%,Sb 后的"4"表示平均含锑量为 4%,"ZSn"表示锡基轴承合金。

铸造轴承合金的化学成分、牌号如表 3.18 所示。

表 3.18 铸造轴承合金的化学成分和力学性能

种类	合金牌号	主要化学成分/%				力学性能≥		
		锡	铅	铜	锑	抗拉强度 R_m/MPa	伸长率 A/%	硬度 HBS
锡基	ZSnSb12Pb10Cu4	其余	9.0~11.0	2.5~5.0	11.0~13.0	—		29
	ZSnSb8Cu4	其余	—	3.0~4.0	7.0~8.0	—		24
	ZSnSb4Cu4	其余	—	4.0~5.0	4.0~5.0	—		20
铅基	ZPbSb16Sn16Cu2	15.0~17.0	其余	1.5~2.0	15.0~17.0	—		30
	ZPbSb15Sn5Cu3Cd2	5.0~6.0 砷 0.6~1.0	其余 镉 1.75~2.25	2.5~3.0	14.0~16.0	—		32
铜基	ZCuSn5Pb5Zn5	4.0~6.0	4.0~6.0	其余	锌 4.0~6.0	200	13	60
	CuSn10P1	9.0~11.5	—	其余	磷 0.5~1.0	200	—	80
	ZCuPb30	—	27.0~33.0	其余			3	25
	ZCuAl10Fe3	铝 8.5~11.0	铁 2.0~4.0	其余	锰 ≤1.0	490	13	100
铝基	ZAlSn6Cu1Ni1	5.5~7.0	其余为铝	0.7~1.3	—	110	10	35

3.6 非金属材料

非金属材料是指除金属材料以外的一切材料的总称，由有机物和无机物适当组合，并经一定的物理或化学方法处理后获得。它包括工程塑料、橡胶、陶瓷及复合材料等。在工业生产中，除了大量使用金属材料以外，还广泛使用非金属材料。

3.6.1 工程塑料

塑料是一种以树脂为主要成分的高分子有机化合物，其原料主要来自石油及其副产品。用来代替金属材料作为工程构件的塑料，称为工程塑料。

工程塑料由树脂（天然的或合成的）和添加剂（用来改善使用性能和工艺性能）组成的，其中合成树脂是塑料的主要成分。树脂的种类、性能、数量决定了塑料的类型和主要性能，因此，绝大多数塑料是以所用树脂的名称命名的。树脂也可直接作为塑料，如聚乙烯、聚苯乙烯等。

1. 工程塑料的性能特点

由于组成塑料的树脂种类不同，其性能有一定的区别，总体来看，塑料具有密度小（质量轻）、强度高、耐蚀性能好、电绝缘性能好、减振、耐磨、隔音性能好、生产效率高（生产周期短）、成本低、较易实现自动化或半自动化生产等优点。其缺点主要是强度低、耐热性差（一般塑料只能在 100 ℃ 以下工作）。塑料的线膨胀系数很大，导热性也很差（约为金属的 1/500），易老化，易燃烧。

2. 塑料的分类和应用

根据树脂受热后所表现的性能不同，可分为热塑性塑料和热固性塑料两大类。

（1）热固性塑料。

这类塑料的特点是初加热时软化，可注塑成形，但冷却固化后，重新加热不再软化，不溶于溶剂，也不能再熔融或再成形（即不能重复使用）。这类塑料具有耐热性高、受压不易变形等优点，但是强度低、脆性较大。常用的品种有酚醛塑料、环氧树脂塑料、氨基树脂塑料等。

（2）热塑性塑料。

这类塑料的特点是具有良好的力学性能，成形加工简便，加工时软化，可注塑成型，待冷却后定形，此过程可反复进行，即这类塑料碎屑可进行再加工，但耐热性和刚性较差。常用的品种有聚四氟乙烯、聚乙烯、聚氯乙烯、聚丙烯、聚酰胺（尼龙）、ABS、有机玻璃等。

3.6.2 橡 胶

橡胶是一种有机高分子材料，是由生胶和配合剂组成的高聚物弹性体，它广泛应用于机械工程、国防军工、尖端科学和日常生活。生胶是未加配合剂的天然或合成橡胶的统称，是橡胶制品的主要成分，它决定橡胶制品的性能。

1. 橡胶的特性

(1) 具有高的弹性，在较小的外力作用下能产生很大的变形（变形量一般在 100%~1 000%），如伸长、弯曲、压缩等，当外力消除后，能迅速恢复原状。

(2) 具有优良的伸缩性、良好的吸振能力和积蓄能量的能力，能制成常用的弹性材料、密封材料、减振、防震材料。

(3) 经过适当的处理后具有一定的耐蚀性，如耐油橡胶、耐酸橡胶等。

(4) 具有良好耐磨性、电绝缘性、隔音性和一定的强度。

未经碳化的橡胶会随温度的升高而变软发黏，所以橡胶制品只有经碳化后才能使用。此外橡胶的耐高温、透气性、耐臭氧性、耐辐射性较差。

2. 橡胶的分类和应用

橡胶的品种很多，根据原料来源不同分为天然橡胶和合成橡胶。

(1) 天然橡胶。

天然橡胶是橡胶树流出的胶乳，经凝固、干燥、加压等加工工序制成片状生胶后，再经硫化工序所制成的一种弹性体。天然橡胶的抗拉强度与回弹性比多数合成橡胶好，但耐热老化性和耐大气老化性较差，不耐臭氧、油和有机溶剂，且易燃。

(2) 合成橡胶。

合成橡胶是以石油、天然气、煤和农副产品等为原料，通过化学合成的方法制成单体，经聚合或缩聚制得的有类似橡胶性质的高分子材料。它的种类较多，所用的原料不同，生产工艺不同，制得的橡胶在性能上也有较大的差异。

根据应用范围的不同，合成橡胶可分为通用橡胶和特种橡胶两大类。用于制造轮胎、工业制品、日常用品的橡胶称为通用橡胶；用于制造在特种环境（高温、低温、油、酸、碱、辐射等）下使用的零部件的橡胶称为特种橡胶。常用橡胶的种类、主要性能及用途可查阅工程材料手册。

3.6.3 陶 瓷

陶瓷是指一种无机非金属材料，是人类利用最早的材料之一。随着科学技术的发展和生产工艺的创新，陶瓷的品种和应用不断扩大，目前已成为重要的固体工程材料。

1. 陶瓷的分类

陶瓷可分为普通陶瓷（传统陶瓷）和特种陶瓷（近代陶瓷）两类。

普通陶瓷是以天然硅酸盐矿物（黏土、长石、石英等）为原料，经原料加工、成形、烧结而得到的无机多晶固体。普通陶瓷主要用于日用、建筑和卫生用品，以及工业上的低压电器、高压电器、耐酸、过滤器皿等。

特种陶瓷是以人工化合物（如氧化铝、碳化硅、氮化硅等）为原料并沿用普通陶瓷的生产工艺制造出的陶瓷。它具有独特的机械、物理、化学、电、磁、光学等性能，主要用于化工、冶金、机械、电子、能源和一些新技术中。

2. 常用陶瓷的性能、特点及应用

与金属材料相比，陶瓷具有硬度高、抗压强度高、耐高温、抗氧化、耐磨损、化学稳定性好、耐腐蚀等优点。但其缺点是脆性大，韧性差、不能经受冲击载荷，抗急冷、急热性能较差，易碎裂。陶瓷多是电的绝缘体。陶瓷在外力作用下几乎不产生塑性变形，脆而硬，无法进行机械加工。工业上常用陶瓷的性能、特点及应用可查阅工程材料手册。

3.6.4 复合材料

由两种或两种以上不同性质或不同组织的材料，经人工组合而得到的多相固体材料称为复合材料。复合材料可以是非金属与金属的复合，也可以是非金属与非金属或金属与金属的复合。复合材料能充分发挥单一材料的优点，克服其某些弱点，使其成为单一材料无法具备的、具有特殊性能的工程材料。如玻璃纤维脆性较大，树脂强度不高，但它们组成的复合材料（玻璃钢），却有很高的韧性和强度。复合材料已成为挖掘材料潜能、研制、开发新材料的有效途径。

复合材料一般由基体材料和增强材料两大类组成。基体材料是连续相，可由金属、树脂、陶瓷等构成，起黏结、保护、传递外加载荷的作用。增强材料是增强相，其形态有片状、细粒状、短纤维、连续纤维等。与传统材料相比，复合材料主要有以下优越性能：强度和刚度高、抗疲劳性能和减振性能好、高温性能好、断裂安全性高。复合材料还具有良好的耐磨性、耐蚀性以及较好的工艺性等。

3.6.5 粉末冶金材料

粉末冶金材料是用几种金属粉末或金属与非金属粉末的混合物作原料，经过压制成型并烧结所制成的合金的材料。粉末冶金法（生产粉末冶金材料的过程）能生产用普通熔炼法无法生产的具有特殊性能的材料，如机器制造中的减摩材料、结构材料、摩擦材料、硬质合金及各种金属陶瓷等。

3.6.6 新型金属材料

目前常见的新型金属材料主要有以下几种：

1. 永磁合金

永磁合金是永磁材料家族的主要成员。永磁材料（也叫硬磁或恒磁材料）是指被磁化的材料，在去掉外加磁场后仍能保持较强的剩磁，且不易退磁的材料。

2. 形状记忆合金

一般金属材料受到外力作用后，首先发生弹性变形，达到屈服点时产生塑性变形，应力消除后留下永久变形。但有些材料，在发生了塑性变形后，经过合适的热过程，能够回复到变形前的形状，这种现象叫作形状记忆效应（SME）。具有形状记忆效应的金属一般是两种以上的金属元素组成的合金，称为形状记忆合金（SMA）。典型的形状记忆合金有 Ti-Ni 基形

状记忆合金、Cu 基形状记忆合金、Fe 基形状记忆合金。

3. 超导材料

1911 年，荷兰物理学家 K·昂纳斯发现将水银冷却到约 4.2 K 时，电阻突然下降到无法测量的程度，电阻值转变前后的变化幅度超过 10^4 倍。他认为电阻的消失意味着物质已转变为某一种新的状态，他把这种电阻突然"消失"的现象称为超导性。现已发现数十种金属和近 4 000 种合金和化合物具有超导性。

4. 纳米材料

20 世纪 80 年代曾把纳米材料定义为纳米颗粒和由它们构成的纳米薄膜或固体。目前，广义的纳米材料是指在三维空间中至少有一维处于纳米尺度范围（1 nm 等于 1 m 的十亿分之一）或由它们作为基本单元构成的材料。纳米材料大部分都由人工制成，因此属于人工材料。但在自然界早就存在纳米微粒和纳米固体，如天体的陨石碎片、人和兽类的牙齿等。

复习思考题

一、填空题

1. 制造轴瓦及其内衬的合金叫作_____。
2. 硬铝合金的热处理强化，是先进行_____处理，得到_____组织，这时强度仍较低，接着经_____处理，强化硬度才明显提高。
3. Cu-Zn 合金一般称为_____铜，而 Cu-Sn 合金一般称为_____铜。
4. _____材料适合做子弹壳，_____材料适合做船舶配件，_____材料适合做抗磁零件，_____材料适合做重要的弹性元件。

二、选择题

我国古代遗留下来的文物如铜镜、铜钟等物件是人类最早应用的合金（　　）制造的。
  A. 黄铜　　B. 锡青铜　　C. 铝青铜

三、简答题

1. 什么是钢的表面淬火？在生产中哪些情况下应使用表面淬火？实施表面淬火的零件为什么通常采用中碳钢制造？
2. 钢的正火与退火的主要区别是什么？生产中对于不同含碳量的钢应如何选择正火与退火？
3. 不同铝合金可通过哪些途径达到强化的目的？
4. 滑动轴承合金应具备哪些性能？

4 机 构

4.1 平面机构的结构分析和运动分析

4.1.1 机构结构分析和运动分析目的

机构是具有确定运动的实物组合体。在进行新机构设计时，首先应判断机构能否运动，如果能够运动，则还要判断运动是否具有确定性及其具有确定运动的条件。

机构结构分析的目的有以下 3 个方面：

（1）为新机构的创造提供途径。分析机构是怎样由构件组成的，而且在何种条件下才具有确定的运动。

（2）将各种机构按结构进行分类，在此基础上建立运动分析和受力分析的一般办法。

（3）根据构件间连接的特点及与运动有关的尺寸，画出机构的运动简图。

机构的运动分析是根据原动件的已知运动规律求该机构其他构件上某些点的位移（角位移）、速度（角速度）和加速度（角加速度）等参数。通过位移分析可以确定构件在运动时所需空间，判断在运动时各构件之间是否会互相干涉，也可以从动力的行程确定机构中，构件上某一点能否实现预定的位置或轨迹要求等。通过速度分析可以了解从动作的速度变化规律能否满足工作要求。同时，速度分析也是进行加速度分析的必要前提。通过加速度分析可以确定各构件及构件上某些点的加速度大小和变化规律，从而计算构件惯性力以及对构件进行进一步的动力分析、强度计算等。

平面机构运动分析的办法有图解法和解析法。图解法的特点是形象直观、简单方便，主要有速度瞬心法和相对运动图解法；解析法的特点是精确度高，但比较抽象，计算工作量大，随着计算机的普及，这种办法日益得到广泛应用。本章仅简要介绍用速度瞬心法进行平面机构的速度分析。

4.1.2 机构的组成及平面机构运动简图绘制

1. 机构的组成

（1）运动副。

在机构中，任意两个构件都以一定的方式彼此相互连接。两个构件直接接触形成的可动连接称为运动副，而把两构件上直接接触的点、线、面称为运动副元素。图 4.1 中轴承 2 和轴 1 的配合为圆柱面和圆孔面的面接触；图 4.2 中滑块 2 与导轨 1 为棱柱面和棱孔面的面接触；图 4.3 中两齿轮轮齿为线接触。

4 机 构

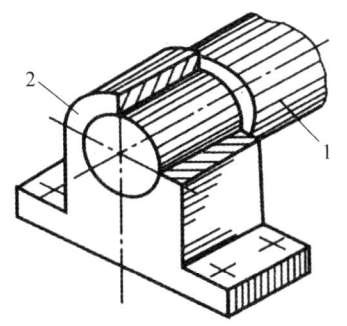
图 4.1 轴与轴承连接
1—轴；2—轴承

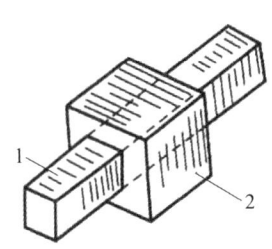
图 4.2 滑块与导轨连接
1—导轨；2—滑块

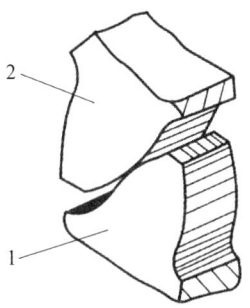
图 4.3 两齿轮轮齿啮合
1，2—齿轮

根据运动副元素的不同，通常把运动副分为低副和高副。低副是指通过面接触而构成的运动副，例如转动副和滑动副。高副是指通过点或线接触而构成的运动副。根据组成运动副两构件间的运动是平面运动还是空间运动，可以把运动副分为平面运动副和空间运动副。转动副和滑动副都是平面运动副。图 4.4（a）中螺杆 1 和螺母 2 组成的螺旋副，图 4.4（b）中球面 3 和球碗 4 构成的球面副都是空间运动副。

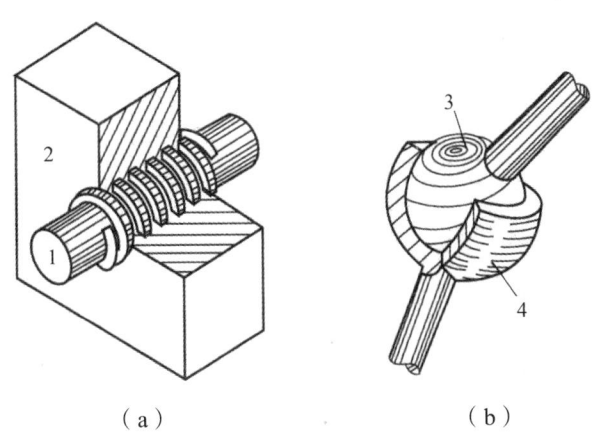

（a） （b）

图 4.4 空间运动副
1—螺杆；2—螺母；3—球面；4—球碗

（2）自由度和约束。

如图 4.5 所示，对于任意一个做复杂平面运动的构件，其运动可以分解为 3 个独立运动，即沿 x 轴的移动，沿 y 轴的移动和绕与 xOy 平面垂直的轴转动。把构件所具有的独立运动的数目称为构件的自由度。显然，做平面运动的构件具有 3 个自由度。但是，当与另一个构件通过运动副连接后，这个构件的某些独立运动会受到限制，自由度会减少。把对独立运动的限制称为约束。引入一个约束就减少一个自由度，两构件间约束的多少和约束的特点完全取决于运动的形式。

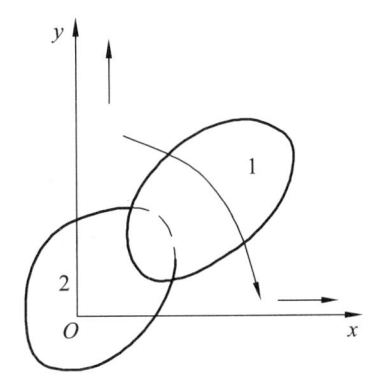

图 4.5 构件作平面运动时的自由度

平面运动副包括以下 3 个类型：

① 转动副。图 4.6（a）所示的运动副，构件 2 沿着 x 轴和 y 轴两个方向的移动受到限制，只可以绕与 xOy 平面垂直的轴转动。这种允许构件作相对转动的运动副称为转动副。形成一个转动副引入的约束为 2，保留的自由度数为 1。

② 移动副。图 4.6（b）所示的运动副，构件 3 沿着 y 轴方向的移动和绕与 xO 平面垂直的轴的转动受到限制，只可以沿着 x 轴方向移动。这种允许构件做相对移动的运动副称为移动副。形成一个移动副引入的约束为 2，保留的自由度为 1。

③ 平面高副。如图 4.6（c）、（d）所示的运动副，是由两构件的曲面轮廓而形成的。其中图 4.6（c）所示为凸轮机构，凸轮 5 与顶尖 6 形成点接触，顶尖 6 沿着接触点公法线 n—n 方向的移动受到限制，但可以沿着接触点公切线 t—t 方向移动和绕接触点转动。图 4.6（d）所示为齿轮机构，齿轮 7 和齿轮 8 形成线接触，齿轮 8 沿着接触点公法线 n—n 方向的移动受到限制，但可以以沿着接触点公切线 t—t 方向移动和绕接触点转动。在平面内，这种由两构件之间以点或线接触组成的运动副称为平面高副。形成一个平面高副引入的约束数为 1，保留的自由度数为 2。

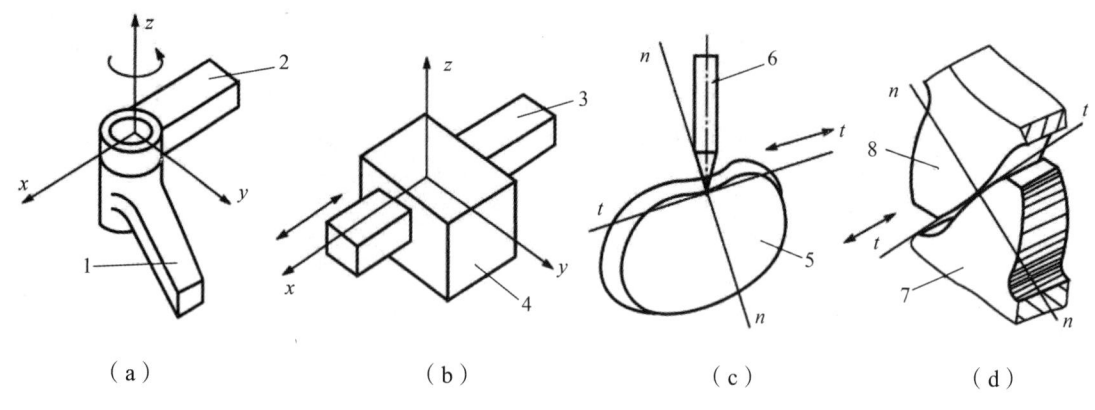

（a）　　　　　（b）　　　　　（c）　　　　　（d）

图 4.6　平面运动副

1，2，3，4—构件；5—凸轮；6—顶尖；7，8—齿轮

因为约束一个相对转动而保留两个独立相对移动的运动副是不可能存在的。因此，从相对运动来看，平面运动副不外乎上述三种类型。综上所述，平面运动副包括平面低副（转动副和移动副）和平面高副。形成一个平面低副引入两个约束，而形成一个平面高副只引入一个约束。

（3）运动链。

若干构件通过运动副连接而成的系统称为运动链。运动链分为闭式运动链和开式运动链两种。闭式运动链中的各构件构成了首位封闭的系统，如图 4.7（a）、（b）所示；开式运动链中各构件未构成首末封闭的系统，如图 4.7（c）、（d）所示。在各机械中，一般采用闭式运动链，而开式运动链多用在人工机械手等机械中。

（4）机构。

在运动链中，将某一个构件加以固定而成为机架，而另一构件按给定的规律独立运动时，其余构件均随之作确定的相对运动,则此运动链便成为机构。机构是由原动件、从动件和机架三部分组成。

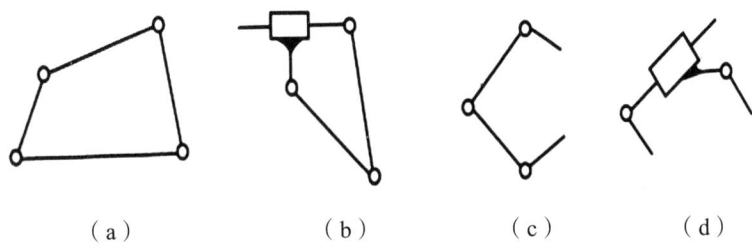

图 4.7 运动链

① 原动件。按照给定运动规律独立运动的构件称为原动件(或主动件),如图 4.8 中的构件 1。原动件上需标上带箭头的圆弧或直线表示运动方向。

② 从动件。机构中随原动件做确定的相对运动的构件称为从动件。在机构中除了机架与原动件之外,其他构件都是从动件,如图 4.8 中的构件 2 和构件 3。

③ 机架。机架中固定不动的构件称为机架,如图 4.8 中的构件 4。

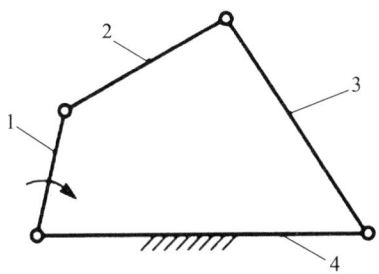

图 4.8 机构

1—原动件;2,3—从动件;4—机架

组成机构的各构件的相对运动均在同一平面或相互平行的平面内,则称此机构为平面机构。机构的各构件的相对运动不在同一平面或平行平面内,则称此机构为空间机构。本章重点讨论平面机构的结构问题。

2. 平面机构的运动简介

机构各构件间的相对运动,是由原动件的运动规律、机构中所有运动副的类型、数目及其相对位置(即转动副的中心位置、移动副的中心线位置和高副接触点的位置)决定,而与构件的外形、断面尺寸、组成构件的零件数目及其固联方式和运动副的具体结构等因素无关。在对机构进行运动和动力分析,或者对机构的结构进行分析时,可以不考虑构件的复杂外形和运动副的具体构造,用简单的线条和符号代表构件和运动副,并按比例定出各运动副的相对位置。这种能准确表达机构运动情况的简化图形称为机构运动简图。

机构运动简图必定与原机械具有完全相同的运动特性,因而可以用机构运动简图对机械进行结构、运动及动力分析。若只是为了表示机构的结构特征,不是严格地按照精确的比例绘制的简图，称为机构示意图。

机构运动简图符号已有标准，该标准对运动副、构件及各种机构的表示符号做了规定，如表 4.1 所示。

表 4.1 常用运动副的符号

名 称		符 号	
		两运动构件的连接	运动构件与固定构件的连接
平面副	转动副		
	移动副		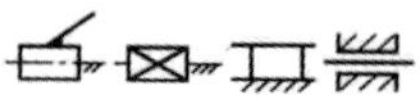
	平面高副		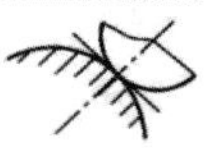
空间副	螺旋副		固定螺母　固定螺杆
	球面副		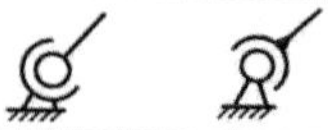
	球销副		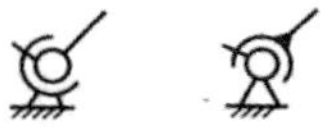

绘制平面机构运动简图的步骤：

（1）首先必须搞清楚所要绘制机械的结构及运动情况。需先找出其原动件及机架，然后循着运动传递的路线把机械的原动部分和传动部分之间的传递情况搞清楚。

（2）搞清楚该机械中构件的数目，并按照各构件之间的接触情况及相对运动的性质来确定各个运动副的类型。

（3）选择与机械中多数构件的运动平面相平行的平面作为绘制机构运动简图的投影面。

（4）选择适当的长度比例尺 μ_l [μ_l = 实际长度（m）/图示长度（mm）]，用表 4.1 给出的机构简图符号绘制机构运动简图。

以下举例说明机构运动简图的绘制方法。

例 4.1 分析如图 4.9（a）所示的冲床机构运动简图。

解：如图 4.9（a）所示，当冲床的偏心轮 2 在驱动电动机的带动下按顺时针方向等速转动时，通过构件 3、4 和冲头 6 作上下往复移动，完成冲压工艺动作。运动规律已知的偏心轮 2 是原动件，机床床身 1 是相对地面静止不动的机架，其余构件 3、4、5 和冲头 6 是从动件。构件 3 和原动件 2、构件 4、5 之间构成转动副，其回转中心为 A、B、C，并且构件 2、3、4、5 组成的构件系统分别与机架 1 和冲头 6 组成转动副，而冲头 6 与机架以移动副的形式连接。可见，冲床共有 6 个转动副和 1 个移动副。选择与机构运动平面平行的平面作为其投影面，选适当尺寸比例，按规定的运动副和构件符号，绘制出其机构运动简图，如图 4.9（b）所示。

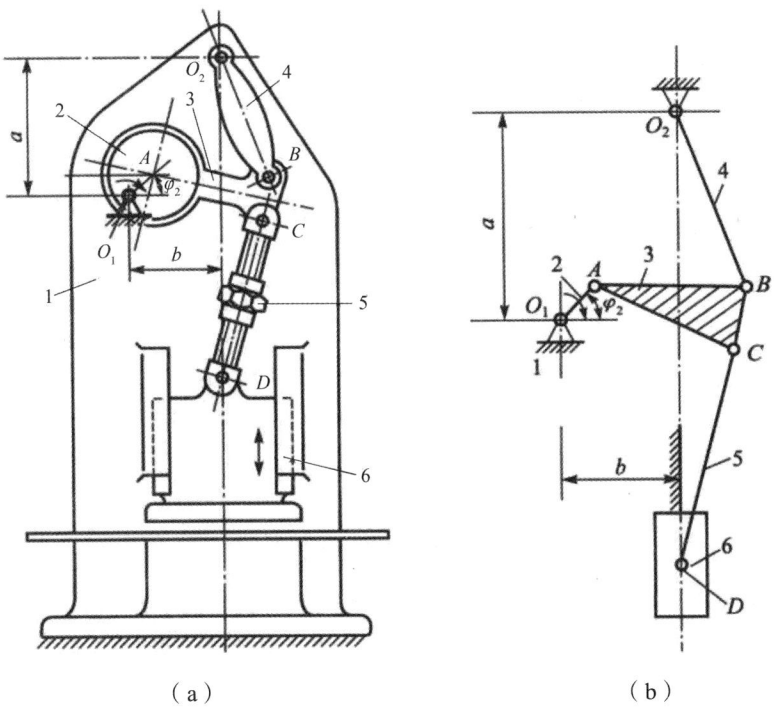

（a） （b）

图 4.9 冲床机构及其运动简图

1—床身；2—偏心轮；3，4，5—连杆；6—冲头

例 4.2 分析如图 4.10（a）所示的颚式破碎机的运动简图。

解 如图 4.10（a）所示的颚式破碎机，它由 6 个构件组成。根据机构的工作原理，构件 6 是机架，原动件为曲柄 1，它分别与机架 6 和构件 2 组成转动副，其回转中心分别为 A 点和 B 点。构件 2 是一个三副构件，它还分别与构件 3 和 5 组成转动副。构件 5 与机架 6、构件 3 与动颚板 4、动颚板 4 与机架 6 也分别组成转动副，它们的回转中心分别为 C、F、G、D 和 E 点。在选定合适的长度比例尺和投影面后，定出各转动副的回转中心点 A、B、C、D、E、F、G 的位置，并用转动副符号表示，用直线把各转动副连接起来，在机架上加上短斜线，在原动件上加上箭头。即得如图 4.10（b）所示的机构运动简图。

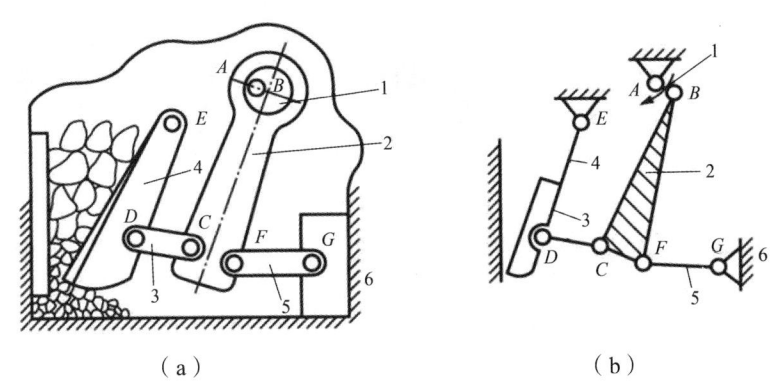

（a） （b）

图 4.10 颚式破碎机及其运动简图

1—曲柄；2，3，5—连杆；4—动颚板；6—机架

- 101 -

4.1.3 平面机构自由度的计算

1. 平面机构的自由度

机构的自由度是指机构中的各构件相对于机架说具有的独立运动数目。显然，机构的自由度与组成机构的构件数目和运动副的类型及数目有关，以下仅讨论平面机构自由度。

在平面机构中，各构件只做平面运动。当构件不和其他构件组成运动副时，共有 3 个自由度（即分别沿 x 即 y 轴的移动和绕与运动平面垂直的轴线的转动）。所以，如果机构中共有 n 个活动构件（机架不动，不计算在内），当各构件未组成运动副时，共有 $3n$ 个自由度。但当各构件成运动副时，形成一个低副相当于引入两个约束，形成一个高副相当于引入一个约束，则自由度减少的数目等于运动副引入的约束数目。因此，如果在该机构中各构件间共构成 P_L 个低副和 P_H 个高副，那么机构的自由度可按下式计算

$$F = 3n - 2P_L - P_H \tag{4.1}$$

例 4.3 试计算图 4.9（b）所示冲床机构的自由度。

解： 由图可看出，此机构共有 5 个活动件（构件 2、3、4、5、6），形成 7 个低副（转动副 O_1、O_2、A、B、C、D 和一个移动副），没有高副，故按式（4.1）可计算其自由度为

$$F = 3n - 2P_L - P_H = 3 \times 5 - 2 \times 7 - 0 = 1$$

例 4.4 试计算图 4.10（b）所示颚式破碎机的自由度。

解 由图可知，此机构共有 5 个活动构件，即 $n = 5$；7 个低副（转动副），即 $P_L = 7$；没有高副，即 $P_H = 0$，则按式（4.1）可计算其自由度为

$$F = 3n - 2P_L - P_H = 3 \times 5 - 2 \times 7 - 0 = 1$$

2. 平面机构具有确定运动的条件

为了让机构按照一定的要求进行和动力的传递及变换，当原动件按给定的运动规律运动时，其余从动构件也应随之运动且其运动规律也是确定的，此时机构的运动就确定，否则，机构就不能产生运动或做无规律运动。

图 4.11（a）所示的平面机构中只有 3 个构件，其自由度为 $F = 3 \times 2 - 2 \times 3 = 0$，表明该机构中各构件间已无相对运动，只构成了一个刚性桁架。

图 4.11（b）所示的平面四杆机构中，其自由度为 $F = 3 \times 3 - 2 \times 5 - 0 = -1$，表明该机构约束过多，称为超静定桁架。

图 4.11（c）所示的平行四杆机构中，其自由度 $F = 3 \times 3 - 2 \times 4 - 0 = 1$。如果取构件 1 为原动件，则构件 1 每转过一个角度，构件 2 和构件 3 便有一个确定的相对运动；如果同时取构件 1 和构件 3 为原动件，则可以看出，各构件的运动关系将发生矛盾，最薄弱的构件将损坏。

图 4.11（d）所示的平面五杆机构中，其自由度为 $F = 3 \times 4 - 2 \times 5 - 0 = 2$。如果同时取构件 1 和构件 4 作为原动力，则从演示中可以看出，构件 2 和构件 3 具有确定的运动，即该机构有确定的运动。如果只取构件 1 作为原动件，其余 3 个活动构件 2、3、4 做不确定的运动。

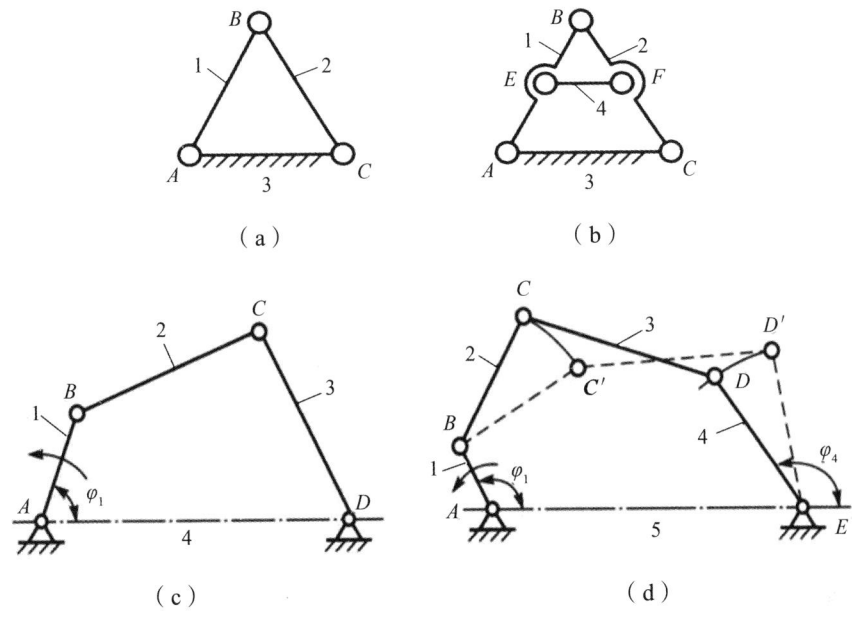

图 4.11 简单机构

综上所述,机构具有确定运动的条件为机构的自由度大于 0 且等于机构的原动件数目。

3. 计算机构自由度是应注意的问题

在进行机构的自由度计算时,有时会遇到计算的机构的自由度数与实际机构的自由度数不一致的情况。这是因为有些特殊情况未得到正确处理。在计算机构的自由度时需要注意以下事项:

(1)复合铰链。

两个以上构件在同一处以转动副相连接所购成的运动副称为复合铰链。如图 4.12(a)所示为 3 个构件在一起以转动副相连接构成的复合铰链。如图 4.12(b)所示,3 个构件共构成两个转动副。若有 k 个构件在同一处组成复合铰链,则其构成的转动副数目应为 $(k-1)$ 个。在计算机构的自由度时,应注意机构中是否存在复合铰链,以免计算时出现错误。

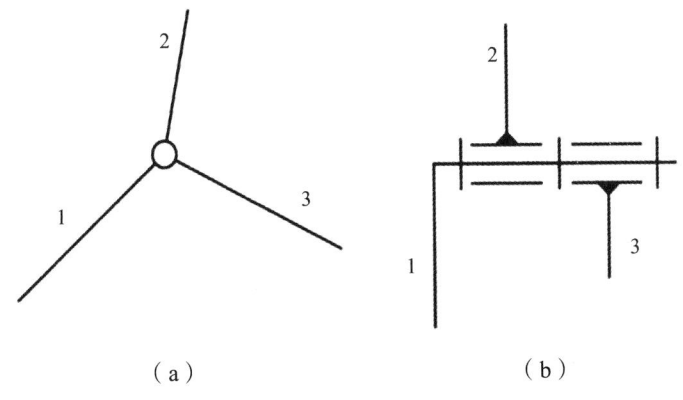

图 4.12 复合铰链

例 4.5 计算图 4.13 所示摇筛机构的自由度。

解：构件 2、3、4 同在 C 处组成两个转动副成为复合铰链，即 $n=5$，$P_L=7$，$P_H=0$，因此此机构的自由度为

$$F = 3n - 2P_L - P_H = 3 \times 5 - 2 \times 7 - 0 = 1$$

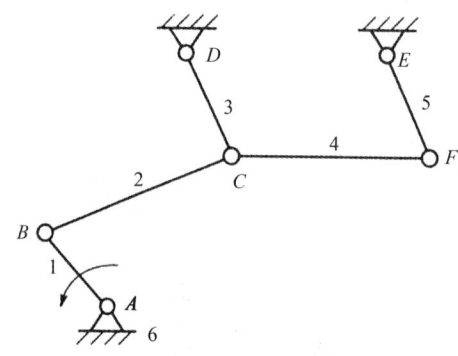

图 4.13 摇筛机构

（2）局部自由度。

若机构中某些构件所具有的自由度仅与其自身的局部运动有关，并不影响其他构件的运动，则称这种自由度为局部自由度。如图 4.14 所示的凸轮机构的滚子从动件。滚子从动件的目的是为了减少高副元素的磨损，但是滚子绕自身轴线的运动并不影响其他构件的运动 [如图 4.14（b）所示，把滚子和推杆焊接在一起不影响其他构件的运动]，它只是一个局部自由度。所以，在含有局部自由度的机构中计算自由度时，不考虑局部自由度。因为在考虑局部自由度时，如果在凸轮机构的从动件上增加一个滚子，从而引进了三个自由度和一个低副，相当于引进了一个自由度，即 $n=3$，$P_L=3$，$P_H=1$。根据式（4.1）可得

$$F = 3n - 2P_L - P_H = 3 \times 3 - 2 \times 3 - 1 = 2$$

此结果是错误的。所以在计算此机构的自由度时，应除去局部自由度，得 $n=2$，$P_L=2$，$P_H=1$，则此机构的自由度应为

$$F = 3n - 2P_L - P_H = 3 \times 2 - 2 \times 2 - 1 = 1$$

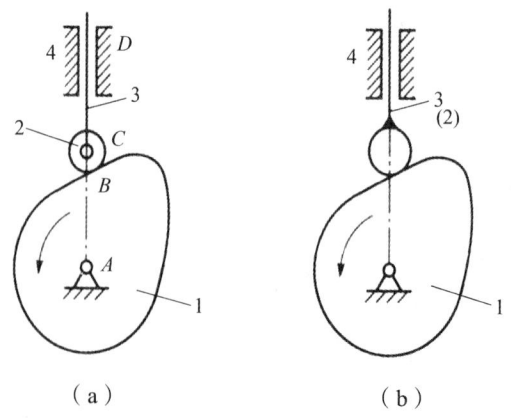

图 4.14 局部自由度

1—凸轮；2—滚子；3—顶杆；4—机架

（3）虚约束。

在特定几何条件或给结构条件下，某些运动副所引入的约束可能与其他运动副所起的限制作用一致，这种不起独立限制作用的重复约束称为虚约束。在计算自由度时，应将虚约束除去不计。虚约束常在下列情况下发生。

① 连接构件与被连接构件上连接点的轨迹重合。如图 4.15（a）所示的平行四边形机构中，连杆 3 做平动。如果增加一个杆 5 平行且等于杆 2 和杆 4，如图 4.15（b）所示，则杆 5 上 E 点的运动轨迹和杆 3 上 E 点的运动轨迹重合，此时杆 5 对杆 3 的运动情况并未产生影响，而只是改善了机构的受力状况，增强了机构工作的稳定性。但是，该机构增加了一个杆和两个运动副，相当于引进了 3 个自由度和 4 个约束，即机构增加了一个虚约束。将虚约束除去不计，该机构的自由度为

$$F = 3n - 2P_L - P_H = 3 \times 3 - 2 \times 4 - 0 = 1$$

如图 4.15（c）所示，如果杆 5 不平行于杆 2 和杆 4，则杆 5 与杆 3 上 E 点的轨迹不再重合，此时机构的自由度为

$$F = 3n - 2P_L - P_H = 3 \times 4 - 2 \times 6 - 0 = 0$$

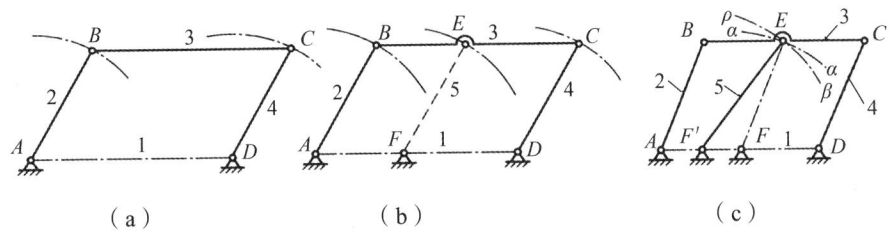

图 4.15 运动轨迹重合引入虚约束

② 两构件上某两点之间的距离在运动过程中始终保持不变。在机构运动过程中，若两构件上的两点间的距离始终保持不变时，将此两点用构件和运动副连接，也会引入虚约束，如图 4.16 所示的 E 点和 F 点就属于这种情况。

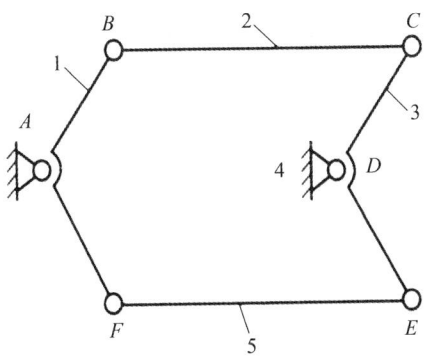

图 4.16 平行四边形机构

③ 两构件构成多个移动方向一致的移动副或多个轴线重合的转动副。为了增加构件接触的稳定性或满足结构的需要，每增加一个移动副或转动副，就引入了一个虚约束，所以在计

算机构的自由度时，只需要只需考虑其中一处虚约束，其余各处带入的约束均为虚约束，如图 4.17 所示。

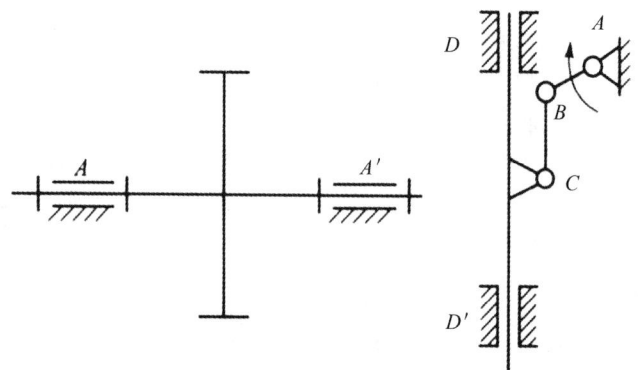

图 4.17　虚约束

④ 在机构中对运动不起作用的对称部分。在图 4.18 所示的周转轮系中为了提高承载能力并使机构受力均匀，在主动齿轮 1 和从动齿轮 3 之间对称布置了 3 个齿轮，从运动传递的角度来说仅有一个齿轮起独立传递的作用，其他两个齿轮引入的约束为虚约束。这里每增加一个行星轮（包括两个高副和一个低副）便引入一个虚约束。

虚约束的存在虽然对机构的运动没有影响，但可以改善机构的受力情况，可以增加构件的刚性，因此得到广泛使用。但是虚约束对机构的几何条件要求较高，因此对机构的加工和装配精度提出了更高的要求。

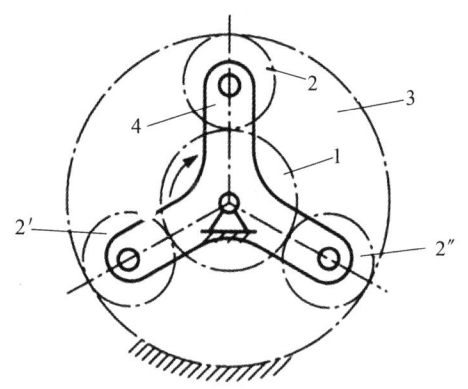

图 4.18　周转轮系
1—主动齿轮；2—行星轮；
3—从动齿轮；4—框架

例 4.6　计算如图 4.19 所示筛料机构的自由度，并判断该机构是否具有确定的相对运动。

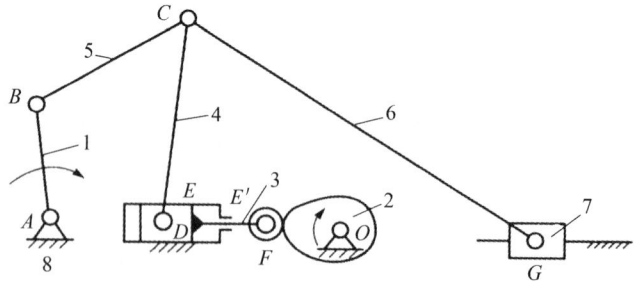

图 4.19　筛料机构
1—曲柄；2—凸轮；3—顶杆；4,5,6—连杆；7—滑块

解　在此机构中，C 处有 3 个杆件组成复合铰链，该处有 2 个转动副。构件 3 与机架 8 构成导路平行的两个移动副，E 和 E'，其中一个为虚约束。构件 3 的右端 F 处安装了滚子，

滚子与构件 3 之间的独立运动是局部自由度，在计算机构自由度时应不计滚子及其转动副，即将滚子与构件 3 视为固定连接。因此，该机构有 7 个活动构件、7 个转动副、2 个移动副、1 个高副，则 $n=7$，$P_L=7+2$ 和 $P_H=1$，代入式（4.1）得机构自由度为

$$F = 3n - 2P_L - P_H = 3 \times 7 - 2 \times 9 - 1 = 2$$

由于相对于机架 8 都有两个独立运动的构件 1 和 2 为原动件，输入的已知独立运动数目等于机构的自由度，所以该机构具有确定的相对运动。

4.2 平面连杆机构

连杆机构是由若干刚性构件用低副连接组成，故又称为低副机构。在连杆机构中，若各运动构件均在相互平行的平面内运动，则称为平面连杆机构；若各运动构件不都在相互平行的平面内运动，则称为空间连杆机构。由于平面连杆机构较空间机构应用更为广泛，故本节着重介绍平面连杆机构。

4.2.1 平面连杆机构的类型及其演化

在平面连杆机构中，结构最简单且应用最广泛的是由四个构件所组成的平面四杆机构，其他多杆机构均可以看成是在此基础上依次增加构件而组成。

1. 平面四杆机构的基本形式

如图 4.20 所示，所有运动副均为转动副的四杆机构称为铰链四杆机构，它是平面四杆机构的基本形式。在此机构中，构件 4 为机架，直接与机架相连的构件 1 和 3 称为连架杆，不直接与机架相连的构件 2 称为连杆。能做整周回转的连架杆称为曲柄，如构件 1；仅能在某一角度范围内往复摆动的连架杆称为摇杆，如构件 3。如果以转动副相连的两构件能做整周相对转动，则称此转动副为整转副，如转动副 A、B；不能做整周相对转动的称为摆动副，如转动副 C、D。

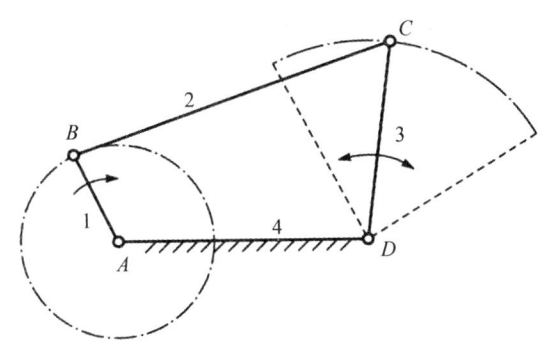

图 4.20 铰链四杆机构
1—曲柄；2—连杆；3—摇杆；4—机架

在铰链四杆机构中，按连架杆能否做整周转动，可将四杆机构分为三种基本形式。

(1)曲柄摇杆机构。

在铰链四杆机构中,若两连架杆中有一个为曲柄,另一个为摇杆,则此机构称为曲柄摇杆机构。图 4.21 所示的搅拌器机构、图 4.22 所示的雷达天线机构都是以曲柄为原动件的曲柄摇杆机构的应用实例。前者利用连杆 2 上 E 点的轨迹(双点画线所示的曲线)以及容器绕 z—z 轴的转动而将溶液搅拌均匀;后者利用主动曲柄 1 带动与天线固接的从动摇杆 3 摆动,以达到调节天线角度的目的。图 4.23(a)所示的缝纫机脚踏驱动机构是以摇杆为原动件的曲柄摇杆机构,脚踏板 1(摇杆)机做往复摆动,通过连杆 2 使下带轮 3(固接在曲柄上)转动,图 4.23(b)为该机构运动简图。

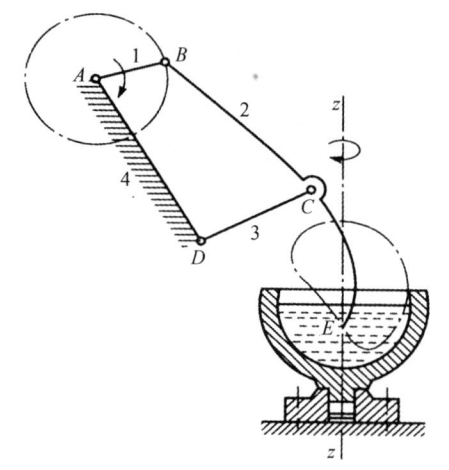 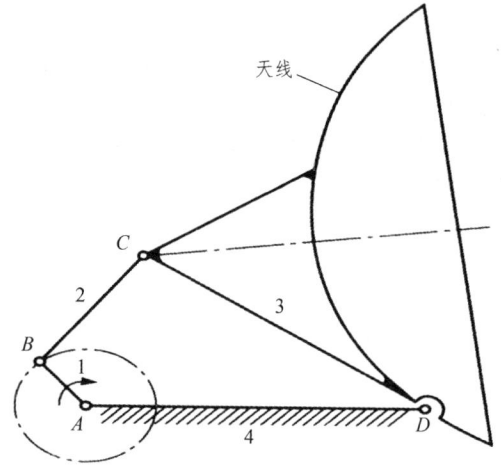

图 4.21 搅拌器机构 　　　　　　　图 4.22 雷达天线机构

1—曲柄;2—连杆;3—摇杆　　　　1—曲柄;2—连杆;3—从动摇杆;4—机架

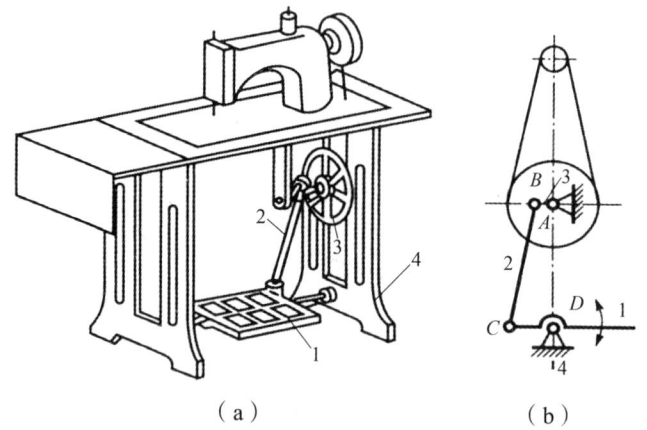

图 4.23 缝纫机脚踏驱动机构

1—脚踏板;2—连杆;3—下带轮;4—缝纫机架

(2)双曲柄机构。

如图 4.24 所示,在铰链四杆机构中若两个连架杆均为曲柄,则此机构称为双曲柄机构。图 4.25 所示惯性筛的四杆机构 ABCD 便是双曲柄机构的应用实例。在此机构中,当原动曲柄 AB 等速转动时,从动曲柄 CD 作变速转动,从而使筛子具有较大变化的加速度,使被筛的材料颗粒因惯性得到很好的筛分。

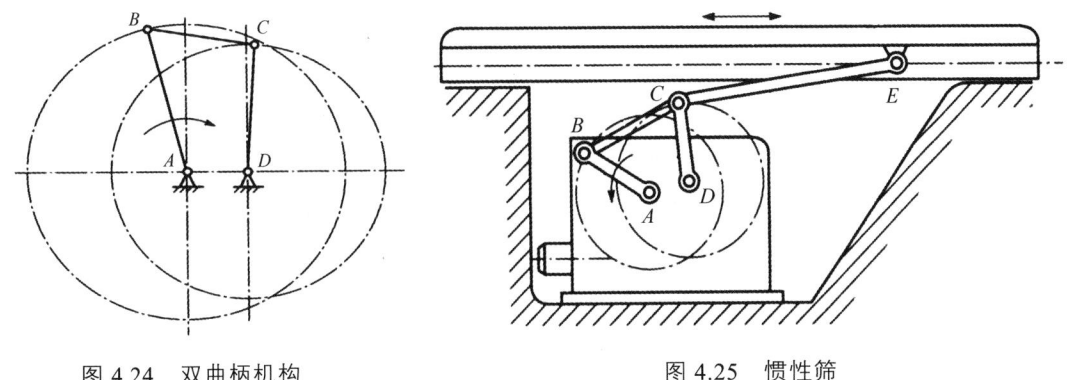

图 4.24 双曲柄机构　　　　　　图 4.25 惯性筛

在双曲柄机构中,若连杆与机架的长度相等,两个曲柄的长度也相等且做同向转动,则该机构称为平行四边形机构,如图 4.26 所示。这种机构的运动特点是其曲柄在任何位置,总是保持平行($AB/\!/CD$,$AB'/\!/DC'$),所以两曲柄的角速度始终相等;连杆在运动过程中始终做平移运动。如图 4.27(a)所示的机车车轮联动机构便是一个平行四边形机构的应用实例,该机构应用平行四边形机构的前一个运动特点,使被联动的各车轮具有与主动轮 1 完全相同的运动,图 4.27(b)为该机构的运动简图。图 4.28 所示为挖土机中使用的平行四边形机构,它应用了该机构的后一个运动特点,使铲斗保持水平,以防止土块洒落。

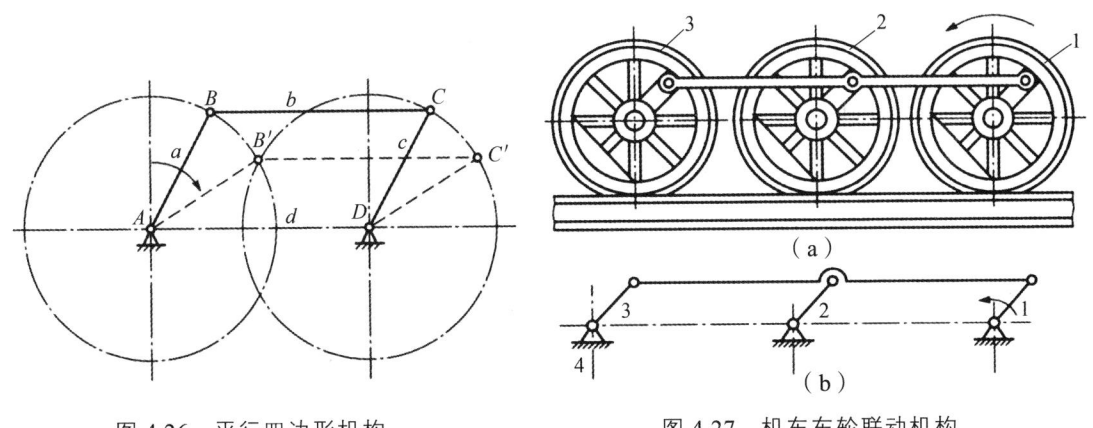

图 4.26 平行四边形机构　　　　图 4.27 机车车轮联动机构

1—主动轮；2,3—从动轮；4—机架

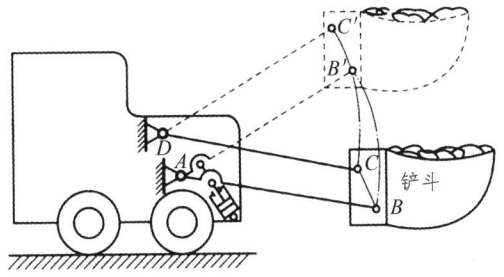

图 4.28 挖土机机构

对于图 4.29 所示的平行四边形机构 ABCD，当两曲柄转至水平位置与机架 AD 重合时，连杆 B_1C_1 也与机架重合，若主动曲柄再继续回转，可能出现两种情况：从动曲柄 CD 按原方向继续转动，保持平行四边形 AB_2C_2D，或变为反方向转动，构成逆平行四边形机构 AB_2C_2D，这时两曲柄转向相反且角速度不等。在实际应用中若需两曲柄等速同向回转时，应注意消除这种运动不确定的可能性，通常可利用从动件自身的惯性或利用加虚约束等方法来解决。图 4.27 所示的机车车轮联动机构就是利用虚约束来使机构始终保持平行四边形。

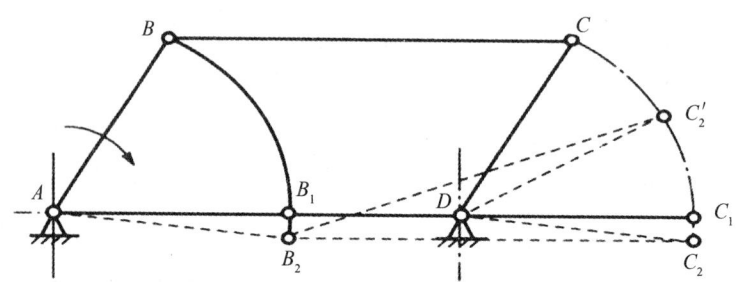

图 4.29　逆平行四边形机构

（3）双摇杆机构。

若铰链四杆机构的两连架杆均为摇杆，则称为双摇杆机构。图 4.30（a）所示的铸造造型机翻箱机构就是双摇杆机构。砂箱 2′ 与连杆 2 固接，当它在实线位置进行造型震实后，转动主摇杆 1，使砂箱移至虚线位置，以便进行拔模，图 4.30（b）是该机构的运动简图。图 4.31 所示的鹤式起重机也应用了一个双摇杆机构，当摇杆 AB 摆动时，连杆 BC 延长部分上的 E 点做近似水平直线运动，使重物避免不必要的升降，以减少能量消耗。

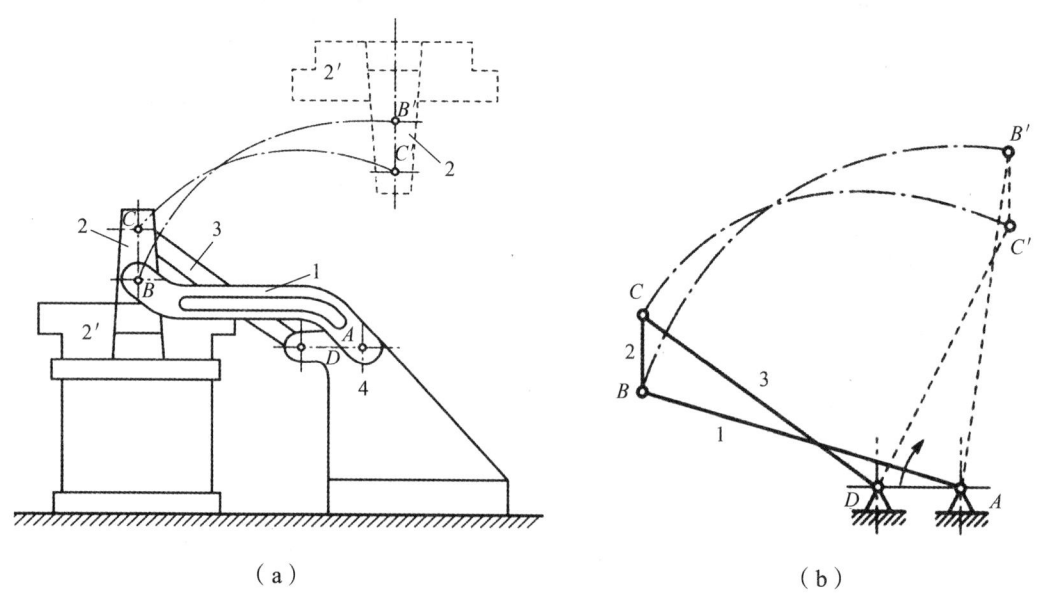

（a）　　　　　　　　　　　　（b）

图 4.30　铸造造型机翻箱机构

1—主动摇杆；2—连杆；2′—砂箱；3—从动摇杆；4—机架

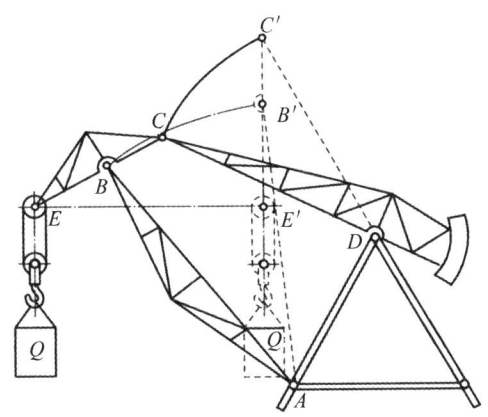

图 4.31 鹤式起重机

在双摇杆机构中,若两摇杆的长度相等,则称为等腰梯形机构,汽车和拖拉机的前轮转向机构就采用了这种机构。如图 4.32 所示,当汽车转向时,两摇杆 AB 和 CD 分别摆过角度 β 和 α 且 $\beta > \alpha$,以便两前轮轴线的交点 O 落在后轮轴线的延长线上。这时整个车身绕 O 点转动,使四个车轮都能在地面上做纯滚动,从而避免轮胎因滑动产生磨损。实际上,要求在任意位置都能满足两前轮轴线的交点 O 均落在后轮轴线的延长线上是困难的,等腰梯形机构仅能近似地满足此要求。

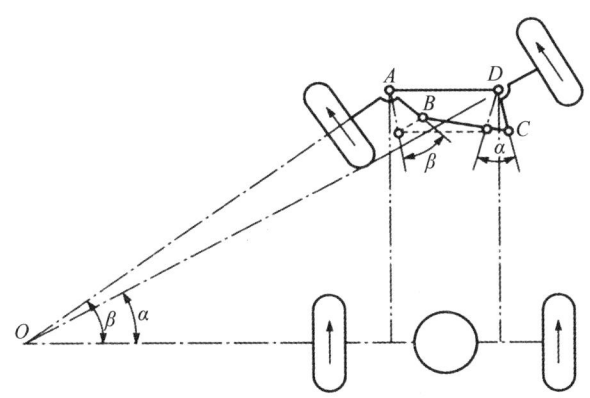

图 4.32 汽车和拖拉机前轮转向机构

2. 平面四杆机构的演化

除了上述三种铰链四杆机构外,在工程实际中还广泛应用着其他类型的四杆机构。这些四杆机构都可以看作是由铰链四杆机构通过下述不同方法演化而来的,掌握这些演化方法,将有利于对连杆机构进行创新设计。

(1)转动副转化成移动副。

在图 4.33(a)所示的曲柄摇杆机构中,当曲柄 1 转动时,摇杆 3 上 C 点的轨迹是圆弧 $\overset{\frown}{mm}$,当摇杆长度越长时,圆弧 $\overset{\frown}{mm}$ 就越平直。当摇杆为无限长时,圆弧 $\overset{\frown}{mm}$ 将成为一条直线,这时可以把摇杆做成滑块,转动副 D 将演化成移动副,这种机构称为曲柄滑块机构,如图 4.33

(b）所示。滑块移动导路到曲柄回转中心 A 之间的距离 e 称为偏距。如果 e 不为零，则称为偏置曲柄滑块机构；如果 e 等于零，则称为对心曲柄滑块机构，如图 4.33（c）所示。内燃机、往复式抽水机、空气压缩机及冲床等的主机构都是曲柄滑块机构。

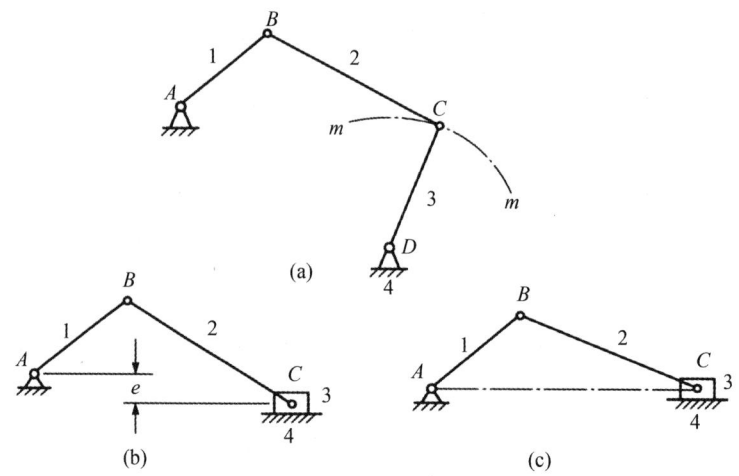

图 4.33　转动副转化为移动副

1—曲杆；2—连杆；3—摇杆（滑块）

在图 4.34（a）所示的对心曲柄滑块机构中，连杆 2 上的 B 点相对于转动副 C 的运动轨迹为圆弧 $\stackrel{\frown}{nn}$，如果设想连杆 2 的长度变为无限长，圆弧 $\stackrel{\frown}{nn}$ 将变成直线，如再把连杆做成滑块，则该曲柄滑块机构就演化成具有两个移动副的四杆机构，如图 4.34（b）所示。这种机构多用于仪表等装置中。由于从动件位移 s 和曲柄转角 ϕ 的关系为 $s = l_{AB}\sin\phi$，故将该机构称为正弦机构。

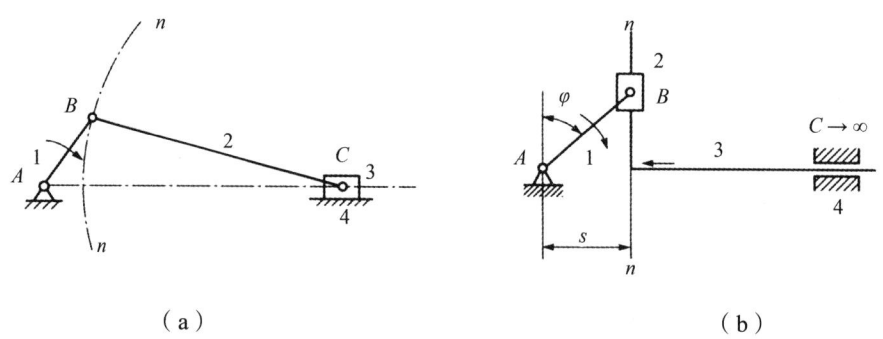

图 4.34　具有两个移动副的四杆机构

1—曲柄；2—连杆（滑块）；3—滑块；4—机架

（2）选取不同构件为机架。

以低副相连接的两构件之间的相对运动关系，不会因取其中哪一个构件为机架而改变，这一性质称为"低副运动可逆性"。根据这一性质，在图 4.20 所示的曲柄摇杆机构中，若改取构件 1 为机架，则得双曲柄机构；若改取构件 3 为机架，则得双摇杆机构；若改取构件 2 为机架，则得另一个曲柄摇杆机构。习惯上称后三种机构为第一种机构的倒置机构。

同理，根据低副运动可逆性，当在曲柄滑块机构中固定不同构件为机架时，便可以得到具有移动副的几种四杆机构，如表 4.2 所示。当杆状构件 4 与块状构件 3 组成移动副时，若杆状构件 4 为机架，则称其为导路；若杆状构件 4 做整周转动，则称其为转动导杆；若杆状构件 4 作非整周转动，则称其为摆动导杆；若杆状构件 4 作移动，则称其为移动导杆。对于具有两个移动副的四杆机构，当取不同构件为机架时，便可得到 4 种不同形式的四杆机构。

表 4.2 四杆机构的几种形式

机架	铰链四杆机构	含有一个移动副的四杆机构	含有两个移动副的四杆机构
4	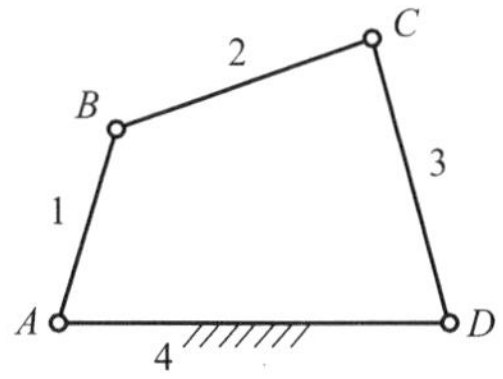 曲柄摇杆机构	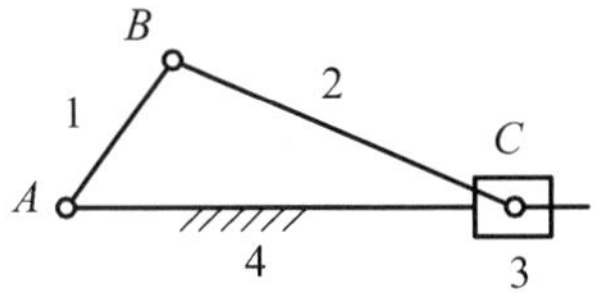 曲柄滑块机构	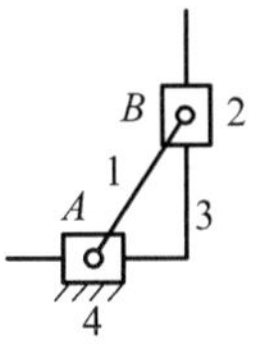 正弦机构 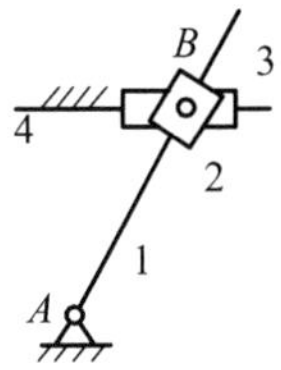　正切机构
1	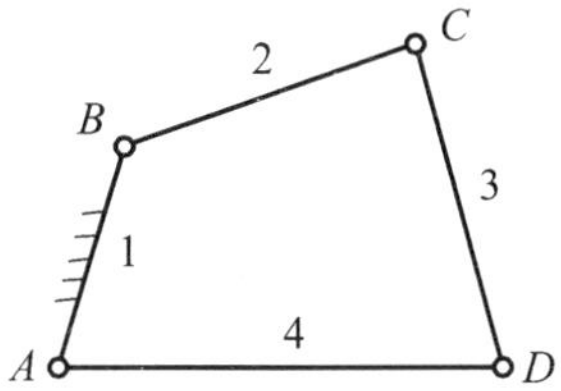 双曲柄机构	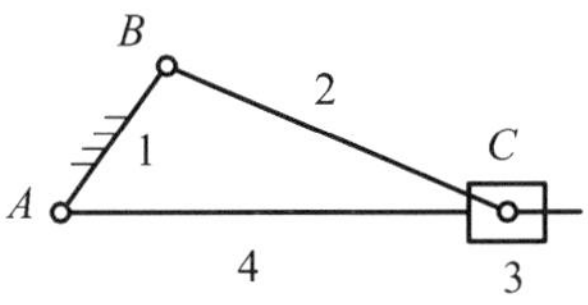 转动导杆机构	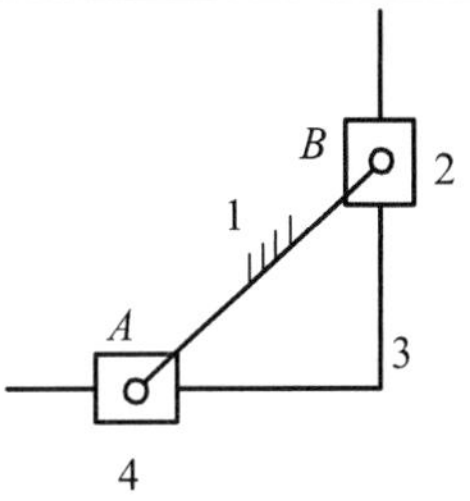 双转块机构
2	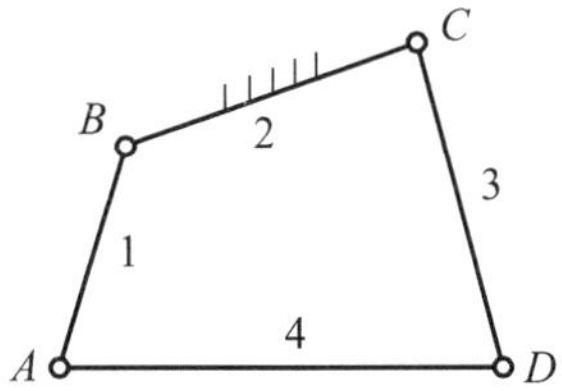 曲柄摇杆机构	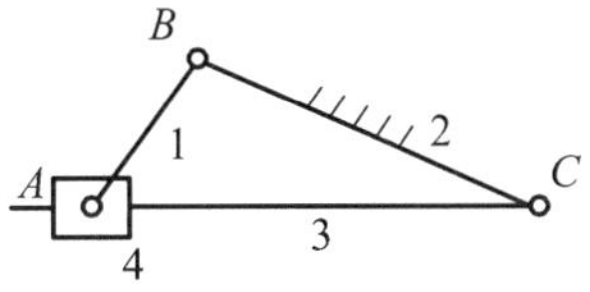 摆动导杆机构	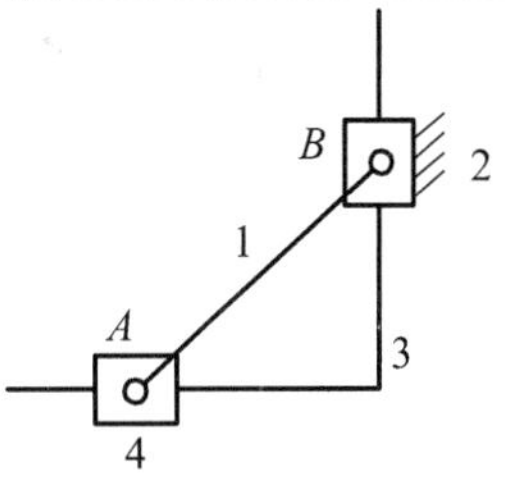 正弦机构
3	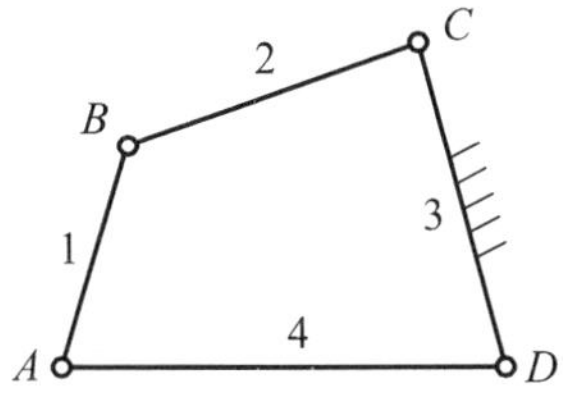 双摇杆机构	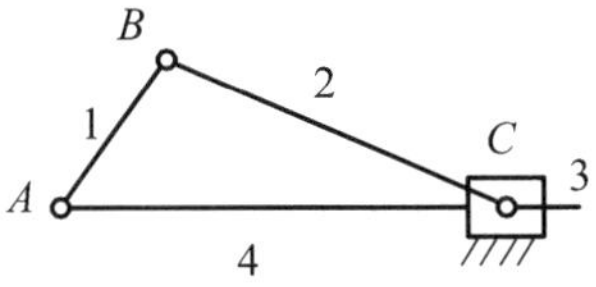 移动导杆机构	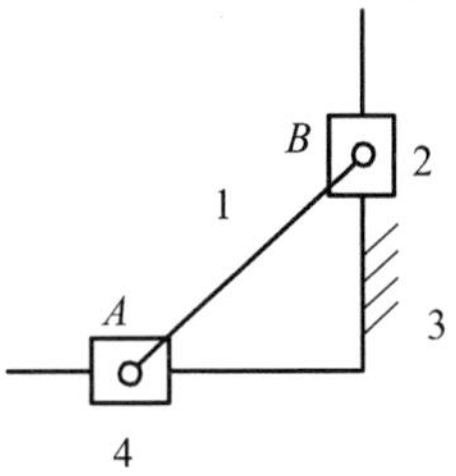 双滑块机构

（3）变换构件的形态。

在图 4.35（a）所示的机构中，滑块 3 绕 C 的点做定轴往复摆动，此机构称为曲柄摇块机构。在设计制图时，若由于实际需要，可将此机构中的杆状构件 2 做成块状，而将块状构件 3 做成杆状构件，如图 4.35（b）所示。此时构件 3 为摆动导杆。这两种机构本质上完全相同。

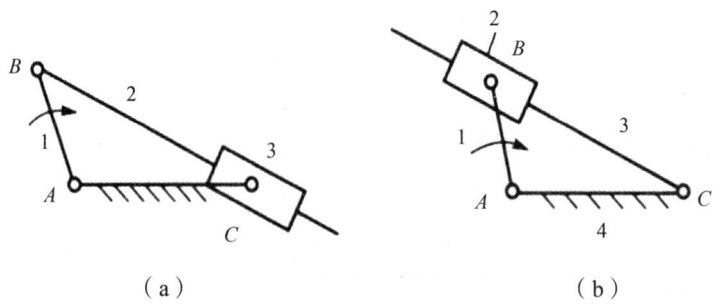

图 4.35 变换构件形态

1—曲柄；2—连杆（滑杆）；3—滑块（摆杆）；4—机架

（4）扩大转动副的尺寸。

在图 4.36（a）所示的曲柄摇杆机构中，如果将曲柄 1 端部的转动副 B 的半径加大至超过曲柄 1 的长度 AB，便得到如图 4.36（b）所示的机构。此时，曲柄 1 变成了一个几何中心为 B、回转中心为 A 的偏转圆盘，其偏心距 e 即为原曲长。该机构与原曲柄摇杆机构的运动特征完全相同，其机构运动简图也完全一样。在设计机构时，当曲柄长度很短、曲柄销需承受较大冲击载荷而工作行程很小时，常采用这种偏心盘结构形式，在冲床、剪床、柱塞油泵等设备中均可见到这种结构。

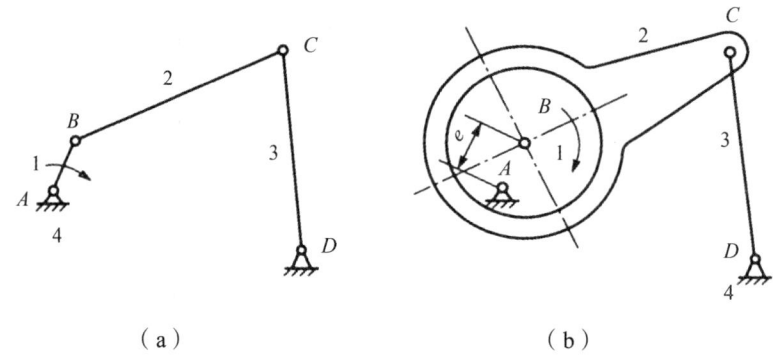

图 4.36 偏心盘结构

1—曲柄（偏转圆盘）；2—连杆；3—摇杆；4—机架

综上所述，四杆机构的各种类型之间具有一定的内在联系。它们之间可通过下述各种方式进行演化：

① 转动副转化成移动副。例如改变铰链四杆机构中构件的相对长度，可将其演化成带有一个移动副或带有两个移动副的四杆机构。

② 选取不同的构件为机架。即通过机构倒置，可得到具不同运动特性的四杆机构。

③ 变换构件的形态。

④ 扩大转动副的尺寸，可形成各种偏心盘机构。

4.2.2 平面四杆机构曲柄存在的条件

如上节所述，铰链四杆机构分成三种类型：曲柄摇杆机构、双曲柄摇杆机构和双摇杆机构。这三种类型的主要区别在于机构中是否存在曲柄及存在几个曲柄。那么在什么条件下，四杆机构中才有曲柄存在呢？下面就以铰链四杆机构为例来分析曲柄存在的条件。

若铰链四杆机构中存在曲柄，必然有转动副为整转副。机构中具有整转副的构件是关键构件，因为只有这种构件才有可能用电动机等连续转动的装置来驱动。若具有整转副的构件是机架铰接的连架杆，则该机构即为曲柄。首先以图4.37所示的四杆机构为例，说明转动副为整转副的条件。

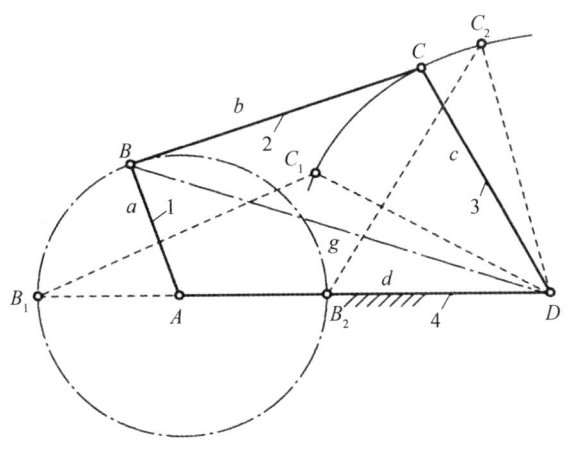

图4.37 转动副成为整转副的条件辅助证明图
1，2，3—杆；4—机架

在图4.37中，设$d>a$，在杆1绕转动副A转动的过程中，铰链点B与D之间的距离g是不断变化的，当B点到达图示点B_1和B_2两位置时，g值分别达到最大值$g_{max} = d + a$和最小值$g_{min} = d - a$。

如要求杆1能绕转动副A相对杆4做整周转动，则杆1应能经过AB_1和AB_2这两个关键位置，即可以构成$\triangle B_1C_1D$和$\triangle B_2C_2D$。根据三角形构成原理即可以推出以下各式。

由$\triangle B_1C_1D$可得

$$a + d \leq b + c \tag{4.2}$$

由$\triangle B_2C_2D$可得

$$b - c \leq d - a$$

和 $\quad c - b \leq d - a$

亦即 $\quad a + b \leq c + d \tag{4.3}$

和 $\quad a + c \leq b + d \tag{4.4}$

将式（4.2）（4.3）（4.4）分别两两相加可得

$$\begin{cases} a \leq b \\ a \leq c \\ a \leq d \end{cases} \tag{4.5}$$

如$d < a$，用同样的方法可以得到杆1能绕转动副A相对于杆4做整周转动的条件：

$$d+a \leqslant b+c \quad (4.6)$$
$$d+b \leqslant a+c \quad (4.7)$$
$$d+c \leqslant a+b \quad (4.8)$$

即

$$\begin{cases} d \leqslant a \\ d \leqslant b \\ d \leqslant c \end{cases} \quad (4.9)$$

式（4.5）和式（4.9）说明，组成转动副 A 的两个构件中，必有一个最短杆；式（4.2）、式（4.3）、式（4.4）、和式（4.6）、式（4.7）、式（4.8）说明，该最短杆与最长杆的长度之和必小于或等于其余两构件的长度之和，该长度之和关系称为"杆长之和条件"。

综合归纳以上两种情况（即 $a<d$ 和 $a>d$），可得出结论：在铰链四杆机构中，如果某个转动副能成为整转副，则它所连接的两个构件中，必有一个为最短杆，并且四个构件的长度关系满足杆长之和条件。

曲柄是连架杆，整转副处于机架上才能形成曲柄。因此具有整转副的铰链四杆机构是否存在曲柄，还应根据取何杆作为机架来判断。

（1）取最短杆为机架，则机架上有两个整转副，故得双曲柄机构。
（2）取最短杆的邻边为机架时，机架上只有一个整转副，故得曲柄摇杆机构。
（3）取最短杆的对边为机架，则机架上没有整转副，故得双摇杆机构。

如果四杆机构不满足杆长之和条件，则机构中不存在整转副，因此不论选取哪个构件为机架，所得机构均为双摇杆机构。

由于曲柄滑块机构和导杆机构均是由铰链四杆机构演化而来，故按照同样的思路和方法，也可得出这两种机构具有整转副的条件。

4.2.3 平面四杆机构的工作特性

在设计平面四杆机构时，通常需要考虑其某些工作特性，因为这些特性不仅影响机构的运动性质和传力情况，而且还是一些机构的主要设计依据。

1. 急回特征和行程速度变化系数

在工程上，往往要求作往复运动的从动件，在工作行程时的速度慢些，而空行程时的速度快些，以缩短非生产时间，提高生产率，这种运动性质称为急回特性。在具有急回特性的机构中，原动件做等速回转时，从动件在空行程中的平均速度（或角速度）与工作行程中的平均速度（或角速度）之比值，称为行程速度变化系数，以 K 表示。

现以图 4.38 所示的曲柄摇杆机构为例来分析。曲柄 AB 以等角速度 ω_1 按顺时针方向转动，它在转动一周的过程中，有两次与连杆 BC 共线（AB_1C_1 和 AB_2C_2），这时摇杆达到极限位置 DC_1 和 DC_2。摇杆处于两极限位置时，对应的曲柄两位置 AB_1 与 AB_2 之间所夹的锐角，称为极位夹角，以 θ 表示。摇杆 DC_1 与 DC_2 之间的夹角称为从动件的摆件，以 ψ 表示。摇杆从 DC_1 摆到 DC_2（工作行程）所对应的曲柄转角 $\varphi_1 = 180° + \theta$，所需的时间 $t_1 = \varphi_1/\omega_1$，故摇杆

在工作行程中的平均角速度 ω_W 为

$$\omega_W = \frac{\psi}{t_1} = \frac{\psi}{\varphi_1/\omega_1} = \frac{\psi\omega_1}{\varphi_1} \quad (4.10)$$

同理，摇杆从 DC_2 摆回到 DC_1（空行程）所对应的曲柄转角 $\varphi_2 = 180° - \theta$，所需的时间 $t_2 = \varphi_2/\omega_1$，故摇杆在空行程中的平均角速度 ω_R 为

$$\omega_R = \frac{\psi}{t_2} = \frac{\psi}{\varphi_2/\omega_1} = \frac{\psi\omega_1}{\varphi_2} \quad (4.11)$$

由于 $\varphi_2 > \varphi_1$，根据式（4.10）和式（4.11）有 $\omega_R > \omega_W$，因此该机构具有急回特性。摇杆的行程速度变化系数 K 为

$$K = \frac{\text{摇杆空行程的平均角速度}\,\omega_R}{\text{摇杆工作行程的平均角速度}\,\omega_W} = \frac{\psi\omega_1/\varphi_2}{\psi\omega_1/\varphi_1} = \frac{\varphi_1}{\varphi_2}$$

所以

$$K = \frac{\varphi_1}{\varphi_2} = \frac{180° + \theta}{180° - \theta} \quad (4.12)$$

由式（4.12）可见，当极位夹角 θ 愈大时，K 也愈大，它表示急回程度愈大；当 $\theta = 0°$ 时，$K = 1$，则 $\varphi_1 = \varphi_2$，$\omega_R = \omega_W$，它表示机构无急回作用。因此行程速度变化系数 K 表示急回运动的特性。

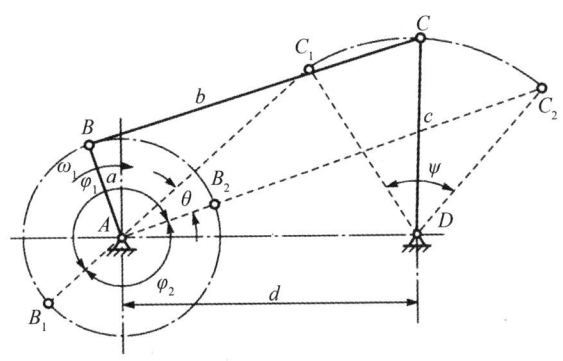

图 4.38　曲柄摇杆机构急回特性

在设计具有急回特性的机构时，通常先给定 K 值，然后求出极位夹角 θ。为此，将式（4.12）改写为

$$\theta = 180° \frac{K-1}{K+1} \quad (4.13)$$

2. 压力角和传动角

实际使用的连杆机构，不仅要保证实现预期的运动，而且要求传动时具有轻便省力、效率高等良好的传力性能。因此，要对机构的传力情况进行分析。

图 4.39 所示的曲柄摇杆机构中，曲柄 1 为原动件，摇杆 3 为从动件。如果不计构件的惯性力、重力和运动副中的摩擦力，则连杆 2 是二力杆件，因此，通过连杆 2 作用在从动件 3

上的驱动力 F 沿着 BC 方向，将力 F 分解为沿其作用点 C 的速度 v_c 方向的分力 F_t 和垂直于 v_c 方向的分力 F_n。设 F 与 v_c 之间的夹角为 α，则由图 4.39 可知：

$$\begin{cases} F_t = F\cos\alpha \\ F_n = F\sin\alpha \end{cases} \tag{4.14}$$

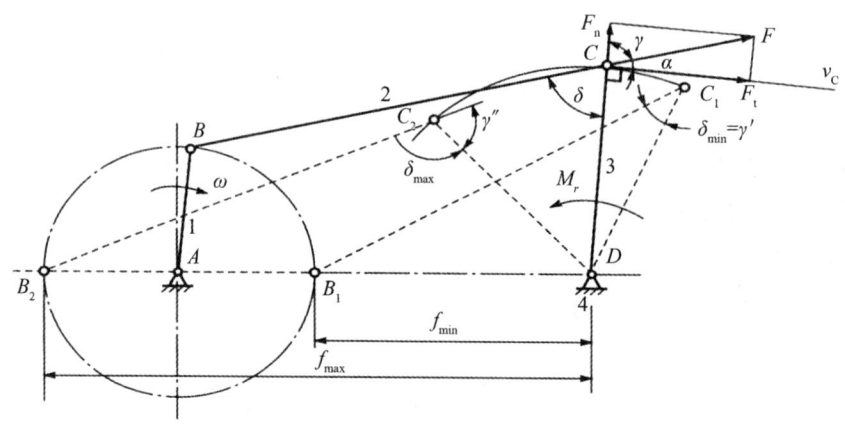

图 4.39 连杆机构压力角和传动角
1—曲柄；2—连杆；3—摇杆；4—机架

分力 F_t 是使从动件转动的有效分力，而 F_n 不仅对从动件没有转动效应，而且还会引起转动副 D 中产生附加径向压力和摩擦阻力，所以它是有害分力。由式（4.14）可知，角度 α 的大小直接影响 F_n 与 F_t 的大小，α 越小，F_n 越小，F_t 越大。在曲柄摇杆机构中，作用在从动摇杆上的力 F 与其作用点 C 的速度 v_c 之间所夹的锐角称为从动摇杆在此位置时的压力角，通常也称为连杆机构的压力角。显然压力角越小，传力性能越好，对机构工作越有利。

机构在运转过程中，α 是不断变化的。压力角 α 的余角 γ 称为传动角。如图 4.39 所示，其中连杆 BC 与从动件 CD 之间所夹的锐角 δ 也等于传动角 γ。γ 越大，对传力越有利。由于传动角易于观察和测量，因此工程上常以传动角 γ 衡量连杆机构的传力性能。为了使传动角不致过小，常要求其最小值 γ_{min} 大于许用传动角 $[\gamma]$，即 $\gamma_{min} \geq [\gamma]$。$[\gamma]$ 一般取为 40° 或 50°。

为了校验连杆机构的传力性能，需确定 γ_{min} 出现的位置。在图 4.39 所示的铰链机构中，连杆 BC 与摇杆 CD 之间的夹角 δ 随转动副 B 与 D 之间的距离 f 的变化而变化，f 越短，δ 也越小。当曲柄转到与机架相重合的两个位置 AB_2 和 AB_1（图 4.39 中虚线位置）时，f 分别达到最大值 f_{max} 和最小值 f_{min}，此时所对应的夹角分别为最大值 δ_{max} 和最小值 δ_{min}。当 $\delta_{max} < 90°$ 时，$\gamma_{min} = \delta_{min}$；当 $\delta_{max} > 90°$ 时，其传动角 $\gamma'' = 180° - \delta_{max}$，也可能为最小值，所以应比较 γ' 和 γ''，取两者中较小值作为机构的最小传动角 γ_{min}；当 $\delta_{min} > 90°$ 时，$\gamma_{min} = 180° - \delta_{max}$。设计时，应使 $\gamma_{min} \geq [\gamma]$。至于 δ_{max} 和 δ_{min} 值可按图 4.39 中的几何关系用余弦定律求得，也可用图解法求得。

3. 死点位置

图 4.40 所示的曲柄摇杆机构中，若摇杆 1 为原动件，当其处于两极限位置，C_1D 和 C_2D 时连杆 2 传动曲柄 3 的驱动力 F 通过曲柄的转动中心 A，此时传动角 $\gamma = 0°$（或压力角 $\alpha = 90°$）。驱动力对从动件 3 的有效力矩为零，此时驱动力件不能驱动机构。同时曲柄 AB 的转向也不能确定，即不一定按需要的方向回转。机构的这种位置称为死点位置。

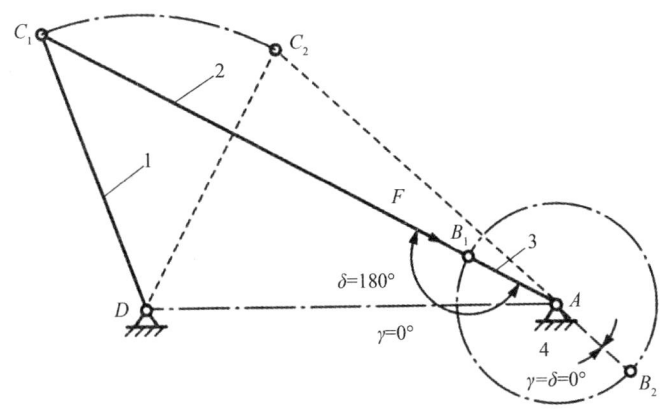

图 4.40 死点位置
1—摇杆；2—连杆；3—曲柄；4—机架

对于传动机构来说，机构死点位置是不利的，为了使机构能顺利地通过死点位置，通常在曲柄轴上安装飞轮，利用飞轮的惯性来通过死点位置，如缝纫机的大带轮。

在工程上，也有利用死点位置满足工作要求的情况。图 4.41（a）所示为一种连杆式快速夹具，它是一个利用死点位置来夹紧工具的例子。在连杆 2 上的手柄处施以作用力 F，使连杆 2 与连杆 3 呈一条直线，这是构件 1 的左端夹紧工件。外力 F 撤除后，工件给构件 1 的反作用力 F_N 欲使构件 1 顺时针方向转动，但这时由于连杆机构的传动角 $\gamma = 0°$ 而处于死点位置，从而保持了工件上的夹紧力。放松工件时，只要在手柄上加一个向上的力 F，就可使机构脱离死点位置，从而放松工件。图 4.41（b）是飞机起落架处于放下机轮的位置，连杆 BC 与从动件 CD 位于同一条直线上因此机构处于死点位置。机轮着地时，承受很大的地面反力而不致使从动件 CD 转动，保持着支承状态。

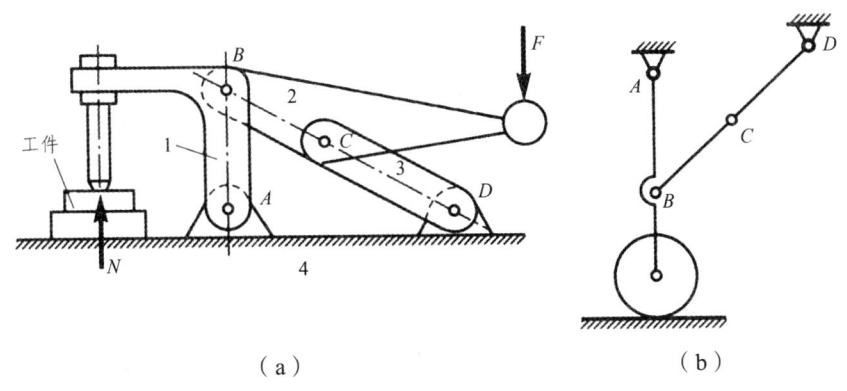

图 4.41 死点位置应用
1—构件；2，3—连杆；4—机架

4.3 凸轮机构

在机械设计中,常要求其中某些从动件的位移,速度或加速度按照预定的规律变化。虽然这种要求有时也可以利用连杆机构来实现,但难以精确满足,且连杆机构及其设计方法也比较复杂。因此,在这种情况下,特别是要求从动件按复杂的运动规律运动时,通常多采用凸轮机构。

4.3.1 概 述

凸轮机构是机械中常用的一种高副机构,在自动化和半自动化机械中得到广泛应用。凸轮机构是一种由凸轮(原动件)、从动件(推杆)和机架组成的传动机构。其中,凸轮是一个具有曲线轮廓或凹槽的构件(见图 4.42),它运动时通过点或线接触可以使从动件获得连续或不连续的任意预期的往复运动。

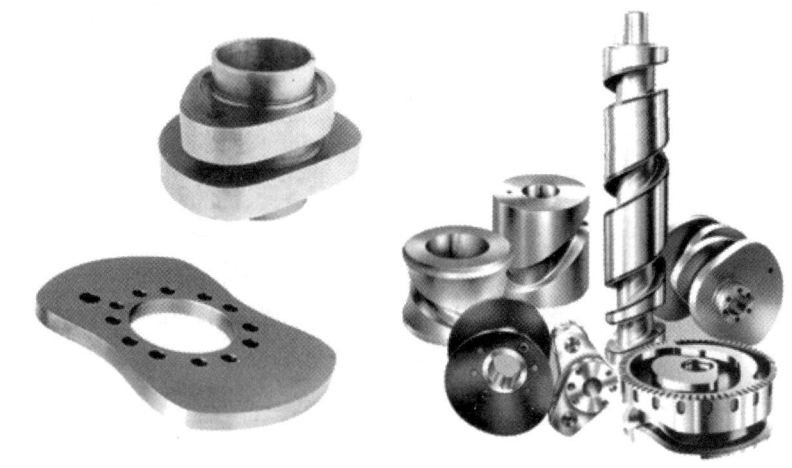

图 4.42 实际应用中的凸轮

1. 凸轮机构的应用

凸轮机构广泛应用于各种自动机械,仪器和操纵控制装置中,下面列举其应用实例。图 4.43 为图 4.42 中内燃机的配气机构。凸轮转动时,推动顶杆上下移动,按给定的配气要求启闭阀门。

图 4.44 所示为自动机床的进刀机构。当圆柱凸轮旋转时,圆柱上凹槽曲面迫使从动件往复摆动,通过从动件上的扇形齿轮与刀架上的齿条啮合,控制刀架的自动进刀和退刀运动。

图 4.45 所示为自动车床靠模机构。工件 1 回转,凸轮 3 作为靠模被固定在床身上,刀架 2 在弹簧作用下与凸轮轮廓紧密接触,并在拖板的带动下沿凸轮 3 的轮廓运动,从而切削出与靠模板曲线一致的工件。

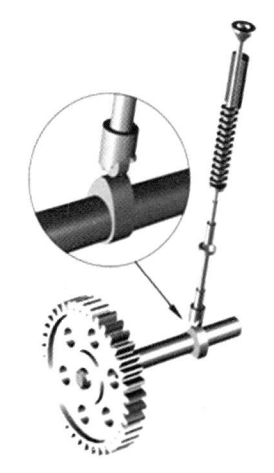 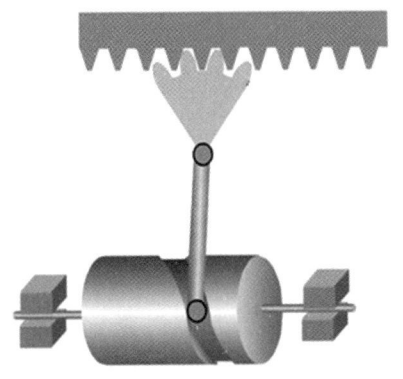 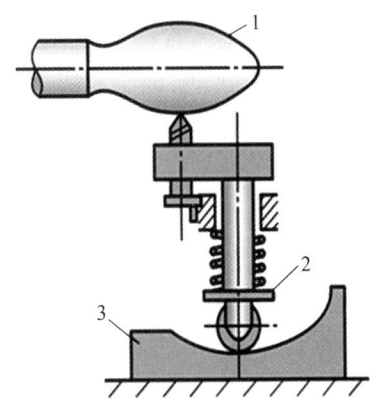

图 4.43　内燃机配气机构　　　图 4.44　自动进刀机构　　　图 4.45　自动车床靠模机构
1—工件；2—刀架；3—凸轮

2. 凸轮机构的特点

凸轮机构的主要优点：只要适当地设计出凸轮的轮廓曲线，就可以使从动件实现各种预定的运动规律，且结构简单紧凑，运动可靠。

凸轮机构的主要缺点：凸轮与从动件之间为点或线接触，不便润滑，易磨损；凸轮轮廓曲线加工比较困难。

3. 凸轮机构的分类

凸轮机构的类型很多，通常按照凸轮的形状，从动件的形状，从动件与凸轮保持接触的方式进行分类。

（1）按凸轮的形状分。

按凸轮的形状，凸轮机构可分为盘形凸轮机构、移动凸轮机构和圆柱凸轮机构。

① 盘形凸轮机构。

盘形凸轮机构是最常见的凸轮机构，其机构中的凸轮是绕固定轴线转动并具有变化向径的盘形零件，如图 4.43 所示。

② 移动凸轮机构。

当盘形凸轮的回转中心趋于无穷远时，凸轮不再转动，而是相对于机架做直线往复运动，这种凸轮机构称为移动凸轮机构（见图 4.45）。

③ 圆柱凸轮机构。

圆柱凸轮机构中的凸轮可以看作是将移动凸轮绕在圆柱体上演化而成的，如图 4.44 所示。圆柱凸轮机构可使从动件获得较大的行程。

盘形凸轮和移动凸轮与从动件之间的相对运动是平面运动，所以盘形凸轮机构和移动凸轮机构都属于平面凸轮机构。圆柱凸轮与从动件之间的相对运动是空间运动，所以圆柱凸轮机构属于空间凸轮机构。

（2）按从动件的形状分。

按从动件的形状，凸轮机构可分为尖顶从动件、滚子从动作和平底从动件。

① 尖顶从动件。

尖顶从动件的端部为尖顶，如图 4.49（a）所示。这种从动件构造最简单，其尖顶能与外凸或内凹轮廓接触，可以实现复杂的运动规律，但尖顶易磨损，因此只适用于低速轻载场合。

② 滚子从动件。

滚子从动件的端部装有可自由转动的滚子，如图 4.45 所示。由于滚子与凸轮相对运动时为滚动摩擦，减小了阻力与磨损，可以承受较大的载荷，因此应用较广。

③ 平底从动件。

平底从动件的端部为一平底，如图 4.46 所示。该从动件与凸轮轮廓接触处在一定条件下可形成油膜，利于润滑，传动效率较高，且传力性能较好，常用于高速凸轮机构中。平底从动件的缺点是不能与有凹曲线轮廓的凸轮相作用构成凸轮机构。

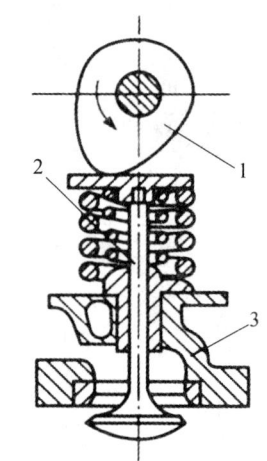

图 4.46　平底从动件

1—凸轮；2—平底从动件；3—气门座

（3）按从动件与凸轮保持接触的方式分。

① 力锁合的凸轮机构。

力锁合凸轮机构是指利用从动件的重力、弹簧力或其他外力使从动件与凸轮保持接触的凸轮机构，如图 4.43、图 4.45 和图 4.46 所示。

② 形锁合的凸轮机构。

形锁合凸轮机构是指靠凸轮与从动件的特殊几何结构来保持两者接触的凸轮机构，如图 4.44、图 4.47 和图 4.48 所示。

图 4.47　等径凸轮机构　　　　图 4.48　等宽凸轮机构

4.3.2　从动件的常用运动规律

1. 凸轮机构运动过程及有关名称

以图 4.49（a）所示尖顶直动从动件盘形凸轮机构为例，来说明原动件凸轮与从动件间的运动关系及有关名称。在图示位置凸轮转角为零，从动件尖顶位于离凸轮轴心 O 最近的位置，称为起始位置。

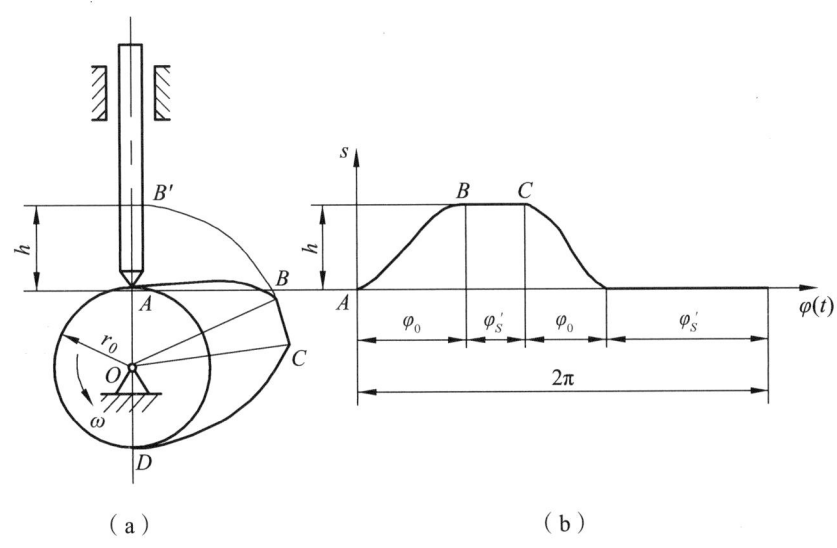

（a） （b）

图 4.49 凸轮机构与从动件运动曲线

（1）基圆：以凸轮的最小向径为半径所作的圆称为基圆，基圆半径用 r_0 表示。

（2）推程运动角：凸轮以等角速度 ω 顺时针方向转动，从动件被凸轮推动，以一定运动规律由点 A 到达最高点 B，从动件在这过程中经过的距离 h 称为推程（升程），对应的凸轮转角 φ_0 称为推程运动角。

（3）远休止角：凸轮继续回转，从动件与凸轮的接触点由 B 点转移至 C 点，由于 BC 段上各点的向径不变从动件在最远位置上停留，该过程称为远休止期，所对应的凸轮转角 φ_s，称为远休止角。

（4）回程运动角：凸轮继续回转，接触点由 C 点转移至 D 点，凸轮轮廓的向径逐渐减小，从动件在外力作用下逐渐返回到初始位置，该阶段称为回程期，对应的转角 φ_0' 称为回程运动角。

（5）近休止角：凸轮继续回转，接触点由 D 点转移至 A 点，由于凸轮轮廓的向径不变，从动件停留不动，这个阶段称为近休止期，对应的转角 φ_s' 称为近休止角。

凸轮转过一周，从动件经历推程、远休止、回程、近休止 4 个运动阶段，是典型的升—停—回—停的双停歇循环。

2．位移线图

从动件的运动过程，可用位移线图表示。位移线图以从动件位移 s 为纵坐标，凸轮转角 φ 为横坐标。图 4.49（b）是图 4.49（a）所示凸轮机构的位移线图，其中 AB、BC、CD、DA 4 根位移线，分别表示凸轮机构推程、远休止、回程、近休止 4 个运动规律。

3．从动件常用运动规律

从动件的运动规律指在推程和回程过程中其位移 s、速度 v、加速度 a 随凸轮转角整化规律。

（1）等速运动规律。

凸轮角速度 ω 为常数时，从动件速度 v 不变，称为等速运动规律。

图 4.50 为等速运动规律的位移、速度、加速度线图。由图可知，在行程起点和终点瞬时的加速度 a 为无穷大，由此产生的惯性力在理论上也是无穷大，致使机构刚性冲击，实际应用时会产生强烈的刚性冲击。因此，等速运动规律适用于中、小功率和低速场合。为避免由此产生的刚性冲击，实际应用时常用圆弧或其他曲线修正位移线图的始、末两端，修正后的加速度 a 为有限值，此时引起的有限冲击称为柔性冲击。

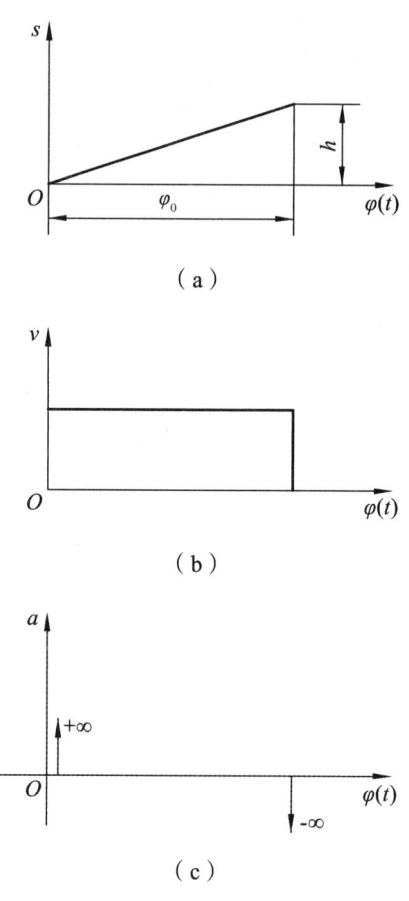

图 4.50 等速运动曲线

做等速运动的 φ-s 位移图的要点：在等速运动中当凸轮以等角速度 ω 转动时，从动件在推程或回程中的速度为常数，从动件上升和下降的位移线图为直线。

（2）等加速、等减速运动规律。

在等加速、等减速运动规律中，从动件在前半个行程做等加速运动，后半个行程做等减速运动，两部分加速度的绝对值相等。

等加速、等减速运动规律的位移线图的画法为：将推程角 φ_0 两等分，每等分为 $\varphi_0/2$；将行程两等分，每等分 $h/2$。将 $\varphi_0/2$ 若干等分，得点 1、2、3、…，过这些点作横坐标的垂线。将 $h/2$ 分成相同的等分，得点 1′、2′、3′、…，连 $O1′$、$O2′$、$O3′$、…与相应的横坐标的垂线分别相交于点 1″、2″、3″、…，用光滑的曲线连接这些点便得到推程等加速段的位移线图，等减速段的位移线图可用同样的方法求得。

等加速、等减速运动规律的位移、速度、加速度线图如图 4.51 所示。由图 4.51（c）可知，等加速、等减速运动规律在运动起点 O、中点 A 和终点 B 的加速度突变为有限值，从动件会产生柔性冲击，适用于中速场合。

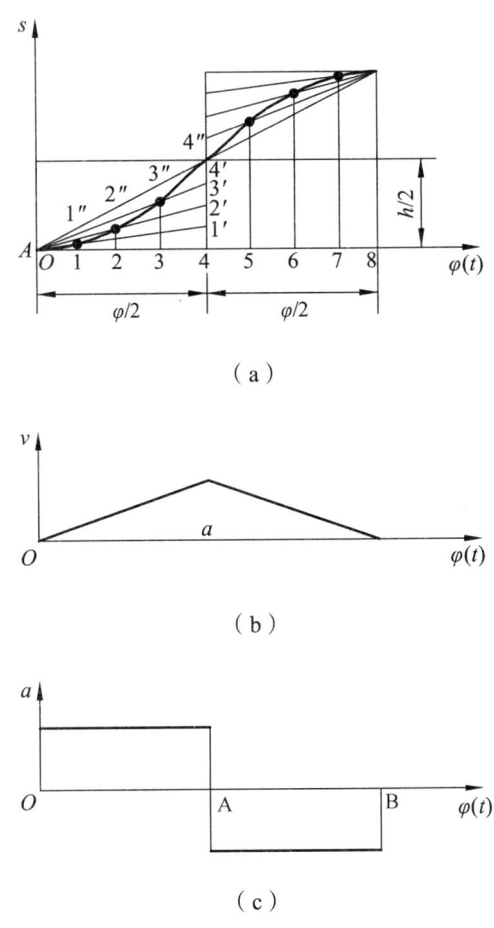

图 4.51 等加速、等减速运动曲线

作等加速、等减速运动的位移线图的要点：凸轮以等角速度 ω 转动时，从动件在推程或回程中均为等加速、等减速运动，位移线图为二次抛物线。

（3）余弦加速度运动规律。

余弦加速度运动规律的加速度曲线为 1/2 个周期的余弦曲线，位移曲线为简谐运动曲线（又称简谐运动规律）。

图 4.52 为余弦加速度运动规律位移线图、速度线图和加速度线图。由图 4.52（c）可知，从动件在运动起始和终止位置加速度会发生有限值的突变，存在柔性冲击，因此只适用于中速场合。

余弦加速度位移线图如图 4.52（a）所示，具体的的画法如下：

① 在横坐标上作出推程运动角 δ，并将其分成若干等分（图中为 6 等分），过分点 1、2、3、…向上引垂线。

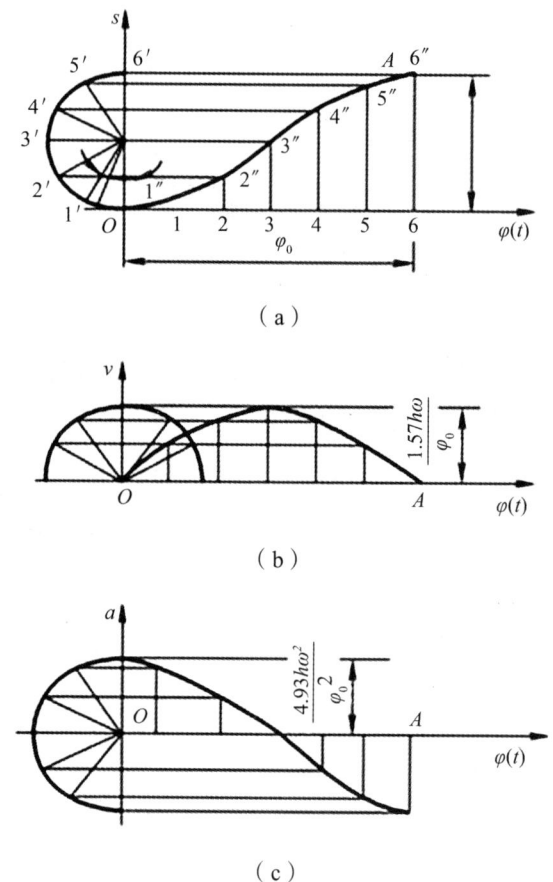

图 4.52 余弦加速度运动曲线

② 以行程 h 为直径作半圆,然后等分半圆的圆弧,接着过分点 1′、2′、3′、…分别引平行于横坐标的直线,并与上述诸垂线相交于点 1″、2″、3″、…。最后用光滑的曲线将这些交点连接起来,即为余弦加速运动的位移曲线。

复习思考题

1. 什么是运动副及运动副元素?运动副是如何进行分类的?
2. 机构具有确定运动的条件是什么?当机构的原动件数少于或多于机构的自由度时,机构的运动将发生什么情况?
3. 机构运动简图有什么作用?
4. 在计算机构的自由度时,应注意哪些事项?
5. 试计算图 4.53 所示机构的自由度,并判断机构是否具有确定的运动(图中绘有箭头的构件为原动件)。若含有复合铰链、局部自由度和虚约束,请分别指出。

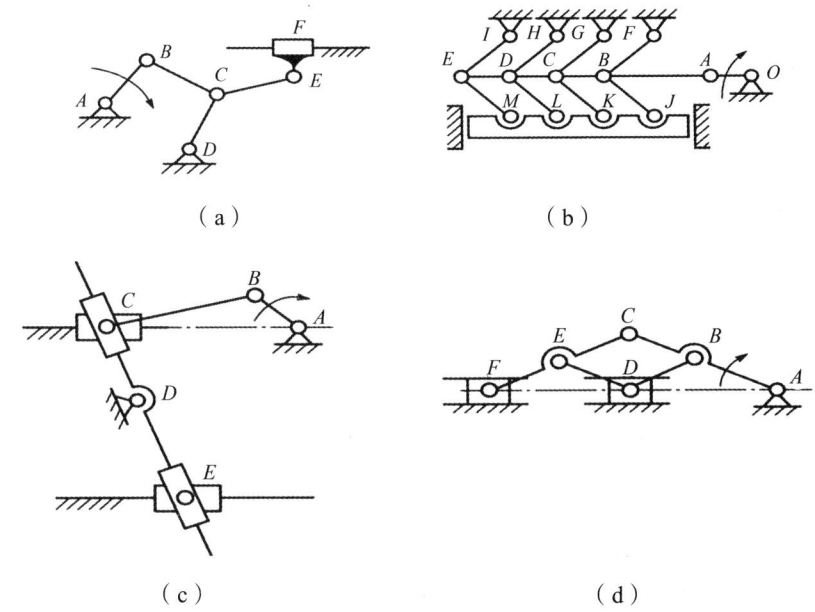

图 4.53　题 5 图

6. 铰链四杆机构按连架杆运动形式分为哪三种类型？它们各有什么特点？试举出它们的应用实例。

7. 什么是"曲柄"？在铰链四杆机构中曲柄是否一定是最短杆？

8. 根据图 4.54 中注明的各构件尺寸（单位为毫米）判断各铰链四杆机构的类型。

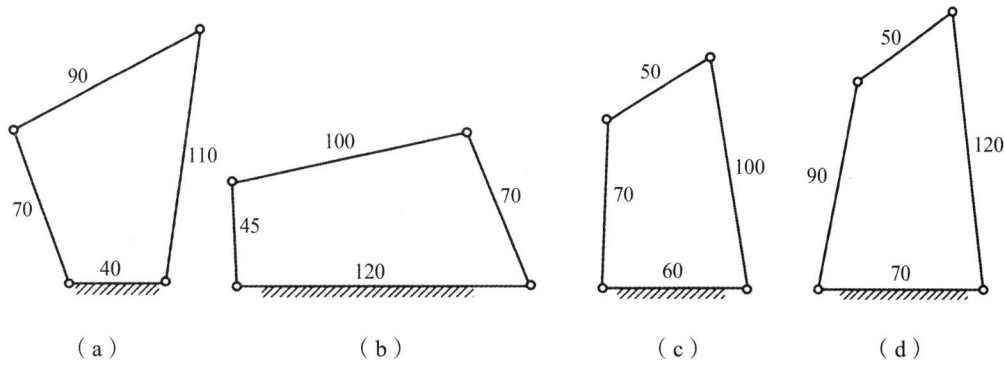

图 4.54　题 8 图

9. 什么是机构的"死点"？它在什么情况下发生？如何利用和避免"死点"位置？

10. 在平面四杆机构 ABCD 中，已知 AB、BC、CD 三杆的长度分别为 l_{AB} = 80 mm，l_{BC} = 160 mm，l_{CD} = 240 mm，机架 AD 的长度 l_{AD} 为变量。试求：

（1）当此机构为曲柄摇杆机构时，l_{AD} 的取值范围。

（2）当此机构为双摇杆机构时，l_{AD} 的取值范围。

（3）当此机构为双曲柄机构时，l_{AD} 的取值范围。

11. 某凸轮机构从动件用来控制刀具的进给运动，在切削段时从动件宜采用什么样的运动规律？

12. 当从动件做无停留区间的连续升降往复运动时，采用什么样的运动规律，才不会发生冲击？

13. 某凸轮机构的滚子损坏后换上一个较大的滚子，该机构的压力角、从动件运动规律、从动件的起始位置是否改变？

14. 从动件常用的运动规律有哪几种？产生冲击的类型分别是什么？分别适用于什么场合？

15. 比较尖顶、滚子和平底从动件的优缺点，并说明它们适用的场合。

16. 什么是凸轮机构的压力角？压力角的大小对机构的传动有何影响？当 $\alpha_{max} > [\alpha]$ 时，怎么办？

17. 说说你在生产生活中见到过哪些凸轮机构，它们用在什么地方？

18. 压力角的大小与凸轮尺寸有何关系？基圆半径 r_b 的选择原则是什么？

5 机械传动

5.1 带传动

5.1.1 带传动的类型和特点

带传动的主要作用是传递转矩和改变转速,它广泛应用于金属切削机床、汽车、农机等各种传动系统中。带传动一般由固连于主动轴上的带轮1(主动轮)、固连于从动轴上的带轮2(从动轮)和紧套在两轮上的挠性带3组成,如图5.1所示。

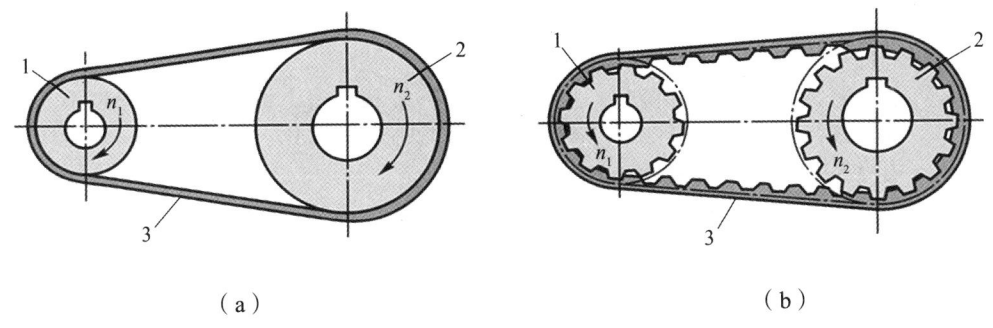

图 5.1 带传动的基本组成
1—主动轮;2—从动轮;3—挠性带

根据工作原理的不同,带传动分为摩擦型[见图5.1(a)]和啮合型[见图5.1(b)]两大类。绝大部分带传动属于摩擦型带传动,当主动轮回转时,依靠带与带轮表面间的摩擦力带动从动轮转动,从而传递运动和动力。摩擦型带传动属于有中间挠性件的摩擦传动。本节主要讨论摩擦型带传动。

摩擦型带传动根据横截面形状不同可分为平带传动(矩形截面)、V带传动(梯形截面)等,如图5.2所示。

平带:有胶帆布带、编织带、锦纶片复合平带、高速环形胶带等。各种平带规格可查阅有关标准。平带传动结构最简单,挠曲性好,平带轮易于加工,在传动中心距较大的场合应用较多。高速带传动通常也使用平带。

V带:目前在一般传动机械中应用最广,V带只和轮槽的两个侧面接触,即以两个侧面为工作面。V带又有普通V带、窄V带、宽V带、联组V带等类型。其中,普通V带应用最广泛,本节主要讨论普通V带传动的结构、类型和设计问题。窄V带传动的能力更强,应用越来越多。

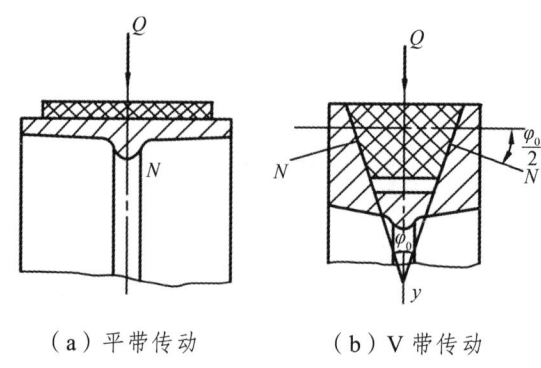

(a）平带传动　　　　（b）V 带传动

图 5.2　平带传动与 V 带传动

目前，一些新型带传动，如多楔带传动和同步带传动，使用日益广泛。同步带传动属于啮合型带传动，将在 5.1.3 中介绍。

5.1.2　摩擦型带传动

1. 摩擦型带传动的特点

摩擦型带传动一般有以下特点：

（1）传动带有良好的挠性和弹性，能吸收振动、缓和冲击，传动平稳，噪声小。
（2）当带传动过载时，带在带轮上打滑，防止其他机件损坏，起到过载保护作用。
（3）结构简单，制造、安装和维护方便。
（4）传动带与带轮之间存在一定的弹性滑动，故不能保证恒定的传动比，传动精度和传动效率较低。
（5）由于带工作时需要张紧，因此带对带轮轴有很大的压轴力。
（6）带传动装置外廓尺寸大，结构不够紧凑。
（7）带的寿命较短，需经常更换。

由于带传动存在上述特点，故通常用于中心距较大的两轴之间的传动，传递功率一般不超过 50 kW。

2. 带传动的受力分析

图 5.3 所示为带传动工作前后的受力情况。安装带传动时，传动带就以一定的初拉力 F 紧套在带轮上，由于 F 的作用，带和带轮接触面上就产生了正压力。带传动不工作时，传动带两边拉力，都等于 F_0。

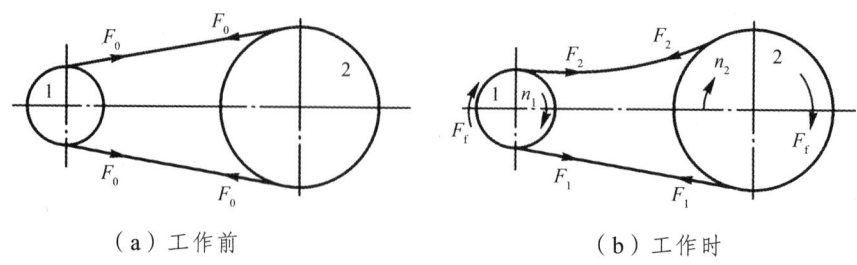

（a）工作前　　　　　　（b）工作时

图 5.3　带传动的受力分析

1—主动轮；2—从动轮

带传动工作时，设主动轮以转速 n_1 转动，带与带轮接触面间便产生摩擦力 F_f，主动轮在摩擦力作用下驱使带传动，带同样靠摩擦力驱使从动轮以转速 n_2 转动。在摩擦力 F_f 的作用下，带绕上主动轮的一边被进一步拉紧，称为紧边。紧边拉力由 F_0 增大到 F_1；带绕上从动轮的一边则有所松动，称为松边，松边拉力由 F_0 下降到 F_2，紧边拉力 F_1 与松边拉力 F_2 之差称为有效拉力 F_e，显然有效拉力 F_e 与带与带轮之间在整个接触弧上总摩擦力 F_f 相等，即

$$F_e = F_f = F_1 - F_2 \tag{5.1}$$

带传动所能传递的功率：

$$P = \frac{F_e v}{1\,000} \tag{5.2}$$

式中　P——所传递的功率，kW；

　　　F_e——带传动的有效拉力，N；

　　　v——带传动的速度，m/s。

当传递功率增大时，带上有效拉力 F_e 相应增大，但初拉力 F_0 一定时，带与带轮之间总摩擦 F_f 有一极限值，它限制着带传动的工作能力。

最大有效拉力（推导过程略）为

$$F_{e\max} = 2(F_0 - qv)^2 \frac{e^{f_v \alpha_1} - 1}{e^{f_v \alpha_1} + 1} \tag{5.3}$$

式中　q——带每米长度质量，kg/m；

　　　f_v——当量摩擦系数；

　　　α_1——带在小带轮上的包角，rad。

由式（5.3）可知，带的最大有效拉力的影响因素有初拉力 F_0、带速 v、当量摩擦系数 f_v 和小轮上包角 α_1。

初拉力 F_0：F_0 越大，带与带轮间的正压力越大，传动时摩擦力就越大，最大有效拉力就越大。但 F_0 过大时，带磨损加剧，导致带过快松弛，降低带的寿命。若拉力 F_0 过小，则带所能传递的功率减小，运转时容易打滑。

带速 v：v 一般取 5 m/s ≤ v ≤ 25 m/s。v 过大时，离心力过大，使带与带轮之间摩擦力减小，从而使有效拉力减小，传动能力下降；v 过小时，由 $P = F_e \cdot v$ 知，所需有效拉力 F_e 过大，即所需带根数过多。

包角 α_1：α_1 越大，带与带轮接触弧上的摩擦力就越大，传动能力就越强。

当量摩擦系数 f_v：最大有效拉力 $F_{e\max}$ 随 f_v 的增大而增大。因为 f_v 越大，摩擦力就越大，传动能力就越高。当量摩擦系数 f_v 取决于带与带轮材料、表面状况、形状，以及带传动的工作环境条件。

3．带的应力分析

带传动工作时，带上应力有以下几种：

（1）拉应力。

紧边拉应力

$$\sigma_1 = F_1 / A \tag{5.4}$$

松边拉应力

$$\sigma_2 = F_2 / A \tag{5.5}$$

式中　σ_1——紧边拉应力，MPa；
　　　σ_2——松边拉应力，MPa；
　　　A——带的横截面面积，mm²。

（2）弯曲应力。

带绕在带轮上引起弯曲应力，带上弯曲应力为

$$\sigma_b \approx Eh/D \tag{5.6}$$

式中　σ_b——由带弯曲产生的弯曲应力，MPa；
　　　E——带的弹性模量，MPa；
　　　H——带的高度，mm；
　　　D——带轮计算直径，mm。对于V带轮，带轮的计算直径即为基准直径 d_d。

（3）离心拉应力。

当带在带轮上以线速度 v 做圆周运动时，由于其本身质量将产生惯性离心力，由此力在带的截面上产生离心拉应力。离心拉应力在带全长各截面处均匀分布，其值为

$$\sigma_c = \frac{F_c}{A} = \frac{qv^2}{A} \tag{5.7}$$

式中　σ_c——由离心力产生的拉应力，MPa；
　　　q——带单位长度质量，kg/m；
　　　A——横截面面积，mm²；
　　　v——带速，m/s。

带工作时应力分布情况如图5.4所示。带上最大应力发生在紧边开始绕上小带轮处：

$$\sigma_{max} = \sigma_1 + \sigma_{b1} + \sigma_c \tag{5.8}$$

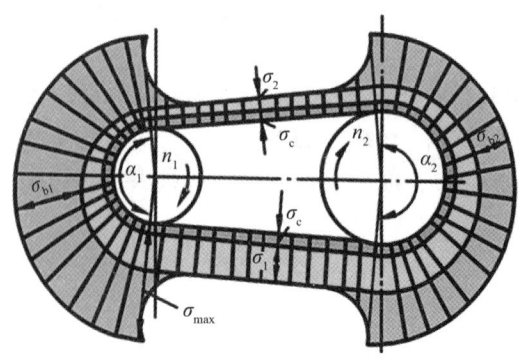

图5.4　带工作时应力分布情况

由上述分析可知，带工作在交变应力状态下，当应力循环次数达到一定值时，将发生疲

劳破坏。为保证带有足够的疲劳寿命，应满足

$$\sigma_{\max} = \sigma_1 + \sigma_{b1} + \sigma_c \leqslant [\sigma]$$

式中　$[\sigma]$——带的许用应力。$[\sigma]$ 是在 $\alpha_1 = \alpha_2$（大带轮上的包角）= 180°、规定的带长，应力循环次数和载荷平稳等条件下通过试验确定的。

4. 弹性滑动和打滑现象

（1）弹性滑动现象。

如图 5.5 所示，带是挠性体，受拉后会产生弹性变形。由于紧边和松边拉力不同，因而弹性变形也不同。当紧边在 A_1 点绕上主动轮时，其所受的拉力为 F_1，此时带的线速度 v 和主动轮的圆周速度 v_1 相等。在带由 A_1 点转到 B_1 点的过程中，带所受的拉力由 F_1 逐渐降低到 F_2，带的弹性变形也随之逐渐减小。因而带沿带轮的运动是一面绕进，一面向后收缩，带的速度便逐渐低于主动轮的圆周速度 v_1，说明带与带轮之间产生了相对滑动。

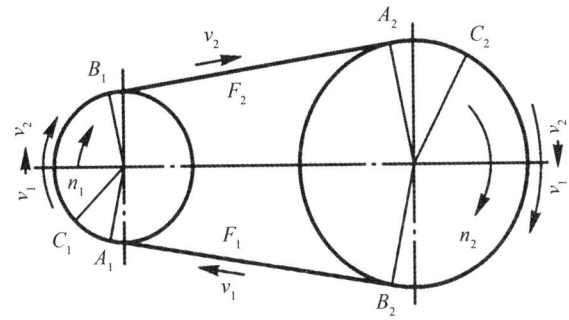

图 5.5　带传动的弹性滑动现象

在从动轮上的情况与主动轮上相反，带绕过从动轮时拉力由 F_2 逐渐增大到 F_1，弹性变形逐渐增加，因而带沿带轮运动时一面绕进，一面向前伸长，使带的速度逐渐地高于从动轮圆周速度 v_2，即带与从动轮间也发生相对滑动。这种由于带的弹性变形不一致而引起的带与带轮之间的相对滑动，称为带的弹性滑动。弹性滑动现象是摩擦型带传动正常工作时固有的特性，是不可避免的。

由于存在弹性滑动现象，从动滑轮圆周速度 v_2 必然低于主动轮圆周速度 v_1，其差值与主动轮圆周速度之比称为滑动率 ε，其计算公式为

$$\varepsilon = \frac{v_1 - v_2}{v_1} \times 100\% \tag{5.9}$$

于是

$$v_2 = (1 - \varepsilon) v_1$$

其中

$$v_1 = \frac{\pi d_{d1} n_1}{60 \times 1\,000} \ ; \quad v_2 = \frac{\pi d_{d2} n_2}{60 \times 1\,000}$$

式中　n_1, n_2——主动轮和从动轮的转速，r/mm；

d_{d1}, d_{d2}——主动轮和从动轮的直径，mm。

代入并整理得带传动的实际传动比为

$$i = \frac{n_1}{n_2} = \frac{d_{d2}}{d_{d1}(1-\varepsilon)} \quad (5.10)$$

由于带传动的滑动率很小（$\varepsilon \approx 1\% \sim 2\%$），一般计算时可不考虑，因此取传动比为

$$i = \frac{n_1}{n_2} = \frac{d_{d2}}{d_{d1}} \quad (5.11)$$

（2）打滑。

当带传动的工作载荷超过了带与带轮之间摩擦力的极限值，带与带轮之间会发生剧烈的相对滑动（一般发生在较小的主动轮上），从动轮转速急速下降，甚至停转，带传动失效，这种现象称为打滑。打滑对其他机件有过载保护作用，但应尽快采取措施克服，以免带摩损发热使带损坏。

5.1.3 同步带传动

1. 同步带传动的类型、特点和应用

同步带传动是一种啮合传动，兼有带传动和齿轮传动的特点，如图 5.6 所示。同步带传动时无相对滑动，能保证准确的传动比，传动功率较大（数百千瓦）、传动效率高（达 98%）、传动比较大（$i < 12 \sim 20$）、传动速度高（可达 50 m/s），而且初拉力较小，作用在轴和轴承上的压力小，但制造、安装要求高、价格较贵。

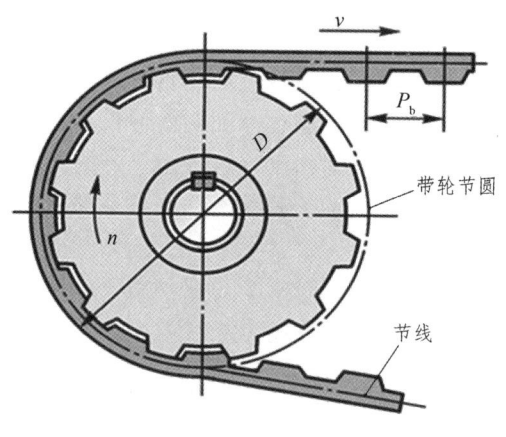

图 5.6 同步带传动

同步带传动主要用于要求传动比准确的中、小功率传动中，如电子计算机、录音机、数控机床、纺织机械等。

2. 同步带和同步带轮

同步带分为单面齿同步带和双面齿同步带。其中，双面带按齿在带上排列不同，有对称

齿（DA 型）和交错齿（DB 型）之分，如图 5.7 所示。

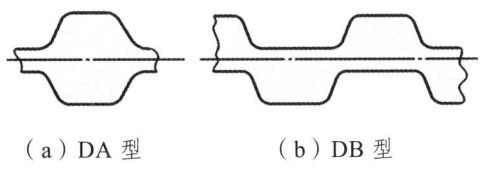

（a）DA 型　　（b）DB 型

图 5.7　双面齿同步带传动

同步带的最基本参数为节距 p_b，它是在规定张紧力下，同步带纵截面上相邻两点对称中线的直线距离，如图 5.6 所示。

同步带轮的齿形一般推荐采用渐开线，并用与齿轮加工相似的范成法加工，也可采用直边齿形。为了防止同步带从带轮上脱落，带轮侧边应装挡圈。

同步带传动的主要失效形式是带的疲劳断裂，带齿的切断和压溃，以及齿侧边或带侧边的磨损。

5.1.4　V 带传动的安装、张紧和维护

各种材料的 V 带都不是完全的弹性体，工作一段时间后会由于塑性变形而松弛，为延长 V 带的使用寿命，必须正确安装、使用和维护 V 带。

1. 带传动的张紧方法

带的初拉力对其传动能力、寿命和压轴力都有很大影响，适当的初拉力是保证带传动正常工作的重要因素。为使带具有一定的初拉力，新安装的带套在套轮上后需张紧。带运行一段时间后，会产生磨损和塑性变形，使带松弛而初拉力减小，需将带重新张紧。常用的张紧方法有以下两种：

（1）调节中心距。

当中心距可调时，加大中心距，使带张紧，调节中心距的张紧装置有以下两类：

① 定期张紧装置。

定期张紧装置是调节螺钉使装有带轮的电动机沿滑轨移动，以增大中心距而达到张紧的目的。在水平或倾斜不大的传动中，可采用图 5.8（a）所示的移动式定期张紧装置。调节时，松开螺母 2，旋动调节螺钉 1，将电动机沿导轨 3 向右推动到适当位置，再拧紧螺母 2。移动式定期张紧装置适用于水平或倾斜不大的场合。对于垂直或接近垂直的传动中，可用图 5.8（b）所示的摆动式定期张紧装置。电动机安装在摆架 4 上，用调节螺母 5 来调整摆架位置，顺时针旋转摆架，将带张紧。

② 自动张紧装置。

如图 5.9 所示，利用电机的摆架的自重使摆架顺时针旋转，将带自动张紧。自动张紧方法常用于小功率传动中。

（2）采用张紧轮。

中心距不可调时，可采用张紧轮张紧装置（见图 5.10）。张紧轮一般应布置在松边的内侧并尽可能靠近大带轮，以免过多地减小小带轮包角 α_1。

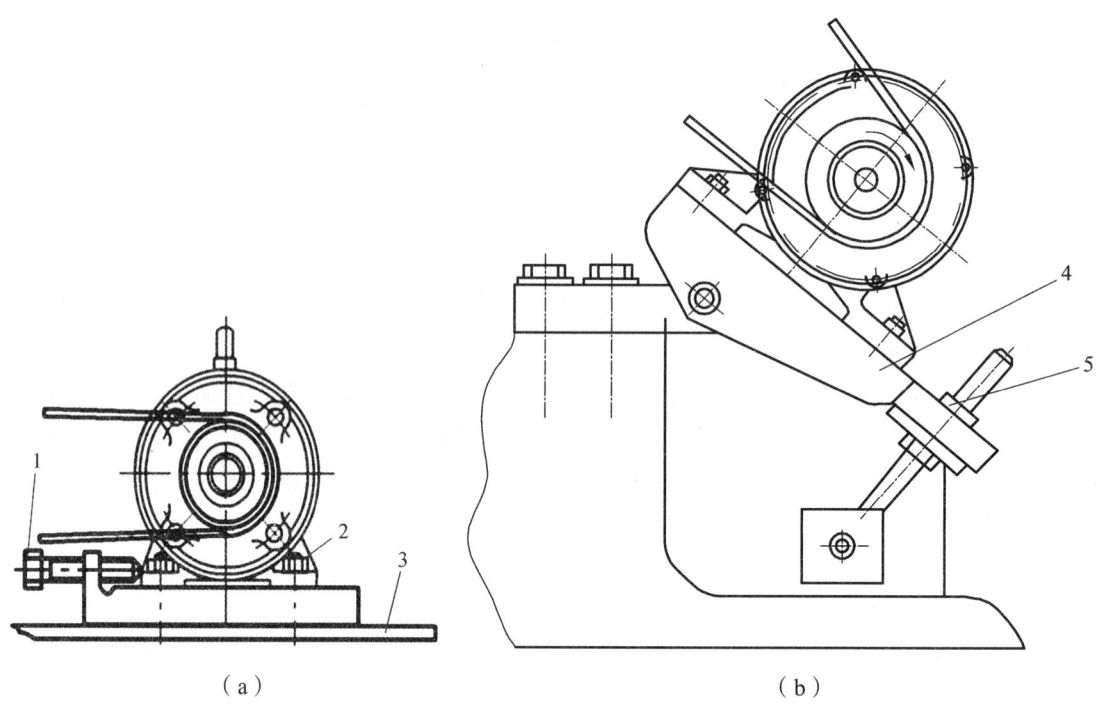

图 5.8 定期张紧装置
1—调节螺钉；2—螺母；3—导轨；4—摆架；5—调节螺母

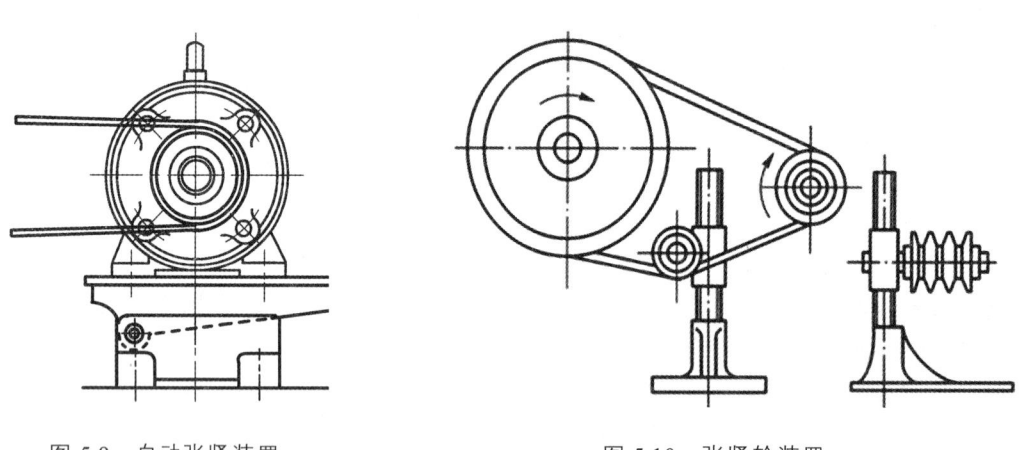

图 5.9 自动张紧装置　　　　图 5.10 张紧轮装置

2. V 带传动的安装、使用和维护

（1）V 带的安装。

① 两 V 带轮轴线应平行，两带轮相对的 V 型槽的对称面应重合，否则，会加剧带的磨损，甚至使带脱落。

② 套装带时不得强行撬入，应将中心距缩小，待 V 带进入轮槽后再张紧。

③ 新旧带不得同组混装使用，一根带损坏，应全部更换。

（2）V带的使用和维护。

新带运行 24~48 h 后应进行一次检查和调整初拉力。为了保证安全，带传动装置应加防护罩。由于 V 带是橡胶制品，应避免阳光直晒，避免与酸、碱、油及有机溶剂等接触。

5.2 链传动

5.2.1 链传动的类型和特点

1. 链传动的类型

现代机械上广泛应用链传动。如图 5.11 所示，链传动由两轴平行的主动链轮 1、从动链轮 2 和链条 3 组成。靠链轮齿和链条链节之间的啮合传递运动和动力。因此，链传动是一种具有中间挠性件的啮合传动。

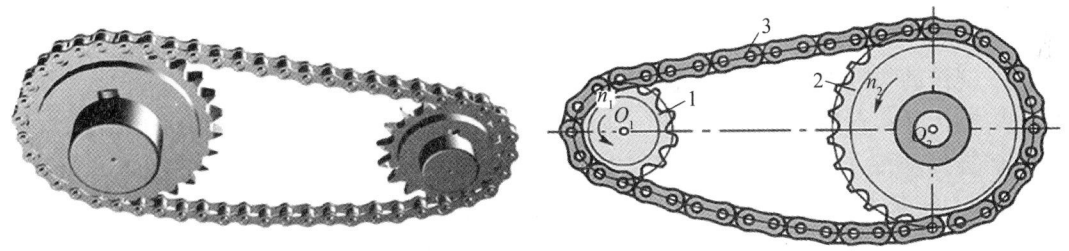

图 5.11 链传动
1—主动链轮；2—从动链轮；3—链条

链的种类繁多，按用途不同，链可分为传动链、起重链和输送链三类。其中，传动链主要用于一般的机械中，应用较广；起重链主要用于起重机械中提升重物；输送链主要用于各种输送装置和机械化装卸设备中，用于输送物品。

根据结构的不同，传动链又可分为滚子链、套筒链、弯板链和齿形链等，如图 5.12 所示。本节重点介绍滚子链。

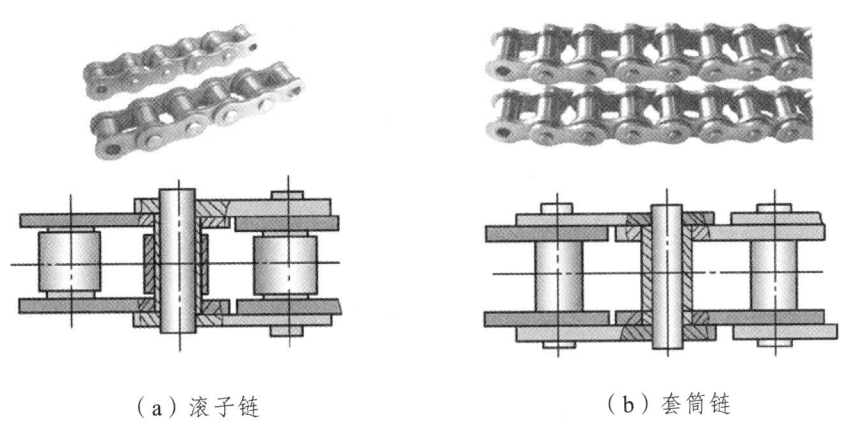

（a）滚子链　　　　　　　　　（b）套筒链

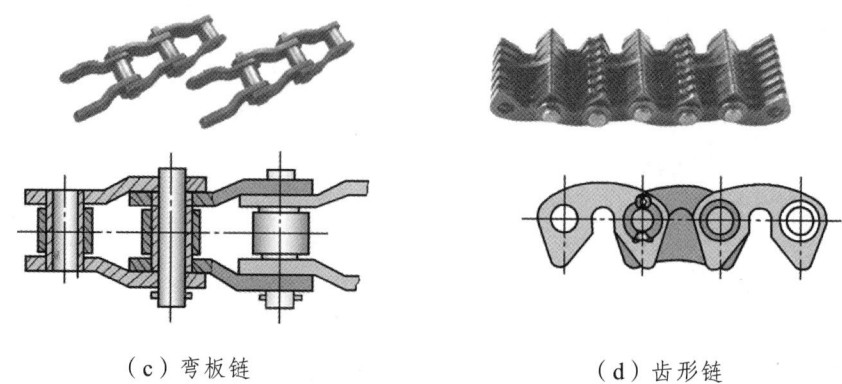

(c)弯板链　　　　　　　（d)齿形链

图 5.12　传动链的类型

2. 链传动的特点和应用

（1）链传动的特点。

链传动兼有带传动和齿轮传动的特点，其主要优点如下：

① 链传动与带传动类似，适用于两轴间距较大的传动。

② 链传动具有啮合传动的性质，即没有弹性滑动和打滑现象，平均传动比恒定。

③ 链传动传动力大、效率较高（润滑良好的链传动的效率约为 97%~98%），经济可靠。又因为链条不需要像带那样张得很紧，所以作用在轴上的压轴力较小。

④ 链传动可在潮湿、高温、多尘等恶劣环境下工作。

⑤ 与齿轮传动相比，链传动易于安装、成本低廉。

链传动的主要缺点：

① 由于链节的刚性，链条是以折线形式绕在链轮上，所以瞬时传动比不稳定，传动的平稳性差，工作中冲击和噪声较大。

② 磨损后链节增大，链条会逐渐拉长而变松驰，易发生跳齿现象，必须使用张紧装置，故通常只用于平行轴间的传动。

（2）链传动的应用。

链传动应用较广，一般应用在功率 100 kW 以下，传动比 $i \leqslant 8$，中心距 $a \leqslant 5 \sim 6$ m，链速 $v \leqslant 15$ m/s 的场合。目前，链传动主要用于要求工作可靠，且两轴相距较远，以及其他不宜采用齿轮传动的场合。例如，自行车和摩托车上的链传动结构简单、工作可靠。链传动还可应用于重型和恶劣的工作条件下，例如建筑机械中的链传动，常受到土块、泥浆及瞬时过载的影响，但仍能很好工作。

5.2.2　滚子链和链轮

1. 滚子链

（1）滚子链的结构。

滚子链的结构如图 5.13 所示。它由内链板 1、外链板 2、销轴 3、套筒 4 和滚子 5 组成。其中，两块外链板与销轴之间采用过盈配合连接，构成外链节。两块内链板与套筒之间也是过盈配合连接,构成内链节。销轴穿过套筒,将内、外链节交替连接成链条。套筒、销轴之间为间隙配合,因而内、外链节可相对转动,使整个链条自由弯曲。滚子与套筒之间也是间隙配合,使链条与链轮啮合时,滚子在链轮表面滚动,形成滚动摩擦,以减轻磨损从而提高传动效率和寿命。内、外链板通常制成 8 字形,如图 5.14 所示,截面 I、II 强度大致相等,符合等强度设计原则,且减轻了质量和运动惯性。

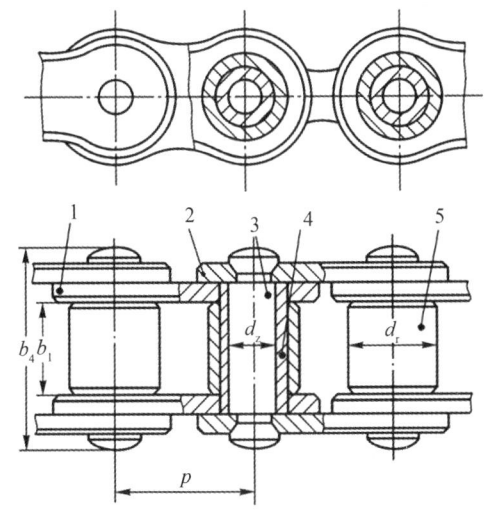

图 5.13 滚子链结构

1—内链板;2—外链板;3—销轴;4—套筒;5—滚子

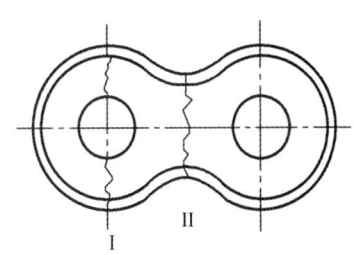

图 5.14 链板形状

滚子链是标准件,链传动的主要参数是节距 p,它是链条相邻两销轴之间的中心距,如图 5.13 所示。节距 p 越大,链的尺寸越大,链的承载能力越高,传动能力越强。

(2)滚子链的标准规格。

目前使用的滚子链的标准为 GB/T 1243.1—2006,分 A、B 两个系列。其中,A 系列较为常用。

滚子链的标记方法:链号-排数-链节数 国家标准代号。如 A 系列滚子链,节距为 19.05 mm,双排,连节数为 100,其标记方法为

12A-2-100　GB/T 1243—2006

链号乘以 25.4/16 mm 即为链节距 p 值。

为了传递更大的功率,在节距不变的条件下,可以采用双排链(见图 5.15)或多排链。由于各排链受载不均,故多排链的排数不宜过多,p_t 为多排链的排距。

(3)链节数与滚子链的接头形式。

链的接头称为连接链节。当链节数 L_p 为偶数时,其连接链节形状与外链节相同,只是其中一侧的外链板与销轴为间隙配合,接头处用开口销[见图 5.16(a)]或弹簧卡[图 5.16(b)]固定,前者一般用于大节距,后者用于小节距。当链节数 L_p 为奇数时,需采取过渡链节[见图 5.16(c)]。为了兼

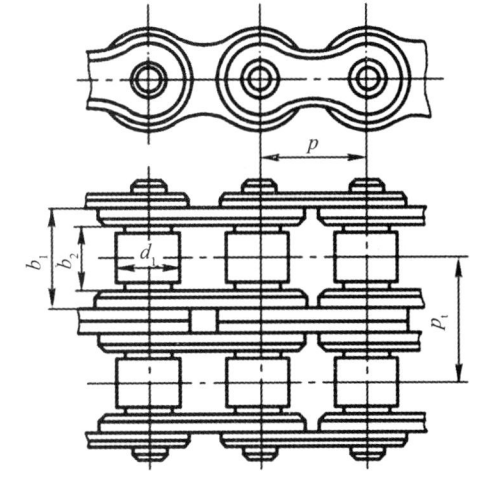

图 5.15 双排链

作内、外链板,过渡链节的链板常制成弯链板。受力时弯链板产生附加弯曲应力,从而使其强度降低,易发生形变,导致链的承载能力大约降低20%。因此,链节数应尽量为偶数。

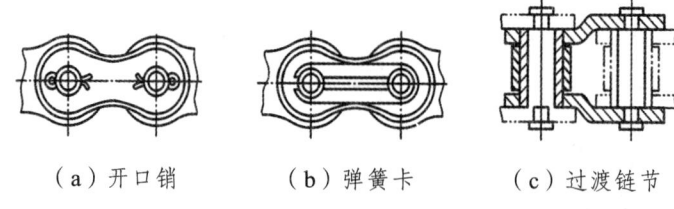

（a）开口销　　　（b）弹簧卡　　　（c）过渡链节

图5.16　滚子链的接头形式

2. 滚子链链轮

为了保证链与链齿的良好齿合并提高传动的性能和寿命,应该合理设计链轮和齿形的结构及链轮材料。

（1）链轮的尺寸参数。

链轮的主要参数为齿数 z、节距 p（与链节距相同）和分度圆直径 d。

（2）链轮结构。

链轮的常见结构如图5.17所示,链轮的结构一般根据其齿顶圆直径的大小确定。小直径链轮可制成整体式（实心式）结构,如图5.17（a）所示;中等尺寸的链轮可采用隔板或孔板式结构,如图5.17（b）所示;对于大直径的链轮可采用组合式结构,该组合式结构可用焊接将其接到轮毂上［见图5.17（c）］,也可用螺栓连接［见图5.17（d）］。

 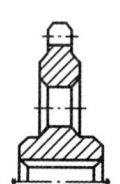  

（a）实心式结构　（b）孔板式结构　（c）组合焊接结构　（d）组合螺栓连接结构

图5.17　大直径链轮的结构

（3）链轮材料。

链轮材料应具有足够的强度和耐磨性,尤其小链轮啮合次数较多,冲击和磨损严重,宜选用较好的材料,常用链轮材料如表5.1所示。

表5.1　链轮的材料及齿面硬度

链轮材料	齿面硬度	应用范围
15、20	56～60 HRC	$z≤25$ 有冲击载荷的主、从动链轮
35	160～200 HRC	齿数较多（$z>25$）的主、从动链轮
45、20、ZG310-570	40～45 HRC	无剧烈冲击的主、从动链轮
40Cr、35SiMn、35CrMo	40～50 HRC	要求强度较高和耐磨损的重要链轮
Q235、Q275	140 HRC	中速、中等功率、较大的焊接链轮
不低于HT200	260～280 HRC	齿数较多（$z>50$）的从动链轮

5.2.3 链传动的运动特性

链传动的运动特性主要包括平均链数、平均传动比、瞬时链数和瞬时传动比等。

1. 平均链数和平均传动比

整根链条是可以曲折的挠性体,而每一链节则为刚性体。链轮可以看作一个正多边形。因而链传动的运动情况和绕在多边形轮子上的带传动很相似。如图 5.18 所示,正多边形的边长即为节距 p,边数即为链轮齿数 z,链轮每转一周,链条移动距离为 zp。

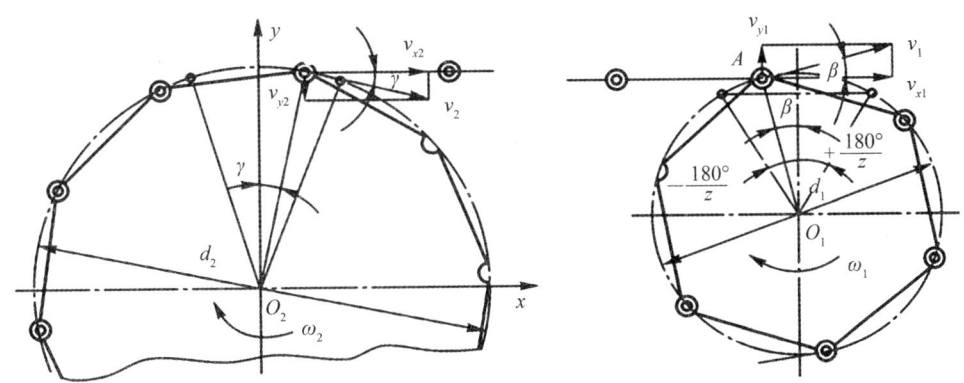

图 5.18 链传动的速度分析

设主、从动轮的转速分别为 n_1、n_2,则链的平均速度 v 为:

$$v = \frac{z_1 n_1 p}{60 \times 1\,000} = \frac{z_2 n_2 p}{60 \times 1\,000} \tag{5.12}$$

链传动平均传动比为

$$i = \frac{n_1}{n_2} = \frac{z_2}{z_1} \tag{5.13}$$

2. 瞬时链速和瞬时传动比

实际上,由于链条绕在链轮上呈多边形,因此即使主动轮以等角速度 ω_1 转动,其瞬时链速、从动轮的瞬时角速度 ω_2 和瞬时传动比都是变化的,并按每一链节啮合的过程做周期性的变化。

为了便于分析,假设链的紧边在传动时始终处于水平位置。若主动链轮以等角速度 ω_1 回转时,链条铰链销轴 A(见图 5.18)的轴心做等速圆周运动,其圆周速度为 $v_1 = \frac{d_1}{2}\omega_1$。$v_1$ 可以分解为使链条沿水平方向前进的分速度 v_{x1}(链速)和使链上下运动的垂直分速度 v_{y1}。

$$\begin{cases} v_{x1} = v_1 \cos\beta = \dfrac{d_1 \omega_1}{2}\cos\beta \\ v_{y1} = v_1 \sin\beta = \dfrac{d_1 \omega_1}{2}\sin\beta \end{cases} \tag{5.14}$$

式中 β——主动轮上铰链 A 的圆周速度方向与链条前进方向的夹角，$\beta = -\dfrac{180°}{z_1} \sim +\dfrac{180°}{z_1}$。

同样，每一链节在与从动链轮齿齿合的过程中，链节铰链中心的圆周速度方向与链条前进方向的夹角 γ 在 $\pm\dfrac{180°}{z_2}$ 范围内不断变化。从动链轮上紧边链条沿 x 方向的分速度为

$$v_{x2} = \dfrac{d_2 \omega_2}{2} \cos\gamma \tag{5.15}$$

式中 ω_2——从动轮的角速度。

若不计链条变形，则有 $v_{x1} = v_{x2}$。于是可得

$$\omega_2 = \dfrac{d_1 \cos\beta}{d_2 \cos\gamma} \omega_1$$

瞬时传动比为

$$i = \dfrac{\omega_1}{\omega_2} = \dfrac{d_2 \cos\gamma}{d_1 \cos\beta} \tag{5.16}$$

通常主、从动链轮直径不等，故 $\beta \ne \gamma$。显然，即使主动链轮以等角速度回转，瞬时链速、从动链轮的角速度和瞬时传动比都是随 β、γ 做周期性变化。

由上述分析可知，链传动工作时不可避免地会产生振动、冲击，引起动载荷，因此链传动不适用于高速传动。

5.2.4 链传动的布置、张紧和润滑

为了达到预期的设计要求，应该对链传动进行合理布置、安装、张紧和正确使用维护。

1. 链传动的布置

传动装置最好水平布置，如图 5.19（a）所示。当必须倾斜布置时，中心连线与水平面夹角 φ 应小于 45°，如图 5.19（b）所示。

链传动工作时，松边在下，紧边在上，可以顺利地啮合。若松边在上，会由于垂度增大，链条与链轮齿相干扰，破坏正常啮合，或者引起松边与紧边相碰。如果松边垂度太大，需采用张紧装置，如图 5.19（c）、（d）所示。

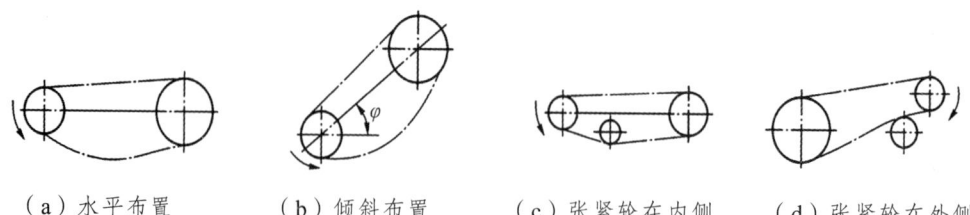

（a）水平布置　　（b）倾斜布置　　（c）张紧轮在内侧　　（d）张紧轮在外侧

图 5.19 链传动的布置

应尽量避免垂直传动，两轮轴线在同一铅锤面内时，链条因磨损而垂度增大，使与下链

轮啮合的链节数减少而松脱。若必须采用垂直传动时,可考虑采取以下措施:① 中心距可调;② 设张紧装置;③ 上下两轮错开,使两轮轴线不在同一铅垂面内(见图 5.20)。

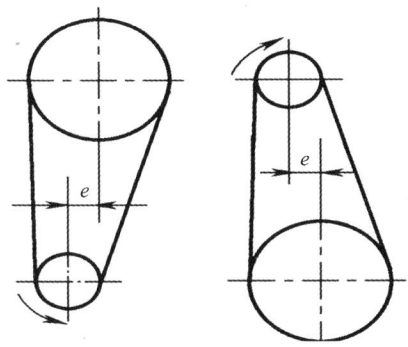

图 5.20　链传动的垂直布置

2. 链传动的安装

为了保证链传动良好的啮合,两链轮轴线应平行,使链轮在同一垂直平面内旋转。安装时应使两轮中心平面轴向位置误差 $\Delta e \leqslant 0.002a$（$a$ 为中心距）,两轮旋转平面间夹角 $\Delta\theta \leqslant 0.006 \text{ rad}$,如图 5.21 所示。若误差过大,易导致脱链和增加磨损。

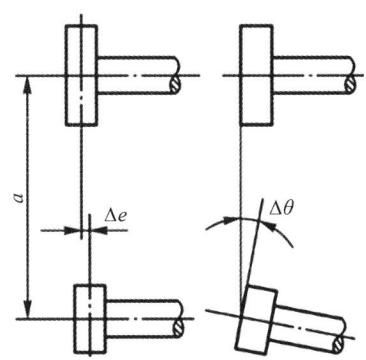

图 5.21　链传动的安装误差

3. 链传动的张紧

链传动正常工作时,应保持一定张紧程度,链传动的张紧程度,可用测量松边垂度的方法来衡量。松边垂度可近似地认为是两轮公切线与松边最远点的距离。合适的松边垂度推荐为 $f = (0.01 \sim 0.02)a$（a 为中心距）。对于重载,经常起动、制动、反转的链传动,以及接近垂直的链传动,松边垂度应适当减小。

链传动的张紧可采用以下方法:

（1）调整中心距。

增大中心距可使链张紧,对于滚子链传动,其中心距调整量可取为 $2p$（p 为链条节距）。

（2）缩短链长。

当链传动没有张紧装置而中心距又不可调时,可采取缩短链长（即拆去链节）的方法对因磨损而伸长的链条重新张紧。

（3）用张紧轮张紧。

下列情况应考虑增设张紧装置［见图2-9（c）、（d）］：两轴中心距较大；两轴中心距过小，松边在上面；两轴接近垂直布置；需要严格控制张紧力；多链轮传动或反向传动；要求减小冲击，避免共振；需要增大链轮包角等。

一般来说，张紧轮布置在松边接近小轮处，张紧轮可以制成链齿形，也可以制成无齿的滚轮。

4. 链传动的润滑

良好的润滑可以减少链传动的磨损，提高工作能力，延长使用寿命。链传动通常采用的润滑方式有以下几种：

（1）人工定期润滑。

用油壶或油刷，每班注油一次。适用于低速（$v \leqslant 4$ m/s）的不重要链传动。

（2）滴油润滑。

用油杯通过油管滴入松边内、外链板间隙处，每分钟约 5~20 滴。适用于 $v \leqslant 10$ m/s 的链传动。

（3）油浴润滑。

将松边链条浸入油盘中，浸油深度为 6~12 mm，适用于 $v \leqslant 12$ m/s 的链传动。

（4）飞溅润滑。

在密封容器中，甩油盘将油甩起，沿壳体流入集油处，然后引导至链条上。要求甩油盘的线速度应大于 3 m/s。

（5）压力润滑。

当采用 $v \geqslant 8$ m/s 的大功率传动时，应采用特设的油泵将油喷射至链轮、链条啮合处。

5.3 齿轮传动

5.3.1 齿轮传动的特点及分类

齿轮传动用来传递任意两轴之间的运动和动力，其圆周速度可达 300 m/s，传递功率可达 10^5 kW，是现代机械中应用最广泛的一种机械传动。

1. 齿轮传动的特点

齿轮传动的主要优点有① 瞬时传动比恒定不变；② 机械效率高；③ 寿命长，工作可靠性高；④ 结构紧凑，适用的圆周速度和功率范围较广等。

齿轮传动的主要缺点有：① 要求较高的制造和安装精度，成本较高；② 低精度齿轮在传动时会产生噪声和振动；③ 不适宜于远距离两轴之间的传动。

2. 齿轮传动的分类

齿轮传动按照两轮轴线的相对位置和齿向分类如图 5.22 所示。

$$\text{齿轮}\begin{cases}\text{平面齿轮传动——圆柱齿轮传动}\begin{cases}\text{直齿}\begin{cases}\text{外啮合传动,如图5.23(a)所示}\\\text{内啮合传动,如图5.23(b)所示}\\\text{齿轮齿条传动,如图5.23(a)所示}\end{cases}\\\text{斜齿}\begin{cases}\text{外啮合传动,如图5.23(d)所示}\\\text{内啮合传动,如图5.23(e)所示}\\\text{齿轮齿条传动,如图5.23(f)所示}\end{cases}\\\text{人字齿,如图5.23(g)所示}\end{cases}\\\text{空间齿轮传动}\begin{cases}\text{两轴相交齿轮传动}\begin{cases}\text{直齿,如图所5.23(h)所示}\\\text{斜齿,如图5.23(i)所示}\\\text{曲线齿,如图所5.23(j)所示}\end{cases}\\\text{两轴交错齿轮传动}\begin{cases}\text{交错轴斜齿轮传动,如图5.23(k)所示}\\\text{蜗轮蜗杆传动,如图5.23(l)所示}\\\text{准双曲面齿轮传动,如图所5.23(m)所示}\end{cases}\end{cases}\end{cases}$$

图 5.22 齿轮的分类

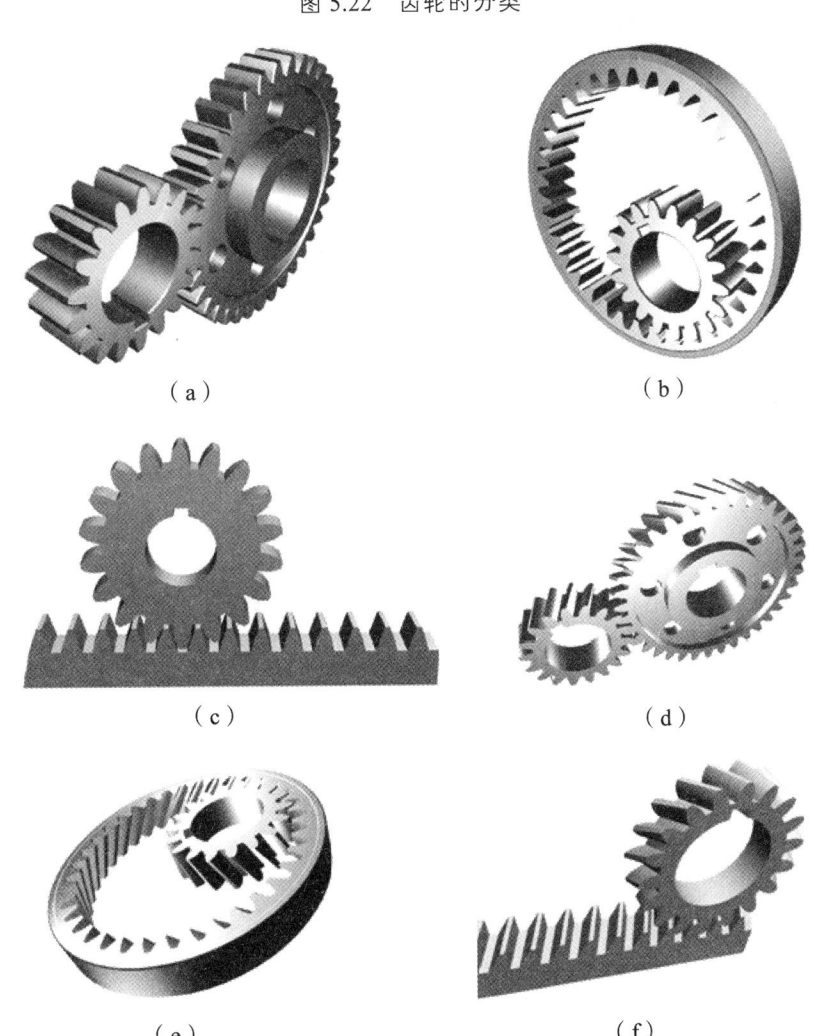

(a)　　　　　　　　　　(b)

(c)　　　　　　　　　　(d)

(e)　　　　　　　　　　(f)

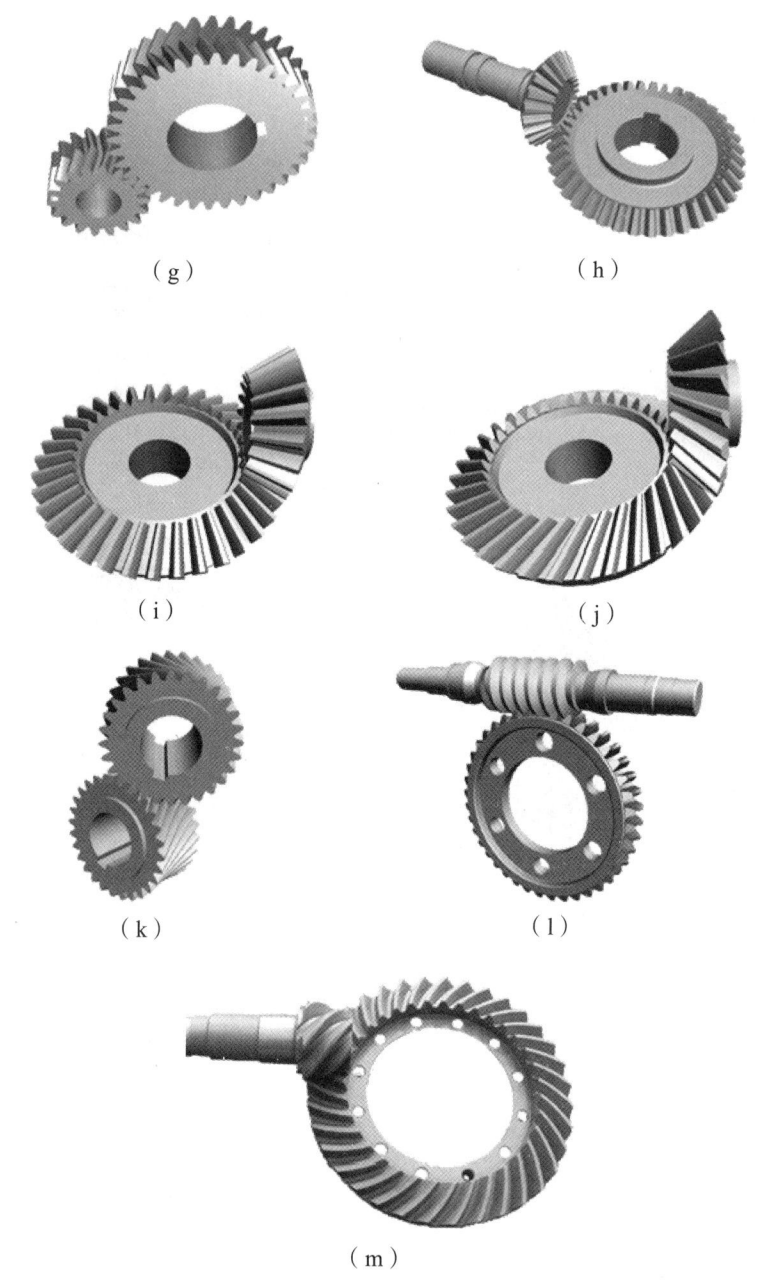

（g）　　　　　　　　　（h）

（i）　　　　　　　　　（j）

（k）　　　　　　　　　（l）

（m）

图 5.23　齿轮传动的分类

按照轮齿齿廓曲线的不同，齿轮传动可分为渐开线齿轮传动［见图 5.23（a）］和圆弧齿轮传动（见图 5.24）等。本节主要讨论制造安装方便、应用最广的渐开线齿轮。

按照一对齿轮传动的角速比是否恒定，齿轮传动可分为非圆齿轮传动（见图 5.25）（角速度比变化）和圆形齿轮传动（角速比恒定）等。

按照工作条件的不同，齿轮传动可分为开式齿轮传动和闭式齿轮传动。开式齿轮传动的轮齿外露，灰尘易于落在齿面；闭式齿轮传动的轮齿封闭在箱体内。

图 5.24 圆弧齿轮　　　　图 5.25 非圆齿轮

5.3.2 齿廓啮合基本定律

圆形齿轮传动的最基本要求之一是瞬时传动比（角速度之比）恒定不变，否则主动齿轮以等角速度回转时，从动齿轮的角速度将为变量，因而产生惯性力，引起机器的振动和噪声，影响齿轮的寿命。齿轮的齿廓形状究竟符合什么条件，才能满足齿轮传动的瞬时传动比保持不变呢？下面就来分析齿廓曲线与齿轮传动比的关系。

如图 5.26 所示，对相互啮合的齿廓 E_1、E_2 在 K 点接触，设主动齿轮 1 以角速度 ω_1 绕轴线 O_1 顺时针方向转动，齿轮 2 受齿轮 1 的推动，以角速度 ω_2 绕轴线 O_2 逆时针方向转动。则齿廓 E_1 和 E_2 上 K 点的线速度分别为 v_{K1}、v_{K2}。

$$v_{K1} = \omega_1 \overline{O_1K}$$
$$v_{K2} = \omega_2 \overline{O_2K}$$

过 K 点作两齿廓的公法线 n—n 与两齿轮的连心线 O_1O_2 相交于 C 点，则 v_{K1} 和 v_{K2} 在 n—n 方向上的分量应相等。否则它们不是彼此分离就是相互嵌入，两齿廓运动将不连续，显然这是不可能的。

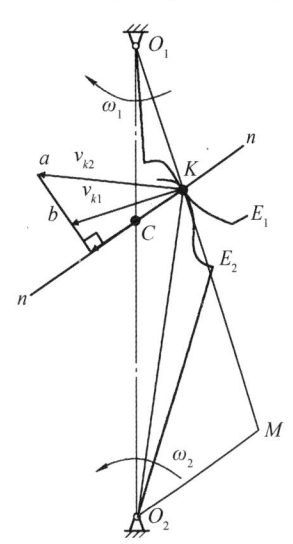

图 5.26 齿廓与传动比的关系

过 O_2 作 $O_2M//nn$，与 O_1K 的延长线相交于 M 点，因速度三角形 △Kab 与 △KO_2M 的对应边相互垂直，故 △Kab ∽ △KO_2M，于是

$$\frac{KM}{O_2K} = \frac{Kb}{Ka} = \frac{v_{K1}}{v_{K2}} = \frac{\omega_1 \overline{O_1K}}{\omega_2 \overline{O_2K}}$$

即

$$\frac{\omega_1}{\omega_2} = \frac{KM}{O_1K}$$

又因 △O_1O_2M ∽ △O_1CK，故 $KM/O_1K = O_2C/O_1C$，由此可得

$$i_{12} = \frac{\omega_1}{\omega_2} = \frac{O_2C}{O_1C} \tag{5.17}$$

由式（5.17）可知，欲使传动比 i_{12} 保持恒定不变，则比值 O_2C/O_1C 应恒为常数。因 O_1、O_2 为两齿轮的固定轴心，在传动过程中位置不变，故其连心线 O_1O_2 为定长。因此，欲使 O_2C/O_1C 为常数，则两齿轮在啮合传动过程中 C 点必须为一定点。由此可知，保证齿轮机构传动比不变

的齿廓形状所必须满足的条件为：不论两齿廓在任何位置接触，过齿廓接触点所作的两齿廓的公法线都必须与两轮的连心线交于一定点。这一规律称为齿廓啮合基本定律。

定点 C 称为节点，以两齿轮的轴心 O_1、O_2 为圆心，过节点 C 所作的两个相切的圆称为该对齿轮的节圆，以 r_1'、r_2' 分别表示两节圆半径。

由式（5.17）可得，$i_{12} = \dfrac{\omega_1}{\omega_2} = \dfrac{O_2 C}{O_1 C} = \dfrac{r_2'}{r_1'}$，$\omega_1 r_1' = \omega_2 r_2'$，即两轮节圆的圆周速度相等。由此可知，一对齿轮传动可视为两轮节圆作纯滚动，其传动比等于两轮节圆半径的反比。

凡能满足齿廓啮合基本定律的一对齿廓，称为共轭齿廓。在理论上可作为一对齿轮共轭齿廓的曲线有无穷多。但在生产实际中，齿廓曲线除满足齿廓啮合基本定律外，还应考虑制造、安装和强度等要求。常用的齿廓有渐开线、摆线和圆弧等。一般机器常用渐开线齿轮，高速重载的机器宜用圆弧齿轮，各种仪表多用摆线齿轮。

5.3.3　渐开线齿廓

1. 渐开线的形成

如图 5.27（a）所示，一条直线 n—n 沿一个半径为 r_b 的圆周做纯滚动，该直线上任一点的 K 的轨迹 AK 称为该圆的渐开线，这个圆称为基圆，该直线称为渐开线的发生线。渐开线上任一点 K 的向径 r_K 与起始点 A 的向径间的夹角 $\angle AOK$（$\angle AOK = \theta_k$）称为渐开线（AK 段）的展角。

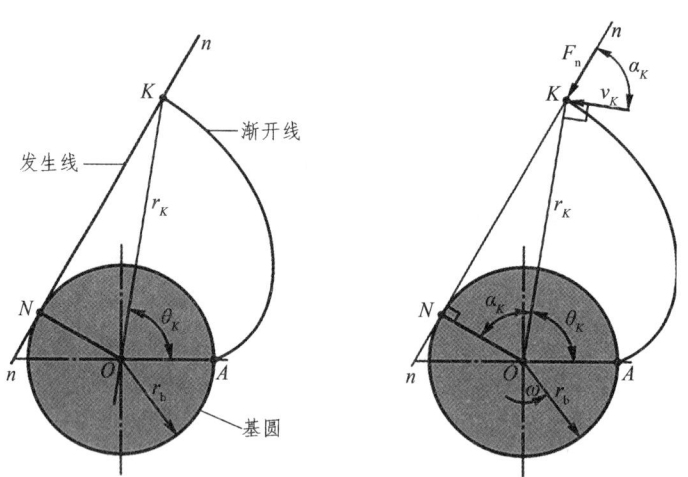

图 5.27　渐开线的形成及特征

2. 渐开线的性质

根据渐开线的形成原理，可知渐开线具有如下性质：

（1）发生线在基圆上滚过的长度等于基圆上被滚过的弧长，即 $NK = \overset{\frown}{NA}$。

（2）因为发生线在基圆上做纯滚动，所以它与基圆的切点 N 就是渐开线上 K 点的瞬时速度中心，发生线 NK 就是渐开线在 K 点的法线，同时它也是基圆在 N 点的切线。

（3）切点 N 是渐开线上 K 点的曲率中心，NK 是渐开线上 K 点的曲率半径。离基圆越近，曲率半径越小。

（4）渐开线的形状取决于基圆的大小。如图 5.28 所示，基圆直径无穷大时，渐开线为直线。

（5）基圆内无渐开线。

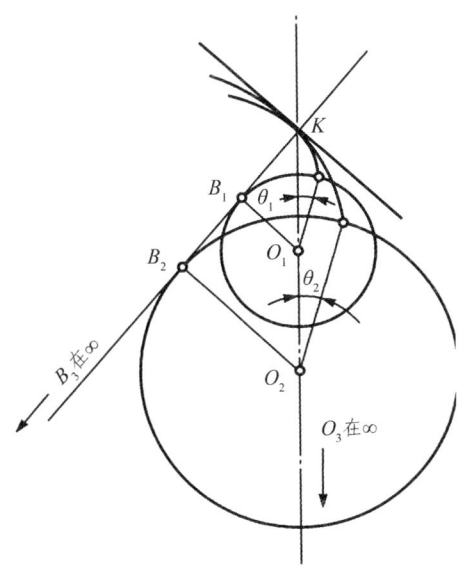

图 5.28　渐开线的形状与基圆大小的关系

5.3.4　渐开线齿轮的基本参数及尺寸计算

1. 渐开线齿轮各部分名称、参数及几何尺寸计算

为了进一步研究齿轮的啮合原理和齿轮设计问题，现将齿轮各部分的名称、符号及其几何尺寸的计算介绍如下。图 5.29 所示为一标准直齿圆柱齿轮的一部分。

（1）齿数：在齿轮整个圆周上轮齿的数目称为该齿轮的齿数，用 z 表示。

（2）齿顶圆：包含齿轮所有齿顶端的圆称齿顶圆，用 r_a 和 d_a 分别表示其半径和直径。

（3）齿槽宽：齿轮相邻两齿之间的空间称为齿槽；在任意半径 r_K 的圆周上所量得齿槽的弧长称为该圆周上的齿槽宽，以 e_K 表示。

（4）齿厚：沿任意半径的周围上，同一轮齿两侧齿廓上所量得的弧长称为该圆周上的齿厚，以 s_K 表示。

（5）齿根圆：包含齿轮所有齿槽底的圆称为齿根圆，用 r_f 和 d_f 分别表示其半径和直径。

（6）齿距：沿任意圆周上所量得的相邻两齿同侧齿席之间的弧长为该圆周上的齿距，以 p_K 表示。由图 5.29 可知，在同一圆周上的齿距等于齿厚与齿槽宽之和，即 $p_K = s_K + e_K$。

（7）分度圆和模数：在齿顶圆和齿根圆之间，规定一直径为 d 的圆，作为计算齿轮各部分尺寸的基准，并把这个圆称为分度圆。在分度圆的齿厚、齿槽宽和齿距，通称为齿厚、齿槽宽和齿距，分别用 s、e 和 p 表示，且 $p = s + e$。分度圆的大小是由齿距和齿数决定的，因分度圆的周长 $d\pi = pz$，于是得 $d = pz/\pi$。式中，π 是无理数，为了设计、制造和互换的方便，我们规定 p/π 的比值为一个简单的有理数列，并把这个比值称为模数，以 m 表示，即 $m = p/\pi$。模数 m 是齿轮尺寸计算中重要的参数，其单位符号是 mm。模数 m 越大，则齿轮的尺寸越大，齿轮所承受的载荷也越大。

齿轮的模数在我国已经标准化，表 5.2 为我国国家标准中的标准模数系列。

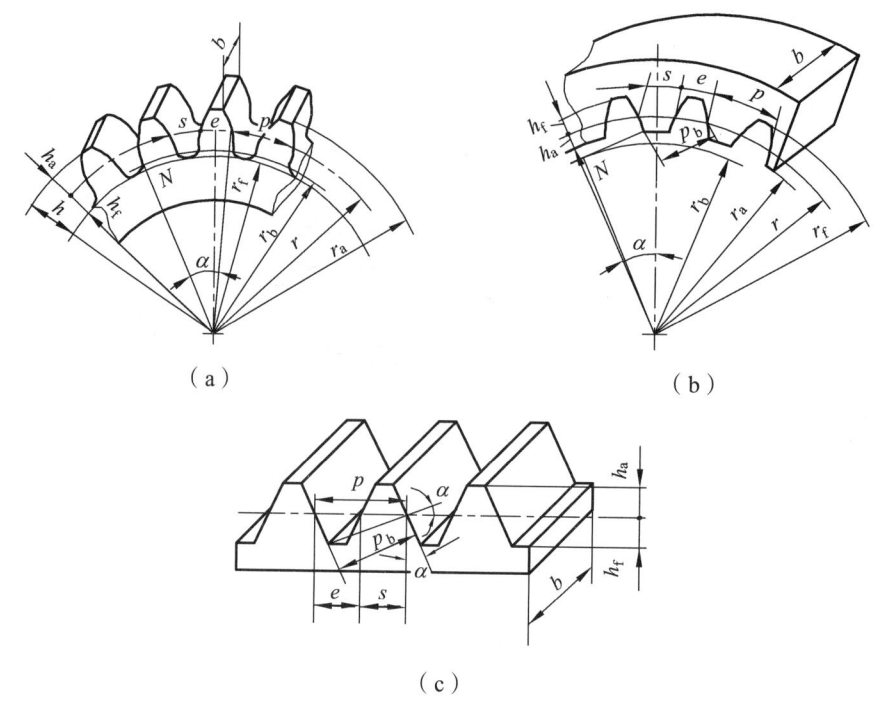

图 5.29 渐开线齿轮各部分名称、符号和尺寸

表 5.2 标准模数系列

第一系列	1	1.25	1.5	2	2.5	3	4	5	6	8	10	12	16	20	25	32	40	50
第二系列	1.75	2.25	2.75	（3.25）	3.5	（3.75）	4.5	5.5	（6.5）	7	9	（11）	14	18	22	28	（30）	36	45

注：① 本表适用于渐开线圆柱齿轮。对斜齿轮，是指法向模数 m_n。
② 选用模数时，应优先采用第一系列，其次是第二系列，括号内的模数尽可能不用。

（8）压力角：渐开线齿廓在不同的圆周上有不同的压力角。通常所说的齿轮压力角，是指分度圆上的压力角，以 α 表示，并规定分度圆上压力角为标准值，我国取 $\alpha = 20°$。由渐开线参数方程可推知

$$\cos\alpha = \frac{r_b}{r} \tag{5.18}$$

由此可见：分度圆是齿轮上具有标准模数和标准压力角的圆。当齿轮的模数 m 和齿数 z 确定时，其分度圆即为一定值。

（9）齿顶高、齿根高和全齿高：如图 5.29 所示，轮齿被分度圆分为两部分，分度圆和齿顶圆之间的部分称为齿顶，其径向高度称为齿顶高，用 h_a 表示。位于分度圆和齿根圆之间的部分称为齿根，其径向高度称为齿根高，用 h_f 表示。轮齿在齿顶圆和齿根圆之间的径向高度称为全齿高，用 h 表示。

2. 渐开线标准直齿圆柱齿轮的基本尺寸及几何尺寸计算

标准直齿圆柱齿轮的基本参数有齿数 z、模数 m、压力角 α、齿顶高系数 h_a^*、顶隙系数 c^* 等。我国规定的标准值为 $h_a^*=1$，$c^*=0.25$。标准直齿圆柱齿轮的所有尺寸均可用上述 5 个参数来表示，都与模数成一定的比例关系，齿数相同的齿轮，模数大，其尺寸也大。

如果一个齿轮的 m、α、h_a^*、c^* 均为标准值，并且分度圆上 $s=e$，则该齿轮称为标准齿轮。

5.3.5 渐开线标准直齿圆柱齿轮的啮合传动

前面说讨论的渐开线齿轮都是单个齿轮的情况，本单元讨论一对标准渐开线直齿圆柱齿轮的啮合传动。

1. 渐开线齿轮传动满足齿廓啮合基本定律

渐开线齿轮的轮齿齿廓的两侧是由形状相同、方向相反的两段渐开线组成的。如图 5.30 所示的一对齿轮的渐开线在 K 点接触。由渐开线的性质可知，过 K 点的公法线 N_1N_2 必同时与两基圆相切，N_1N_2 为两基圆的内公切线。因两基圆在一个方向的内公切线只有一条，故无论齿廓接触点在何处，过接触点所作两齿廓的公法线都一定和 N_1N_2 相重合。公法线 N_1N_2 与连心线的交点 C 为一定点。

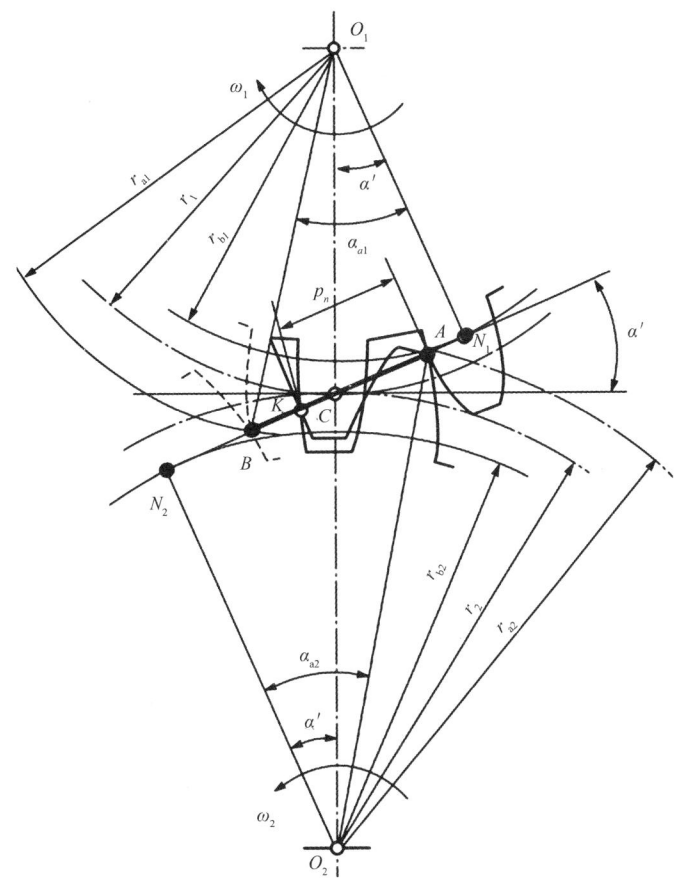

图 5.30 渐开线齿廓满足齿廓啮合基本定律

由图 5.30 可知：$\triangle O_1CN_1 \backsim \triangle O_2CN_2$，两轮的传动比为

$$i = \frac{\omega_1}{\omega_2} = \frac{O_2C}{O_1C} = \frac{r_{b2}}{r_{b1}} \quad (5.19)$$

式（5.19）表明：渐开线齿廓能保证瞬时传动比恒定不变，符合齿廓啮合基本定理。

2. 渐开线齿轮传动的啮合过程

如图 5.31 所示，齿轮 1 为主动轮，齿轮 2 为从动轮。当两轮的一对齿开始啮合时，先以主动轮的齿根推动从动轮的齿顶，因而起始啮合点是从动轮的齿顶圆与啮合线 N_1N_2 的交点 b。随着啮合传动的进行，轮齿啮合点沿着 N_1N_2 移动，主动轮轮齿上的啮合点逐渐向齿顶部移动，而从动轮轮齿上的啮合点向齿根部移动（见图 5.31 中的啮合点 c）。当啮合传动进行到主动轮的齿顶圆与啮合线 N_1N_2 的交点 a 时，两轮齿即将脱离接触，故点 a 为轮齿的终止啮合点。

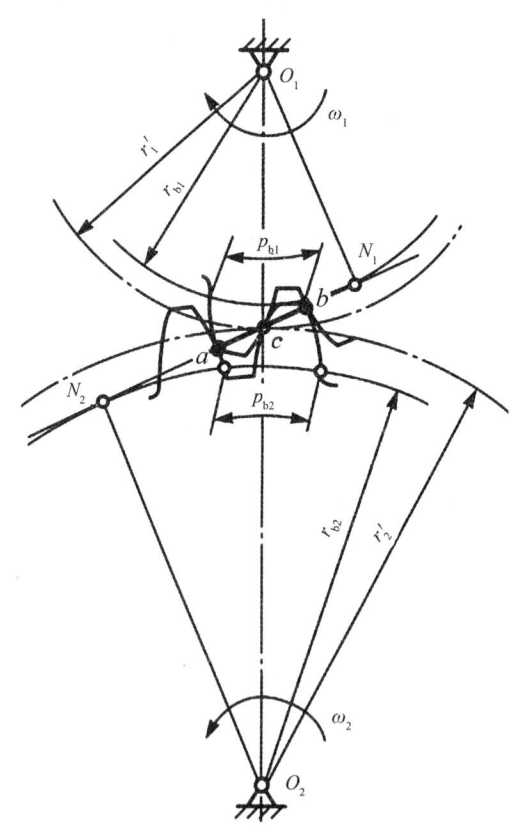

图 5.31 渐开线齿轮的啮合过程

从一对轮齿的啮合过程来看，啮合点实际走过的轨迹只是啮合线 N_1N_2 上的一段 B_1B_2，故将 B_1B_2 称为实际啮合线。若将两轮的齿顶圆加大，则 B_1B_2 就越接近两轮的啮合极限点 N_1 和 N_2。因基圆内无渐开线，故实际啮合线不可能超过啮合极限点 N_1 和 N_2。因此，啮合线 N_1N_2

是理论上最大的啮合线,故称为理论啮合线。

如图 5.31 所示,过节点 c 作两节圆的公切线 t—t,它与啮合线 N_1N_2 所夹锐角 α' 称为啮合角。当两齿轮的节圆和分度角重合时,啮合角等于压力角。

3. 正确的啮合的条件

如图 5.31 所示,前一对齿在啮合线上的 a 点啮合时,后一对齿必须准确地在啮合线上的 b 点进入啮合,而 ab 既是齿轮 1 的法向齿距,又是齿轮 2 的法向齿距,两齿轮要想正确啮合,它们的法向齿距必须相等。法向齿距和基圆齿距相等,通常以 p_b 表示基圆齿距。

于是有
$$p_{b1} = p_{b2}$$

而
$$p_b = p\cos\alpha$$

$$p_{b1} = p_1 \cos\alpha_1 = \pi m_1 \cos\alpha_1$$

故
$$p_{b2} = p_2 \cos\alpha_2 = \pi m_2 \cos\alpha_2$$

代入可得两齿轮的正确啮合的条件为

$$\pi m_1 \cos\alpha_1 = \pi m_2 \cos\alpha_2$$

式中 m_1,m_2——两轮的模数;
   α_1,α_2——两轮的压力角。

由于模数和压力角都已标准化,所以有

$$\begin{cases} m_1 = m_2 = m \\ \alpha_1 = \alpha_2 = \alpha \end{cases} \tag{5.20}$$

即渐开线标准直齿圆柱齿轮的啮合条件为两轮的模数和压力角必须分别相等。

4. 连续传动的条件

在齿轮的啮合过程中,一对齿轮啮合到一定位置时将会终止,要使齿轮连续传动,就必须在前一对轮齿尚未脱离啮合时(如 B 点),后一对齿必须在啮合线上的 A 点进入啮合(见图 5.32),这样才能保证传动的连续性,即必须使 $AB > AK$。否则传动不连续,会发生齿间惯性冲击。

AK 既是齿轮 1 的法向齿距,又是齿轮 2 的法向齿距,法向齿距和基圆齿距相等,即

$$AK = p_b$$

要保证传动不中断,必须满足

$$AB \geq p_b \tag{5.21}$$

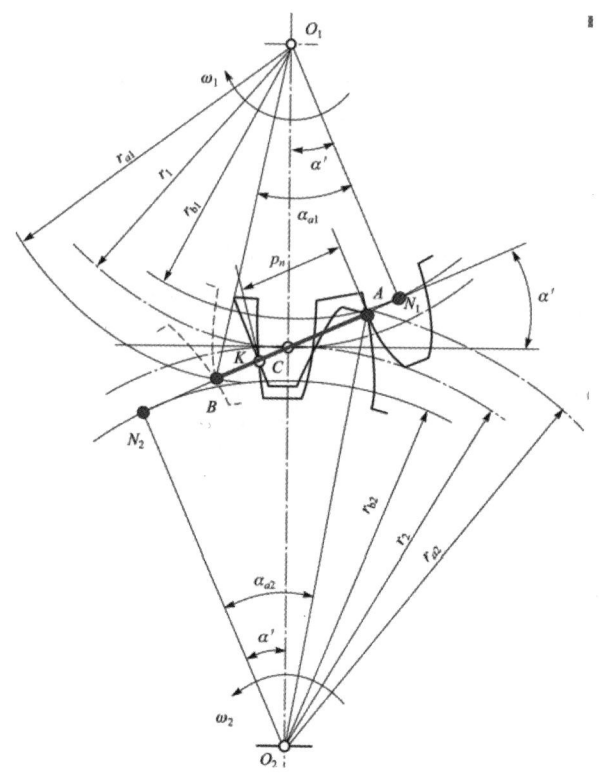

图 5.32 渐开线齿轮的连续传动

根据以上分析可知齿轮连续传动的条件是两齿轮的实际啮合线 AB 应大于或等于齿轮的基圆齿距 p_b。通常把 AB 与 p_b 的比值 ε 称为重合度。即

$$\varepsilon = \frac{AB}{p_b} \geqslant 1 \qquad (5.22)$$

齿轮传动的重合度越大,则同时参与啮合的齿数越多,不仅传动的平稳性好,而且每次齿轮所分担的载荷也小,相对地提高了齿轮的承载能力。重合度与模数无关,与齿数有关。

5. 标准中心距和标准安装

正确安装的齿轮机构在理论上应达到无齿侧间隙(侧隙),否则齿轮啮合过程中就会产生冲击和噪声,或在法向啮合时出现空行程。实际上,为了存储润滑油,以及防止齿轮在工作时温度升高而卡死,应留有侧隙。但此间隙在制造时以齿厚公差来保证,理论设计时仍按无间隙来考虑。因此以下所讨论的中心距均为无侧隙条件下的中心距的计算。

一对正确啮合的渐开线标准齿轮,其模数相等,故两轮分度圆上的齿厚和齿槽宽相等,即 $s_1 = e_1 = s_2 = e_2 = \pi m/2$。显然当两分度圆相切并作纯滚动时(即节圆与分度圆重合),其侧隙为零。一对齿轮节圆与分度圆重合的安装称为标准安装,标准安装时的中心距称为标准中心距,以 a 表示。对于外啮合传动

$$a = r_1' + r_2' = r_1 + r_2 = \frac{m}{2}(z_1 + z_2) \qquad (5.23)$$

因两轮分度圆相切，故顶隙为

$$c = h_f - h_a = (h_a^* + c^*)m - h_a^* m = c^* m \quad (5.24)$$

顶隙的作用是防止一齿轮齿顶与另一齿轮的齿根相碰，同时便于贮存润滑油。

当中心距有误差，即实际中心距 a' 不等于标准中心距 a 时，两齿轮的分度圆不再相切，节圆和分度圆不再重合。啮合角 α' 也发生了变化。

实际中心距为

$$a' = r_1' + r_2'$$

由渐开线参数方程可知

$$r' = \frac{r_b}{\cos\alpha'} = \frac{r\cos\alpha}{\cos\alpha'}$$

故

$$a' = r_1' + r_2' = \frac{r_1 \cos\alpha}{\cos\alpha'} + \frac{r_2 \cos\alpha}{\cos\alpha'} = \frac{\cos\alpha}{\cos\alpha'}(r_1 + r_2) = \frac{\cos\alpha}{\cos\alpha'}a$$

即

$$a'\cos\alpha' = a\cos\alpha \quad (5.25)$$

这说明，实际中心距 a' 大于标准中心距 a 时，啮合角 α' 大于分度圆压力角 α。

6. 渐开线齿轮传动的啮合特点

（1）渐开线齿轮传递的压力方向不变。

前面已经讨论过，渐开线齿轮啮合时两齿廓的接触点都在啮合线 N_1N_2 上。因为啮合线就是齿廓接触的公法线，也是两齿廓间正压力作用线，所以两齿廓间的正压力方向不变，有利于齿轮传动的平稳性。

（2）渐开线齿轮的可分性。

由于制造和安装的误差，一对渐开线齿轮的实际中心距与理论计算出来的中心距不可能完全一致。当中心距有误差时，由式（5.19）可知，一对渐开线齿轮的瞬时传动比与两轮的基圆半径有关。由于当一对齿轮制成后，其基圆半径是固定的，因此中心距有误差时传动比仍然为常数，这种特性称为渐开线齿轮的可分性。

当中心距有误差，即 $a \neq a'$ 时，仍然满足齿廓啮合基本定律，但是节点的位置发生了变化。

5.3.6 其他齿轮传动简介

1. 圆弧齿轮传动

圆弧齿轮传动是一种新型齿轮传动，在冶金、矿山、起重运输机械等领域中得到了广泛的应用。圆弧齿轮的外形如图 5.33 所示。圆弧齿轮是一种以圆弧作齿形的斜齿（或人字齿）轮。按照圆弧齿轮的齿形组成，圆弧齿轮传动可分为单圆弧齿轮传动和双圆弧齿轮传动两种形式。其中，单圆弧齿轮传动的小齿轮做成凸圆弧形，大齿轮的轮齿做成凹齿。双圆弧齿轮传动的大、小齿轮均采用同一种齿形。

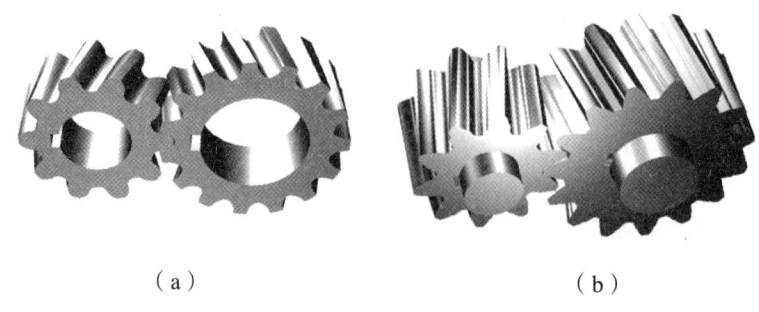

（a） （b）

图 5.33 圆弧齿轮传动

单圆弧齿轮传动时，凸齿齿廓的圆心 C 位于节圆上，凹齿齿廓的圆心位于节圆外，并且凹齿齿形的圆弧半径比凸齿的齿形圆弧半径稍大些，其齿形圆心位于节圆外面。所以，圆弧齿轮的一对啮合曲面，在理论上每一瞬时只是一点接触，故圆弧齿轮又称圆弧点啮合齿轮。

单圆弧齿轮传动的主要优点：单圆弧齿轮在理论上为点接触，但实际经跑合后，在齿廓法面上呈线接触，两接触线沿齿长方向的滚动速度很大，有利于油膜的形成，因此磨损小、效率高。齿面间沿齿高方向各点的相对滑动速度相等，因此齿面磨损均匀，齿面容易跑合，具有良好的跑合性能，圆弧齿轮无根切现象，其最小齿数主要受轴的强度和刚度限制。

单圆弧齿轮传动的主要缺点：中心距及切齿深的偏差，会引起齿高方向接触位置变化，这对于承受载荷的能力影响较大，因此对中心距和切齿深度的精度要求高，对螺旋角的精度要求也高。一对单圆弧齿轮需要用两把滚刀切制凸齿和凹齿，而切制一对渐开线齿轮只需要一把滚刀。另外，单圆弧齿轮的轮齿弯曲强度较弱。

双圆弧齿轮传动时，大、小齿轮采用同一齿形，其齿形由两段圆弧组成。齿顶部分为凸圆弧，齿根部分为凹圆弧，双圆弧齿轮相当于两对单圆弧齿轮传动复合在一起传动。传动过程中，一对是凸齿带动凹齿工作，一对是凹齿带动凸齿工作，因此在节点前后同时有两条啮合线，且瞬时接触点分别沿各自的啮合线做轴向移动。正因为一对齿面上同时有两点在两条啮合线上接触，故又称这种传动为双啮合线传动。

双圆弧齿轮传动的主要特点：弯曲强度高，当齿形设计恰当时，其弯曲强度承载能力与渐开线齿轮相比，可提高 30%。接触强度高，相对单圆弧齿轮的接触强度有显著提高。双圆弧齿轮传动的两个齿轮均采用齿顶为凸齿，齿根为凹齿的凸-凹齿形，因此一对齿轮可以用同一把滚刀加工。双圆弧齿轮传动较平稳，振动、噪声都比单圆弧齿轮小。和单圆弧齿轮一样，双圆齿轮对中心距偏差，切齿深度偏差及滚刀齿形压力角偏差的敏感性都较大。

2. 非圆齿轮传动简介

非圆齿轮可以认为是圆齿轮的一种变形（见图 5.25），即其波动节圆已变为非圆形，又称为节曲线。也可以认为非圆齿轮是柱形齿轮的一种普遍情况，而圆齿轮是柱形齿轮的一种特例。即圆齿轮的节曲线的曲率半径为常量，而非圆齿轮节曲线的曲率半径是变量，由于非圆齿轮节曲线的曲率半径是变量，故由回转中心到啮合节点的向径也是变量，在一对非圆齿轮啮合过程中，如果保持两齿轮的中心距不变，由于啮合节点位置沿中心连线变化，故其传动比是变化的。而且传动比的变化规律由啮合节点在中心连线上的变化规律决定。即随两齿轮节曲线向径的变化规律决定。这样，就可以利用非圆齿轮来实现变速比传动。

非圆齿轮机构在性能上有如下优点：

（1）比连杆机构牢靠、紧凑且传动较平稳。

非圆齿轮机构传动时的动平衡性好，容易实现动平衡，这些都是在设计高速运转机构时必须要考虑的重要问题。

（2）比凸轮机构传动可靠。

非圆齿轮机构的最大优点是能实现连续的单向循环运动，而凸轮机构一般只能实现往复运动。另外当用凸轮机构再现函数时，为保证力的封闭，要使用附加弹簧装置，这样，在凸轮机构中就产生了额外的动载荷，这对于凸轮机构的运动精度和精度保持性都很不利。同时，有些函数也无法用凸轮机构来实现，而非圆齿轮机构则无此类问题，或解决起来较容易。

（3）非圆齿轮更易实现按一定规律的变速传动。

与其他结构相比，非圆齿轮更易实现按一定规律的变速传动。这是因为非圆齿轮机构仅通过节曲线的改变就可以实现不同的传动比变化规律。

非圆齿轮传动在轻工业、重工业、仪器制造业等领域都有广泛的应用。在压制黏质纸浆，并将其包装成捆的卧式压力机中，使用了一对椭圆齿轮带动的曲柄连杆机构，以改变工作行程和空行程的时间比例，使工作行程时间加长，空行程时间缩短。

5.3.7 齿轮的结构设计及润滑

1. 常用的齿轮结构形式

齿轮的结构设计主要包括选择合理适用的结构形式，据经验公式确定轮毂、轮辐、轮缘等各部分的尺寸及绘制齿轮的零件工作图等。

常见的齿轮的结构形式有以下几种：

（1）齿轮轴。

当圆柱齿轮的齿根圆至键槽底部的距离 $x \leqslant (2 \sim 2.5)m$ 或 $x \leqslant (2 \sim 2.5)m_n$ 或当圆锥轮小端的的齿根圆至键槽底部的距离 $x \leqslant (1.6 \sim 2)m$ 时，应将齿轮与轴制成一体，称为齿轮轴（见图 5.34）。

（2）实体式齿轮。

当齿轮的齿顶圆直径 $d_a \leqslant 200$ mm 时，可采用实体式结构，如图 5.35 所示，这种结构形式的齿轮常用锻钢制造。

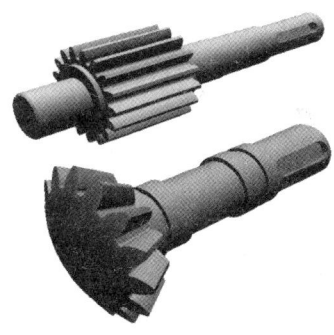

图 5.34　齿轮轴

图 5.35　实体式齿轮

（3）腹板式齿轮。

当齿轮的齿顶圆 $d_a = 200 \sim 500$ mm 时，可采用腹板式结构，如图 5.36 所示。这种结构的齿轮一般多用于锻钢制造。

（4）轮辐式齿轮。

当齿轮的齿顶直径 $d_a > 500$ mm 时，可采用轮辐式结构，如图 5.37 所示。这种结构的齿轮常采用铸钢或铸铁制造。

图 5.36　腹板式齿轮　　　　　　　　　　图 5.37　轮辐式齿轮

2. 齿轮传动的润滑

润滑可以减小摩擦，减轻磨损，同时可以起到冷却、防锈、降低噪声、改善齿轮工作状态、延缓轮齿失效、延长齿轮使用寿命等作用。

（1）润滑方式。

闭式齿轮传动润滑方式主要有浸油润滑和喷油润滑两种，通常根据齿轮的圆周速度来选用。

① 浸油润滑。

当圆周速度 $v \leqslant 12$ m/s 时，一般将大齿轮浸入油池中进行润滑，如图 5.38（a）所示。齿轮浸入油中的深度至少为 10 mm，转速低时可浸深一些，但浸入过深则会增大运动阻力。在多级齿轮传动中，可采用带油轮将油带到未浸入油池内的齿轮齿面上，如图 5.38（b）所示。浸油可将油甩到齿轮箱壁上，有利于散热。

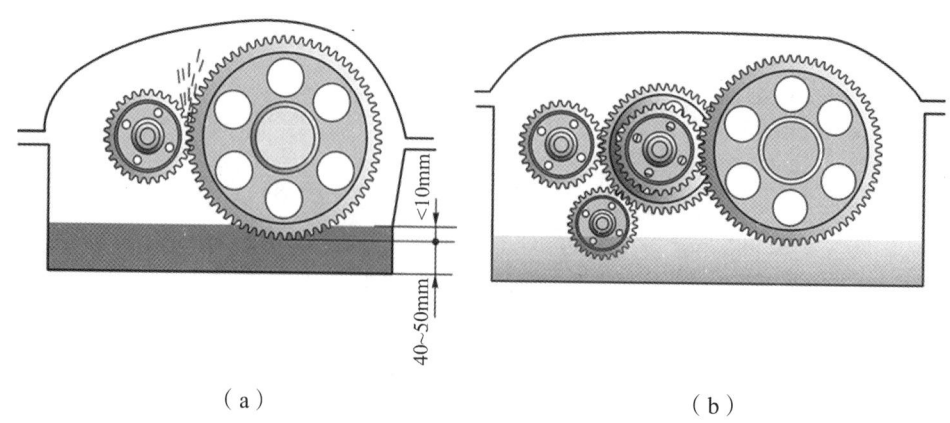

图 5.38　浸油润滑

② 喷油润滑。

当齿轮的圆周速度 v > 12 m/s 时，齿轮搅油剧烈，且黏附在齿廓面上的油易被甩掉，因此不宜采用浸油润滑，而应采用喷油润滑。喷油润滑是用油泵将具有一定压力的润滑油经喷油嘴喷到啮合的齿面上，如图 5.39 所示。

对于开式齿轮传动，由于其传动速度较低，通常采用人工定期加油润滑的方式润滑。

（2）润滑剂的选择。

选择润滑油时，先根据齿轮的工作条件以及圆周速度查得运动黏度值，再根据选定的黏度确定润滑油的牌号。

必须经常检查齿轮传动润滑系统的状况（如润滑油的油面高度等）。油面过低则润滑不良，油面过高会增加搅油功率的损失。对于压力喷油润滑系统还需检查油压状况，油压过低会造成供油不足，油压过高则可能是因为油路不畅通所致，需及时调整油压。

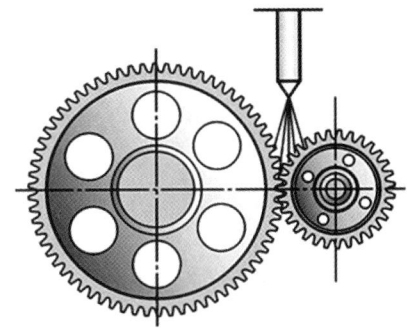

图 5.39 喷油润滑

5.3.8 齿轮传动的失效形式与设计准则

齿轮传动是靠轮齿的啮合传动来传递运动和动力的，轮齿失效是齿轮常见的主要失效形式。由于齿轮传动装置有开式、闭式，齿面有软齿面、硬齿面，齿轮转速有高有低，载荷有轻有重，所以实际应用中会出现各种不同的失效形式。齿轮传动的主要失效形式有轮齿折断、齿面点蚀、齿面磨损、齿面胶合以及齿面塑性变形等。

1. 齿轮折断

齿轮折断常发生在齿根部位，因为轮齿受载时，齿根部位产生的弯曲应力最大，而且齿根处会引起应力集中，当轮齿脱离啮合后，弯曲应力为零。轮齿在变化的弯曲应力反复作用下，当应力值超过齿轮材料的弯曲疲劳极限值时，轮齿根部就会产生疲劳裂纹，裂纹不断扩展致使轮齿折断，这种折断称为疲劳折断，如图 5.40 所示。当齿轮突然过载或经严重磨损后齿厚过薄时，也会发生齿轮折断，称为过载折断。

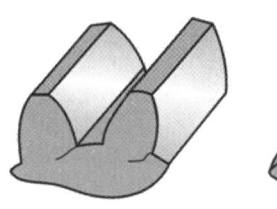 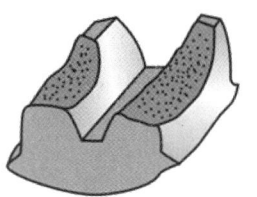 

（a）示意图　　　　　　　　　　　（b）实际图

图 5.40 轮齿折断

齿宽较小的直齿轮往往发生全齿折断，齿宽较大的直齿轮或斜齿轮则容易发生局部折断。为防止轮齿过早折断，可采取适当的工艺措施，如适当增加齿根部位的过渡圆角；提高齿面加工精度，采用齿面强化措施和增大轴及支承的刚度等。

2. 齿面点蚀

齿轮工作时，由于在齿面啮合处脉动循环变接触应力长期作用下，当应力峰值超过材料的接触疲劳极限，经过一定应力循环次数后，先在节线附近的轮齿表面产生细微的疲劳裂纹，随着裂纹的扩展，将导致小块金属剥落，产生齿面点蚀，如图5.41所示，齿面点蚀影响齿轮正常啮合，引起冲击和噪声，造成传动的不平稳。

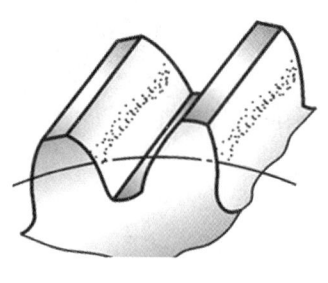

（a）示意图　　　　（b）实际图

图 5.41　齿面点蚀

实践表明，由于齿轮在节线附近啮合时，同时啮合的齿对数少，且齿轮间相对滑动速度小，润滑油膜不易形成，所以点蚀首先出现在靠近节线的齿根面上。一般闭式传动中的软齿面较易发生点蚀失效。为防止过早出现点蚀，可采用提高齿面硬度、降低表面粗糙值度、增加润滑油黏度等措施。而对于开式齿轮传动，由于磨损严重，一般不出现点蚀。

3. 齿面磨损

齿面磨损通常用两种情况：一种是由于灰尘、金属微粒等进入齿面间引起的磨损；另一种是由于齿间相对滑动摩擦引起的磨损。一般情况下这两种磨损往往同时发生并相互促进。严重的磨损将使轮齿失去正确的齿形，进而增大齿侧间隙而产生振动和噪声，甚至由于齿厚磨薄最终导致轮齿折断，如图5.42所示。

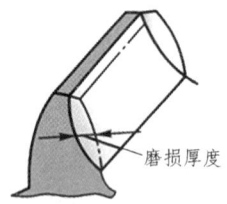

（a）示意图　　　　（b）实际图

图 5.42　齿面磨损

齿面磨损是开式齿轮传动的主要失效形式。采用闭式齿轮传动、提高齿面硬度、降低齿面粗糙度值及采用清洁的润滑油等，均可减轻齿面磨损。

4. 齿面胶合

胶合是比较严重的黏着磨损。在高速重载传动中，常因瞬时高温、高压而使润滑油膜破裂，致使齿面金属互相粘连，粘连处撕脱后，齿面沿滑动方向被撕下一部分而形成沟纹，这种现象称为齿面胶合，如图 5.43 所示。低速重载的传动因不易形成油膜，也会出现胶合。

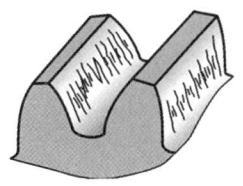 

（a）示意图　　　　（b）实际图

图 5.43　齿面胶合

发生胶合后，齿廓形状将改变，致使齿轮不能正常工作。在实际应用中，采用提高齿面硬度、降低齿面粗糙度值、限制油温、增加油的黏度、选用抗胶合能力强的润滑油等方法，可以防止胶合的产生。

5. 齿面塑性变形

低速重载传动时，若轮齿齿面硬度较低，当齿面间作用力过大，啮合中的齿面表层材料就会沿着摩擦力方向产生塑性流动，这种现象称为塑性变形，如图 5.44 所示。在起动和过载频繁的传动中，容易产生齿面塑性变形。提高齿面硬度和采用黏度较高的润滑油，都有助于防止或减轻齿面的塑性变形。

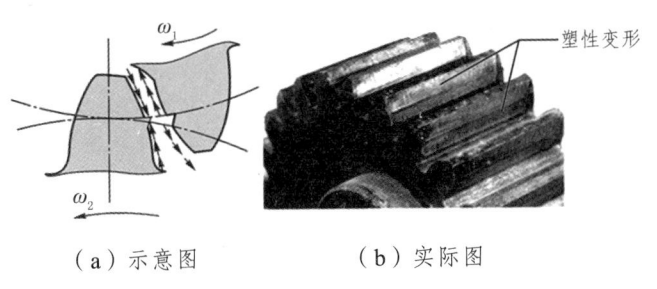

（a）示意图　　　　（b）实际图

图 5.44　齿面塑性变形

5.4　螺旋传动

5.4.1　概　述

螺旋传动是利用螺纹件实现传动的一种典型形式。针对螺纹件螺纹的介绍参见第 8 章第 1 节螺纹连接，本节不再赘述。

螺旋传动是靠螺旋与螺纹牙面旋合实现回转运动与直线运动转换的机械传动，主要用于将旋转运动转换成直线运动，将转矩转换成推力。

1. 螺旋传动特点

螺旋传动的主要优点：
（1）螺旋传动可把回转运动变为直线运动。

（2）螺旋传动结构简单，传动平稳，噪声小。
（3）螺旋传动可获得很大的减速比。
（4）螺旋传动可产生较大的推力。
（5）螺旋传动可实现自锁。
螺旋传动的主要缺点是传动效率低。

2. 螺旋传动的分类

螺旋传动按其在机械中的作用可分为以下 3 类：

（1）传力螺旋传动。

传力螺旋传动以传递力为主，可用较小的转矩转动产生轴向运动和大的轴向力，如螺旋压力机和螺旋千斤顶（见图 5.45）等。这种传动一般在低转速下工作，每次工作时间短或间歇工作，而且通常要求自锁。

（2）传导螺旋传动。

传导螺旋传动以传递运动为主，常用作实现机床中刀具和工作台的直线进给（见图 5.46）。这种传动通常工作速度较高，在较长时间内连续工作，要求具有较高的传动精度。

图 5.45 螺旋千斤顶结构

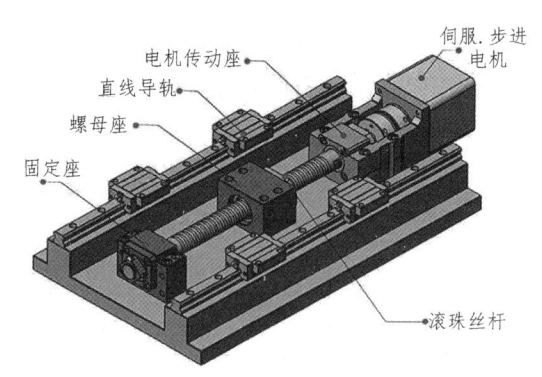

图 5.46 机床丝杠进给机构

（3）调整螺旋传动。

调整螺旋传动用于调整或固定零件（或部件）之间的相对位置，如带传动调整中心距的张紧螺旋。一般不经常转动，要求自锁，有时也要求很高精度，如机器和精密仪表微调机构的螺旋（见图 5.47）。

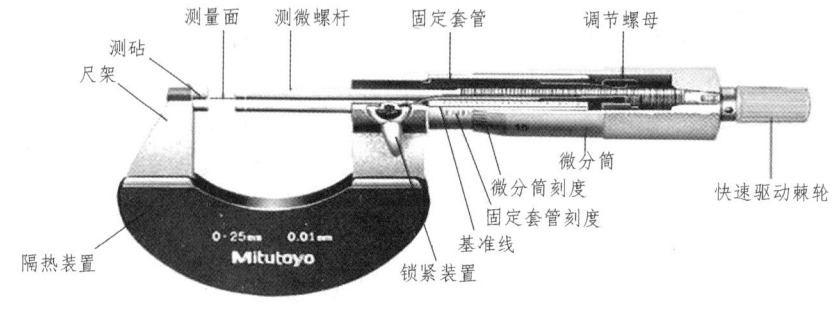

图 5.47 千分尺结构

按螺纹间摩擦性质，螺旋传动可分为滑动螺旋传动和滚动螺旋传动。滑动螺旋传动又可分为普通滑动螺旋传动和静压螺旋传动。各类型的传动特点将在 5.4.2 节中详细介绍。

5.4.2 典型螺旋传动介绍

1. 普通滑动螺旋传动

普通滑动螺旋通常采用梯形螺纹和锯齿形螺纹，梯形螺纹应用最广，锯齿形螺纹用于单面受力。矩形螺纹由于工艺性较差、强度较低等原因应用很少。对于受力不大和精密机构的调整螺旋，有时也采用三角螺纹。

普通滑动螺旋传动的螺纹升程和摩擦系数一般都不大，虽然轴向力 F 相当大，但是转矩 T 不大。传力螺旋就是利用这种工作原理获得机械增益的，升程越小则机械增益的效果越显著。普通滑动螺旋传动的效率低，一般为 30%~40%，能够自锁，磨损大、寿命短，还可能出现爬行现象。

2. 静压螺旋传动

螺纹工作面间形成液体静压油膜润滑的螺旋传动叫静压螺旋传动（见图 5.48）。静压螺旋传动摩擦系数小，传动效率可达 99%，无磨损和爬行现象，反向空程，轴向刚度很高，不自锁，具有传动的可逆性。但螺母结构复杂，而且需要有一套压力稳定、温度恒定和过滤要求高的供油系统。

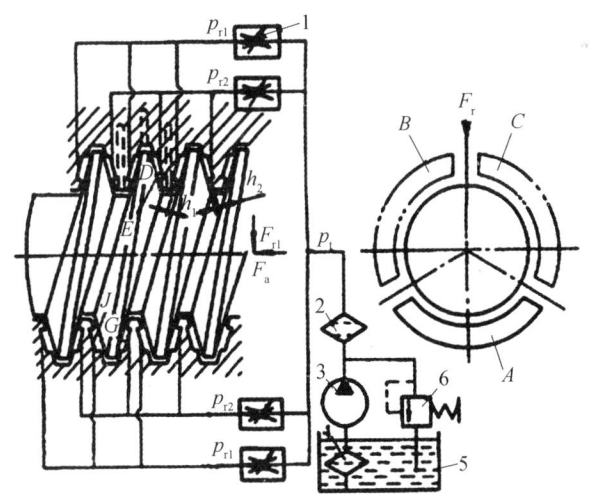

图 5.48 静压螺旋传动装置

1—节流阀；2—精密滤油器；3—液压泵；4—滤油器；5—油箱；6—溢流阀

静压螺旋常被用作精密机床进给和分度机构的传导螺旋。这种螺旋采用牙型较高的梯形螺纹。在螺母每圈螺纹中径处开有 3~6 个间隔均匀的油腔，同一母线上同一侧的油腔连通，用一个节流阀控制。油泵将精滤后的高压油注入油腔，油经过摩擦面间缝隙后再由牙根处回油孔流回油箱。当螺杆未受载荷时，牙两侧的间隙和油压相同。当螺杆受向左的轴向力作用时,螺杆略向左移,当螺杆受径向力作用时,螺杆略向下移。当螺杆受弯矩作用时,螺杆略偏转。由于节流阀的作用,在微量移动后各油腔中油压发生变化,螺杆平衡于某一位置,保持某一油膜厚度。

3. 滚动螺旋传动

用滚动体在螺纹工作面间实现滚动摩擦的螺旋传动叫滚动螺旋传动,又称滚珠丝杠传动。滚动体通常为滚珠,也有用滚子的。滚动螺旋传动的摩擦系数、效率、磨损、寿命、抗爬行性能、传动精度和轴向刚度等虽比普通静压螺旋传动稍差,但远比滑动螺旋传动好。滚动螺旋传动的效率一般在90%以上,它不自锁,具有传动的可逆性,但结构复杂,制造精度要求高,抗冲击性能差。滚动螺旋传动已广泛地应用于机床、飞机、船舶和汽车等要求高精度或高效率的场合。

滚动螺旋传动的结构形式,按滚珠循环方式分外循环和内循环(见图5.49)。外循环的导路为一导管,将螺母中几圈滚珠连成一个封闭循环。内循环用反向器,一个螺母上通常有2~4个反向器,将螺母中滚珠分别联成2~4个封闭循环,每圈滚珠只在本圈内运动。外循环的螺母加工方便,但径向尺寸较大。为提高传动精度和轴向刚度,除采用滚珠与螺纹选配外,也用各种调整方法以实现预紧。

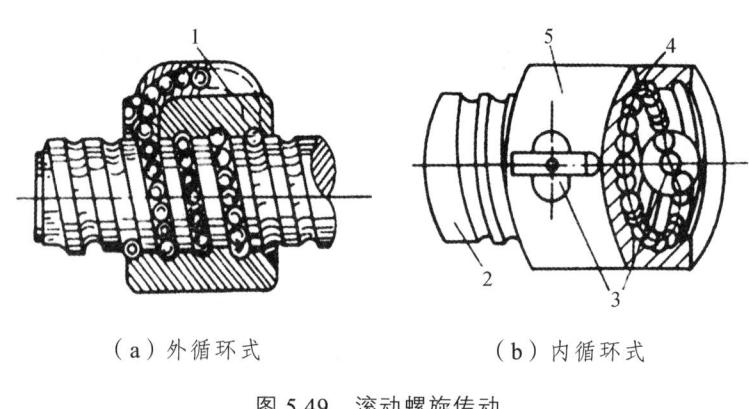

(a)外循环式　　　　　(b)内循环式

图 5.49　滚动螺旋传动

1—导路;2—螺栓;3—反向器;4—滚珠;5—螺母

在 JB/T 3162—2011《滚珠丝杠副　丝杠轴端型式尺寸》中,将滚动螺旋传动称为滚珠丝杠副。该标准规定,滚珠丝杠副分为定位滚珠丝杠副(称P类)和传动滚珠丝杠副(称T类)。前者是通过旋转角度和导程控制轴向位移量的滚珠丝杠副,后者是与旋转角度无关用于传递动力的滚珠丝杠副。

复习思考题

1. 试从产生原因、对带传动的影响、能否避免等几个方面说明弹性滑动与打滑的区别。
2. 带在传动中产生哪几种应力?最大应力出现在什么位置?

3. 带的最大有效拉力 F_{max} 与哪些因素有关？

4. 试分析小带轮基准直径 d_{d1}、中心距 a 的大小对带传动的影响，各应如何选择。

5. 多根 V 带传动时，若发现一根已坏，应如何处置？

6. 将链传动与带传动在如下方面进行分析比较：传动原理、应用特点、运动特性、初拉力、张紧装置、松紧边位置等。

7. 为什么链条节数常取偶数，而链轮齿数取为奇数？

8. 试分析链传动运动不平稳的原因。

9. 在链速一定的情况下，链节距的大小对链传动的动载荷有何影响？

10. 渐开线有哪些性质？

11. 齿轮的失效形式有哪些？采取什么措施可减缓失效的发生？

12. 齿轮传动有哪些润滑方式？如何选择润滑方式？

13. 螺旋传动的作用及优缺点是什么？

14. 螺旋传动在机械中的作用有哪些？

15. 螺旋传动按在螺纹间摩擦性质可分为哪几类？每一类的传动优缺点是什么？

6 轴和轴承

轨道车辆由成千上万个零件组成,每个零件都发挥各自的作用。各种做旋转运动的零件,必须安装在用轴承正确支承的轴上,才能正常运动及传递动力。这种起支持作用的零部件称为支承零部件,如轴、滑动轴承、滚动轴承。

它是变速器的重要组成部分。掌握轴、滑动轴承、滚动轴承的结构、类型以及失效形式等,有利于在工作中合理地使用它们。

6.1 轴

6.1.1 轴的基本知识

轴是指穿在轴承、车轮或齿轮中间的圆柱形物件。轴一般为金属圆杆状,各段可以有不同的直径。轴类零件是旋转零件,其长度大于直径,由外圆柱面、圆锥面、内孔、螺纹及相应端面所组成。

轴是机械设备中重要的零件之一,它的主要作用是支撑做回转运动的传动零件(如齿轮、车轮、带轮等)、传递运动和转矩、承受载荷以及给轴上的零件定位和保证其回转精度。

1. 轴的分类

(1)按照轴的形状不同,轴可以分为直轴、曲轴和软轴。

① 直轴。

轴上各段的轴心线重合于同一根直线的轴叫直轴。直轴按照外形不同又可以分为光轴和阶梯轴(见图 6.1)。根据承受的载荷不同,直轴又可以分为传动轴、心轴和转轴。

(a)光轴　　　　　　　　　(b)阶梯轴

图 6.1 直轴

② 曲轴。

轴上各段轴的中心线不重合的轴叫曲轴。它主要用于将回转运动和往复直线运动相互转化，如汽车发动机上的曲轴，如图 6.2 所示。

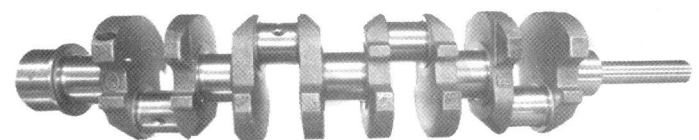

图 6-2　曲轴

③ 软轴。

软轴是轴心线可以弯曲的轴，它能将回转运动灵活地传到空间任何位置（见图 6.3）。

图 6.3　软轴

（2）按承受载荷不同，轴可以分为转轴、传动轴和心轴。

① 转轴——传递扭矩又承受弯矩如图 6.4 所示。

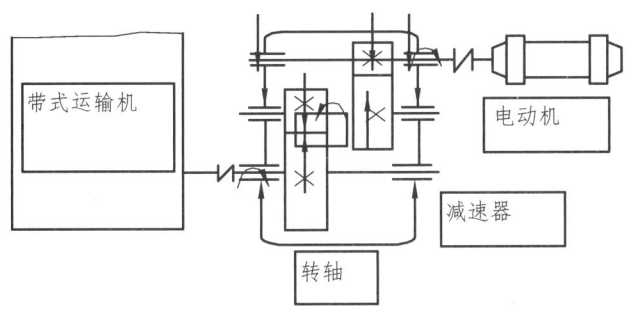

图 6.4　转轴

② 传动轴——只传递扭矩，如图 6.5 所示。

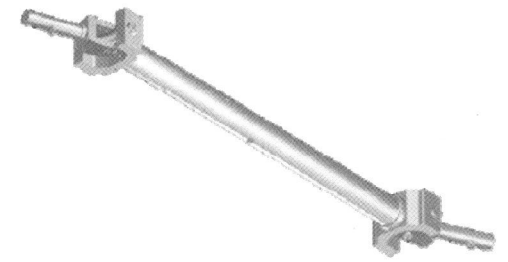

图 6.5　传动轴

③ 心轴——只承受弯矩,如图 6.6 所示。

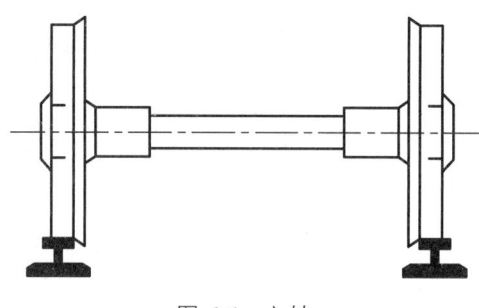

图 6.6 心轴

2. 轴的结构

轴的结构要求:

(1)安装在轴上的零件要固定可靠。

(2)轴的结构应便于加工和尽量减少应力集中。

(3)轴上的零件要便于安装和拆卸。

轴主要由轴头、轴颈和连接各轴颈的轴身组成。轴上被支承的部分称为轴颈,安装轮毂的部分称为轴头,连接轴颈和轴头的非配合部分称为轴身,如图 6.7 所示。

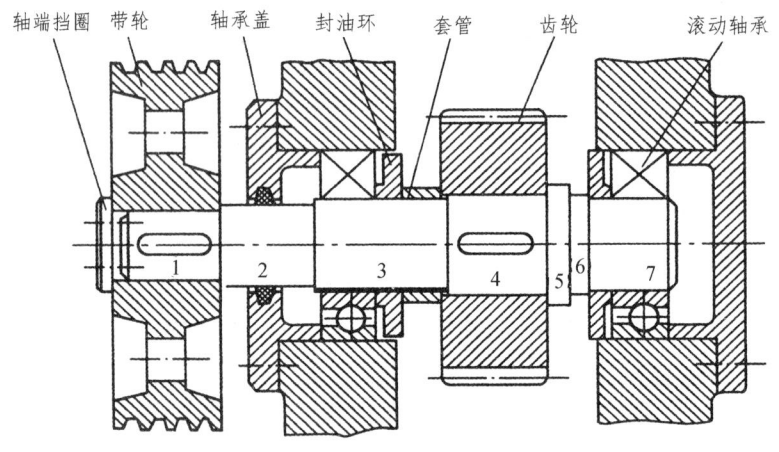

图 6.7 轴的结构
1,4—轴头;2—轴身;3,7—轴颈;5—轴环;6—轴肩

6.1.2 轴上零件的定位

为了确保轴能支承轴上零件并传递运动和转矩,轴上的零件相对于轴沿轴线方向不能移动,沿圆周方向不能有相对转动,否则会加剧轴和轴上零件的磨损,为此轴上零件要进行轴向和周向定位。

1. 轴向定位

轴向定位的目的是保证零件在轴上有确定的轴向位置，防止移动并能承受轴向力。轴向固定由轴肩、套筒、螺母、轴端挡圈和圆锥面来实现，如图 6.8 所示。

2. 周向定位

周向定位的目的是传递转矩，防止零件与轴产生相对转动。周向定位大多采用键、花键或过盈配合等连接形式来实现。

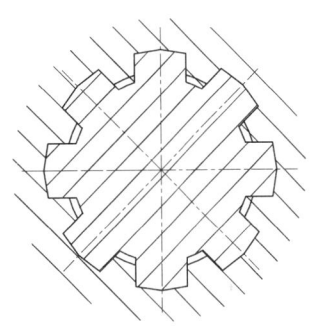

图 6.8 轴向定位

（1）过盈配合。

可以利用轴与零件轮毂间的过盈来达到定位目的。主要用于不拆卸的位置。这种定位方式结构简单、对轴的削弱小、对中性好、能承受大载荷和抗冲击。过盈配合的装配有两种方法：压入法和温差法。

（2）键和花键。

键和花键是常用的周向定位方式，它们的结构形式如图 6.9 和图 6.10 所示。

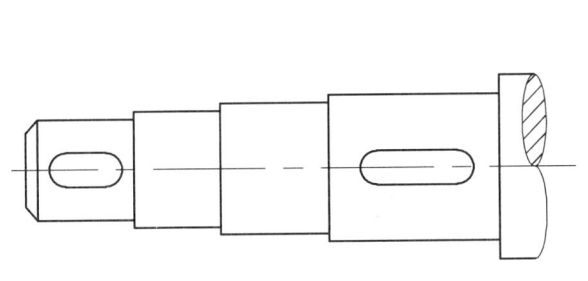

图 6.9 键周向定位　　　　　　　　图 6.10 花键周向定位

（3）其他方法。

也可以用圆锥销和紧定螺钉作周向固定，但这种方式只适用于载荷很小的条件下。为了加工方便，键槽应设计成同一加工直线上，且紧可能采用同一规格的键槽截面尺寸。

6.1.3 轴的材料

轴的材料根据应用不同，一般有经正火或调质处理的碳素结构钢 35、45、50、Q235 和合金钢 20Cr、20CrMnTi、40CrNi、38CrMoAlA 等。碳素结构钢因具有较好的综合力学性能，应用较多，尤其是 45 钢应用最广。合金钢具有较高的力学性能，但价格较贵，多用于有特殊要求的轴。轴的毛坯一般用轧制的圆钢或锻件，有时也用铸钢或球墨铸铁。

6.2 轴　承

轴承是通过与轴颈接触，支承轴及轴上零件的重要部件。它能保持轴的旋转精度，减少相对转动的零件之间的摩擦和磨损。合理地选择和使用轴承对保证机器的使用性能、延长使用寿命有着十分重要的意义。

根据轴与轴承工作表面间的摩擦性质不同,轴承可分为滑动轴承和滚动轴承两大类。

6.2.1 滑动轴承

1. 滑动轴承的特点与结构

轴与轴承工作表面只存在滑动摩擦的轴承称为滑动轴承。其主要由轴承座、轴瓦或轴套组成,如图 6.11 所示。滑动轴承具有径向尺寸小、结构简单、便于安装;与轴之间接触面积较大,可承受较大压力和较高转速,抗冲击能力强等优点。但其摩擦损耗较大,轴向结构不紧凑,润滑建立和维护困难。一般滑动轴承的润滑均采用半液体润滑。

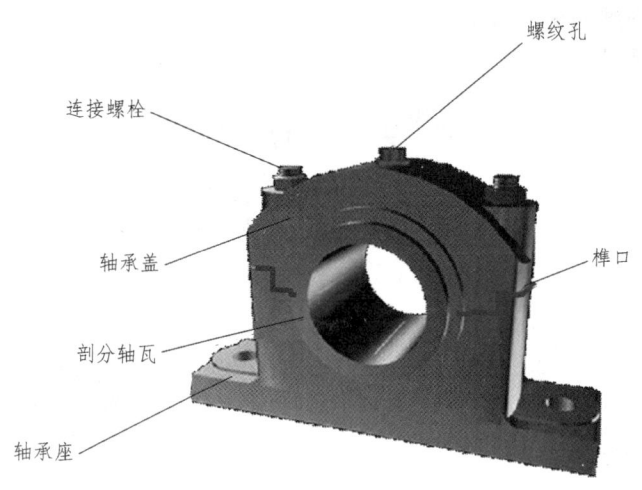

图 6.11 滑动轴承结构

2. 滑动轴承的主要类型

根据所受载荷方向不同,滑动轴承可以分为径向滑动轴承(承受径向载荷)、止推滑动轴承(承受轴向载荷)和径向止推滑动轴承(同时承受轴向和径向)3 种。

(1)径向滑动轴承。

径向滑动轴承也称向心滑动轴承,用于承受沿轴承直径方向的载荷。径向滑动轴承按结构不同,又分为以下几种形式:

① 整体式滑动轴承。

它由轴承座和整体轴套组成(见图 6.12),这种轴承优点是结构简单、成本低,适用于轻载、低速场合。

② 剖分式滑动轴承。

这种轴承主要由轴瓦、轴承盖、螺栓及垫片组成,如图 6.13 所示。

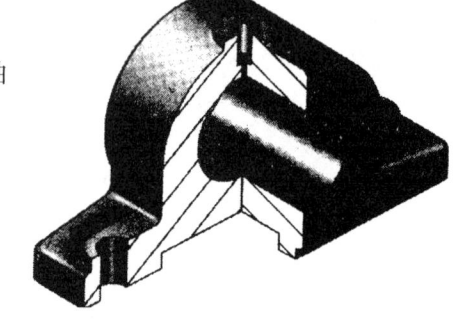

图 6.12 整体式滑动轴承座结构

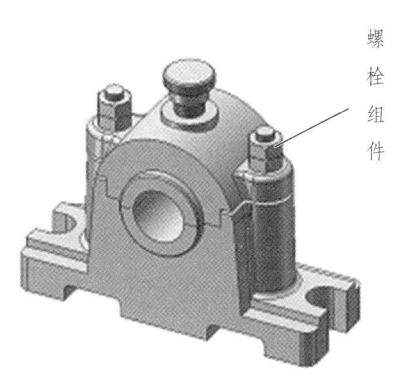 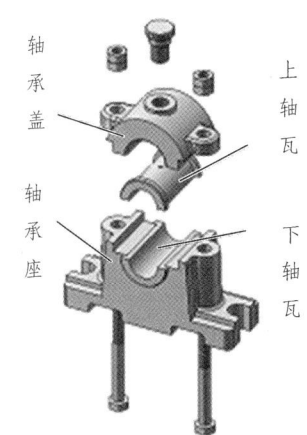

图 6.13 剖分式滑动轴承结构

（2）止推滑动轴承。

也称推力滑动轴承，它用于承受轴向载荷，防止轴的轴向移动。

（3）轴承的失效形式

滑动轴承的失效形式主要是磨损和胶合，其次是疲劳和轴承衬脱落。

6.2.2 滚动轴承

以滚动摩擦为主的轴承称滚动轴承，滚动轴承是标准件，由专业厂家生产。

1. 滚动轴承的结构及工作特点

滚动轴承用滚动摩擦代替滑动摩擦，摩擦阻力小、旋转精度高。它主要由 4 部分组成：内圈、外圈、滚动体、保持架，如图 6.14 所示。

图 6.14 滚动轴承结构

滚动体的形状有多种，包括球形、短圆柱、长圆柱、滚针等，如图 6.15 所示。

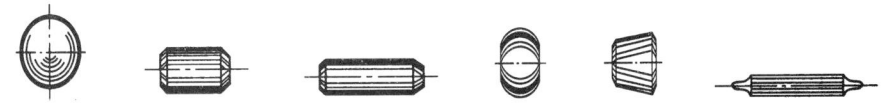

（a）球形　（b）短圆柱　（c）长圆柱　（d）鼓形　（e）圆锥　（f）滚针

图 6.15 滚动体形状

保持架是形状各异的框架，用以均匀分隔滚动体防止它们相互之间发生摩擦和碰撞，并能改善轴承内部负荷分配,如图 6.16 所示。

图 6.16　保持架结构图

2. 滚动轴承的类型和代号

(1)滚动轴承的类型按承受载荷方向不同,滚动轴承可分为 3 类:向心轴承、推力轴承、向心推力轴承。

(2)滚动轴承的代号

滚动轴承的代号由基本代号、前置代号、后置代号组成。具体含义如下:

① 基本代号。表示滚动轴承的基本类型、结构和尺寸,是滚动轴承代号的基础,按顺序由类型代号、尺寸系列代号、内径代号 3 部分组成,如表 6.1 所示。

表 6.1　滚动轴承代号

前置代号	基　本　代　号				后置代号
字　　母	类型代号	宽度代号	直径代号	内径代号	字母数字
	数字或字母	1 位数字	1 位数字	2 位数字	

② 类型代号——由数字或字母表示,分别表示着不同的滚动轴承。

③ 尺寸系列代号——由宽度系列代号和直径系列代号组成,表示内径相同的轴承可以具有不同的宽度和外径。

④ 内径代号——表示轴承的公称内径,由两位数字组成,详见表 6.2。

表 6.2　滚动轴承内径代号

轴承公称内径/mm	06~10(非整数)	1~9(整数)	10~17				20~480(22,28,32 除外)	≥500 以及 22,28,32
			10	12	15	17		
内径代号	用公称内径毫米数直接表示		00	01	02	03	公称内径除以 5 的商数,商数为个位数时,需在商数左边加"0"	用公称内径毫米数直接表示

例 6.1　滚动轴承基本代号示例。

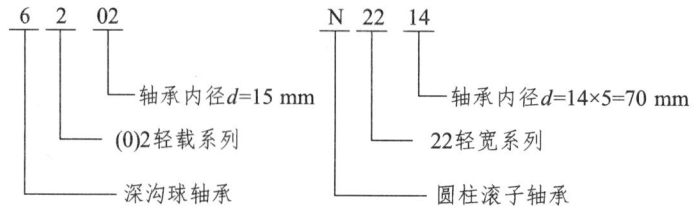

3. 滚动轴承的安装方式

角接触球轴承和圆锥滚子轴承承受径向载荷后会产生派生轴向力,为使派生轴向力得到平衡,这两类轴承均须成对使用。反装或背对背安装:两轴承外圈的窄边相背的安装方式。使两支反力作用点 O_1、O_2 相互远离,支承跨距加大,如图 6.17 所示。正装或面对面安装:两轴承外圈的窄边相对的安装方式。两支反力作用点 O_1、O_2 相互靠近,支承跨距缩短。支反力作用点 O_1、O_2 距其轴承端面的距离 a 可从标准中查得,如图 6.18 所示。

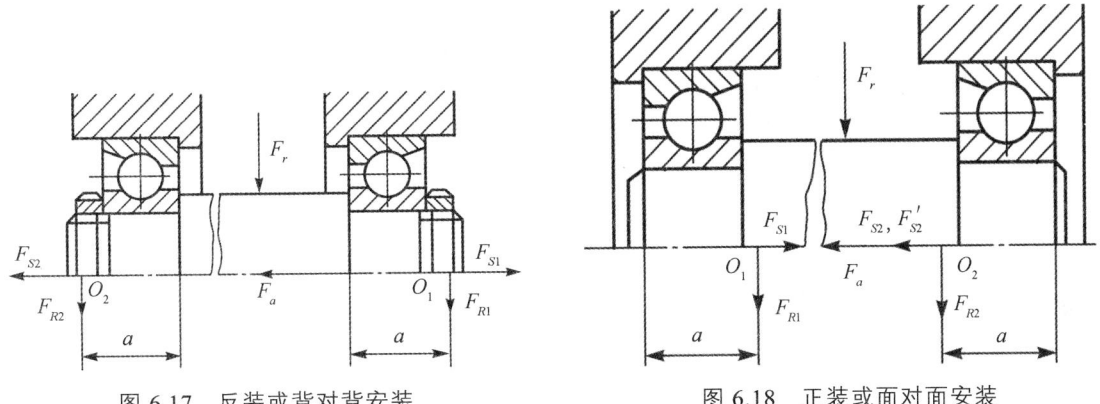

图 6.17 反装或背对背安装　　　　图 6.18 正装或面对面安装

装配方法:内圈与轴颈采用过盈配合时,可采用压力机压入,或将轴承在油中加热至 80～90 ℃ 后进行热装。中小型轴承可用手锤敲击装配套筒(一般用铜套)敲入。可以采用在内圈上施加压力和在内外圈上同时施加压力安装轴承,如图 6.19 和图 6.20 所示。

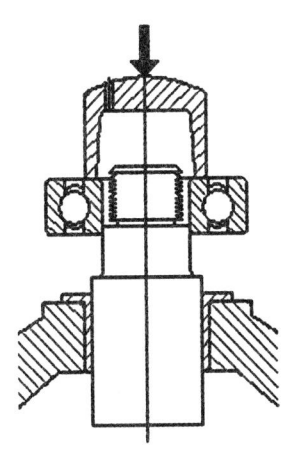
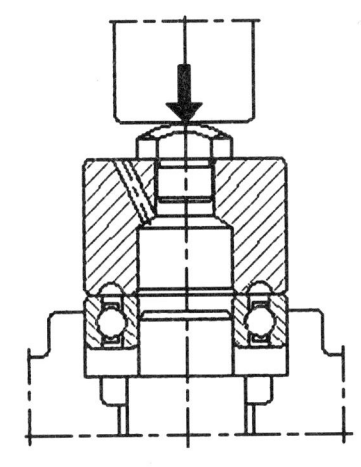

图 6.19 在内圈上施加压力　　　　图 6.20 在内外圈上同时施力

4. 轴承的拆卸

轴承拆卸的常用方法有拉出法和敲击法。

(1)拉出法。

图 6.21 所示为轴承拉拔器。拆卸轴承内圈时,拉具两脚应向内,卡于轴承内圈端面上,

如图 6.22 所示，使丝杆对准轴的中心孔，不得歪斜，将拉具的拉钩钩住轴承的内圈，而不应钩在外圈上，以免轴承松动过度或损坏，然后旋转手柄，轴承就会被慢慢拉出来。

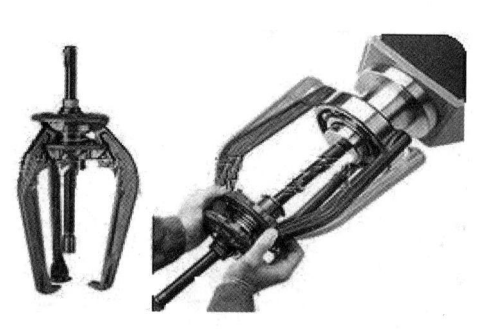

图 6.21 拉拔器

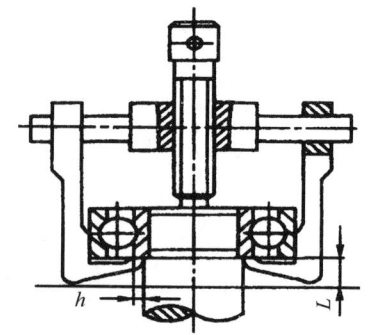

图 6.22 轴承的拆卸

（2）敲击法。

当轴承位于轴的末端时，用小于轴承内径的铜棒或其他软金属材料抵住轴端，轴承下部加垫块，用手锤轻轻敲击，即可拆下轴承。运用此法应注意垫块放置的位置要适当，着力点应正确。敲击力应加在轴承内圈而不应加在轴承的滚动体和保持架上，此法简单易行，但容易损伤轴承。

5. 滚动轴承的失效形式及其材料

（1）主要失效形式。

滚动轴承常发生疲劳点蚀、塑性变形和磨损等失效，导致旋转精度下降、噪声增大，丧失工作能力。

（2）轴承材料。

滚动轴承的内、外圈、滚动体应该具有较高的强度、硬度、耐磨性和冲击韧性，一般选用 GCr15、GCr15SiMn 等。轴承钢制造，淬火硬度达到 61~65 HRC；保持架多用低碳钢冲压制造，也可以用有色金属或塑料制造。

复习思考题

一、填空题

1. 在工作中同时承受_____和_____两种作用，本身又转动的轴，叫转轴。
2. 轴上安装零件有确定的位置，所以要对轴上的零件进行_____固定和_____固定。
3. 按滚动体的形状，滚动轴承可分为_____轴承和_____轴承两大类。
4. 国家标准规定滚动轴承内孔与轴的配合采用_____制，轴承外径与座孔的配合采用_____制。

二、选择题

1. 一般来说，_____更能承受冲击，_____更适合于较高的转速下工作。

    A. 滚子轴承　　　　　　　　　　B. 球轴承

2. 欲在两轴相距较远，工作条件恶劣的环境下传递较大功率，宜选_____。
   A. 链传动　　　　　　　B. 带传动
   C. 齿轮传动　　　　　　D. 蜗杆传动
3. 轴端倒角是为了_____。
   A. 装配方便　　B. 便于加工　　C. 减小应力集中　　D. 便于定位
4. 下列方式中，能实现轴向固定的是_____。
   A. 平键连接　　B. 过盈配合　　C. 销钉连接　　D. 轴肩

7 液压与气动技术

7.1 液压与气压传动基础

7.1.1 液压系统的工作原理

在机械传动中,人们利用各种机械构件来传递力和运动,如杠杆、凸轮、轴、齿轮和皮带等。在液压传动中,则利用没有固定形状但具有确定体积的液体来传递力和运动。图 7.1 所示是一个简化的液压传动模型。图中有两个直径不同的液压缸 2 和 4,缸内各有一个与内壁紧密配合的活塞 1 和 5,假设活塞能在缸内自由(无摩擦力)滑动,而液体不会通过配合面产生泄漏,缸 2、4 下腔用管道 3 连通,其中充满液体。这些液体是密封在缸内壁、活塞和管道组成的容积中。如果活塞 5 上有重物 W,则当在活塞 1 上施加的力达到一定大小时,就能阻止重物 W 下降,也就是说可以利用密封容积中的液体传递力。当活塞 1 在力作用下向下运动时,重物将随之上升,说明密封容积中液体不但可以传递力,还可以传递运动。所以液体是一种传动介质,但必须强调指出,液体必须在密封容积中才能起传动的作用。

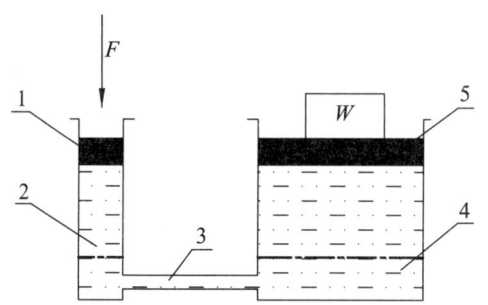

图 7.1 简化的液压传动模型
1,5—活塞;2,4—液压缸;3—管道

图 7.2(a)所示为机床工作台液压系统结构原理。它由油箱、过滤器、液压泵、溢流阀、换向阀、节流阀、换向阀、液压缸以及连接这些元件的油管、接头等组成。

该系统的工作原理:电动机驱动液压泵旋转,从油箱经过滤器吸油,泵输出的压力油→换向阀 5→节流阀 6→换向阀 7→液压缸左腔,推动活塞而使工作台 9 向右运动。这时液压缸 8 右腔的油液→换向阀 7→回油管 ③→油箱。如果将换向阀 7 手柄转换成图 7.2(b)所示状态,则压力油→换向阀 7→液压缸右腔,推动活塞而使工作台向左运动并使液压缸左腔油液→换向阀 7→回油管 ③→油箱。

工作台的运动速度是由节流阀 6 来调节的。改变节流阀的开度大小,可以改变进入液压缸的流量,从而控制液压缸活塞的运动速度。

为了克服推动工作台时受到的各种阻力，液压缸必须产生一个足够大的推力，而这个推力是由液压缸中的油液压力所产生的。要克服的阻力越大，缸中的油液压力就越高；阻力小，压力就低。这就说明了液压传动的一个基本原理，即压力取决于负载。

溢流阀 4 的作用是调节和稳定系统的最大工作压力，并溢出定量泵多余的油液。当工作台工作进给时，液压缸活塞需要克服大的负载并作慢速运动。因此，进入液压缸的压力油必须有足够的稳定压力才能推动活塞带动工作台运动。调节溢流阀的弹簧力，使之与液压缸最大负载相平衡。当系统压力升高到稍大于溢流阀的弹簧力时，溢流阀便打开，将定量泵输出的部分油液经油管 ② 溢回油箱。这时系统压力不再升高，工作台保持稳定的低速运动。当工作台快速退回时，因负载小所需压力低，溢流阀关闭，泵的流量全部进入液压缸，工作台实现快速运动。

如果将换向阀 5 手柄转换成图 7.2（c）所示状态，则液压泵输出的压力油→换向阀 5→回油管 ①→油箱。这时工作台停止运动，系统处于卸荷状态。

结构式原理图直观性好，容易理解，但图形复杂，绘制困难。为了简化系统图，目前各国均用元件的图形符号来绘制液压和气压系统图。这些符号只表示元件的职能及连接通路，而不表示其结构和性能参数。目前我国的液压与气压系统图采用附录中所规定的图形符号绘制。图 7.3 所示为图 7.2 液压系统的图形符号图。

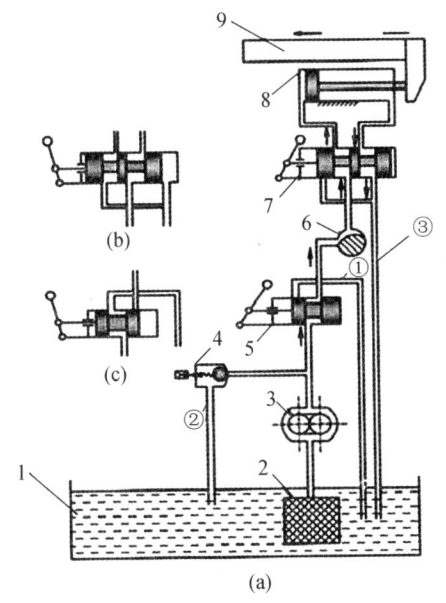

图 7.2 机床工作台液压系统结构原理

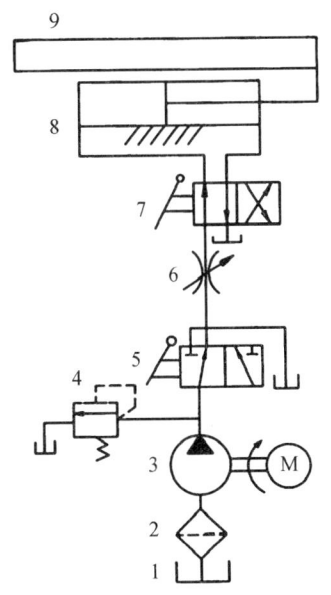

图 7.3 机床工作台液压系统图形符号图

1—油箱；2—过滤器；3—液压泵；4—溢流阀；
5，7—换向阀；6—节流阀；8—液压缸；9—工作台

7.1.2 液压传动系统的优缺点

液压与气压传动之所以在工程实际中应用广泛，是因为与机械传动和电力拖动系统相比，液压传动具有以下特点。

1. 优　点

（1）传动平稳。

在液压传动装置中，由于油液的压缩量非常小，在通常情况下可以认为不可压缩，依靠油液的连续流动进行传动。油液有吸振能力，在油路中还可以设置液压缓冲装置，故不像机械机构因加工和装配误差会引起振动和冲击，使传动十分平稳，便于实现频繁的换向。因此它广泛地应用在要求传动平稳的机械上，如磨床几乎全部采用了液压传动。

（2）质量轻体积小。

液压传动与机械、电力等传动方式相比，在输出同样功率的条件下，体积和质量可以减少很多，因此惯性小、动作灵敏。这对液压仿形、液压自动控制和要求减轻质量的机器来说特别重要。

（3）承载能力大。

液压传动易于获得很大的力和转矩，因此广泛用于压制机、隧道掘进机、万吨轮船操舵机和万吨水压机等。

（4）容易实现无级调速。

在液压传动中，调节液体的流量就可实现无级调速，并且调速范围很大，可达 2 000∶1，很容易获得极低的速度。

（5）易于实现过载保护。

液压系统中采取了很多安全保护措施，能够自动防止过载，避免发生事故。

（6）液压元件能够自动润滑。

由于采用液压油作为工作介质，使液压传动装置能自动润滑，因此元件的使用寿命较长。

（7）易实现复杂的动作。

采用液压传动能获得各种复杂的机械动作，如仿形车床的液压仿形刀架、数控铣床的液压工作台，可加工出不规则形状的零件。

（8）简化结构。

采用液压传动可大大地简化机械结构，从而减少了机械零部件数目。

（9）便于实现自动化。

液压系统中，液体的压力、流量和方向非常容易被控制，再加上电气装置的配合，很容易实现复杂的自动循环。

（10）便于实现"三化"。

液压元件易于实现系列化、标准化和通用化，也易于设计和组织专业性大批量生产，从而可提高生产率、提高产品质量、降低成本。

2. 缺　点

（1）液压元件制造精度要求高。

由于液压元件的技术要求高，加工和装配比较困难，使用维护比较严格。

（2）实现定比传动困难。

液压传动是以液压油为工作介质，在相对运动表面间不可避免地存在泄漏，同时油液又不是绝对不可压缩的，因此液压传动不宜应用在传动比要求严格的场合，例如螺纹和齿轮加工机床的传动系统。

（3）油液受温度的影响较大。

由于油的黏度随温度的改变而改变，故不宜在高温或低温的环境下工作。

（4）不适宜远距离输送动力。

由于采用管道传输压力油，压力损失较大，故不宜远距离输送动力。

（5）油液中混入空气易影响工作性能。

油液中混入空气后，容易引起爬行、振动和噪声，使系统的工作性能受到影响。

（6）油液容易污染。

油液污染后，会影响系统工作的可靠性。

（7）发生故障不容易检查与排除。

7.1.3 气压传动系统的工作原理

气压传动简称气动，它是以压缩空气为工作介质传递运动和动力的一门技术。其工作原理是将原动机输出的机械能转变为空气的压力能，利用管路、各种控制阀及辅助元件将压力能传送到执行元件，再转换成机械能并对外做功。由于气压传动具有防火、防爆、节能、高效、价廉和无污染等优点，近年来在国内外发展十分迅速，广泛应用于工业中的物料输送和加工、自动装卸、包装和其他控制等，特别是气动自动化控制技术的应用实现了生产过程的低成本和自动化，是工业自动化的一种重要技术手段。

图 7.4 所示为气动剪切机的结构原理图及图形符号。图示位置为气动剪切机在剪切前的预备状态，空气压缩机 1 输出的压缩空气→冷却器 2→油水分离器 3（降温及初步净化）→储气罐 4（备用）→分水滤气器 5（再次净化）→减压阀 6→油雾器 7→换向阀 9→气缸 10。此时换向阀 A 腔的压缩空气将阀芯推到上位，使气缸上腔充压，活塞处于下位，剪切机的剪口张开，处于预备工作状态。

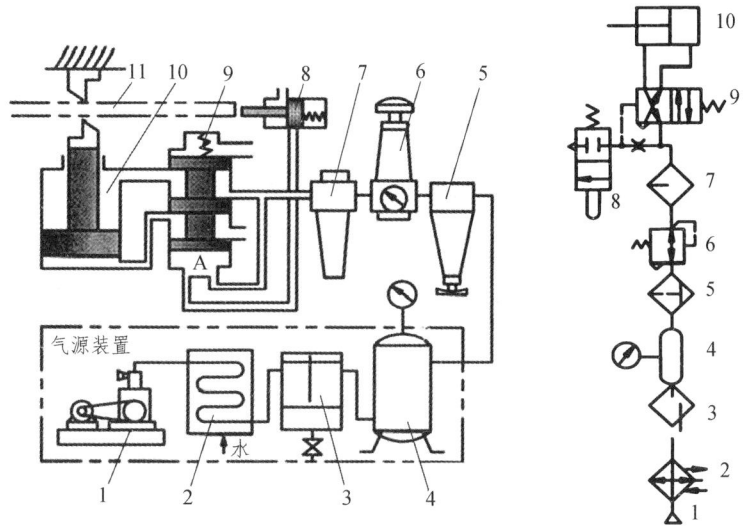

图 7.4 气动剪切机的结构原理图及图形符号

1—空气压缩机；2—冷却器；3—油水分离器；4—储气罐；5—分水滤气器；6—减压阀；
7—油雾器；8—行程阀；9—换向阀；10—气缸；11—工料

当送料机构将工料 11 送入剪切机并到达规定位置时，工料将行程阀 8 的阀芯向右推动，换向阀 A 腔经行程阀 8 与大气相通，换向阀阀芯在弹簧的作用下移到下位，将气缸上腔与大气连通，下腔与压缩空气连通。此时活塞带动剪刀快速向上运动将工料切下。工料被切下后，即与行程阀脱开，行程阀阀芯在弹簧作用下复位，将排气口封死，换向阀 A 腔压力上升，阀芯上移，使气路换向。气缸上腔进压缩空气，下腔排气，活塞带动剪刀向下运动，系统又恢复到图示预备状态，待第二次进料剪切。

从上面例子可以看到：气泵（压缩机）将电动机的机械能转换为流体的压力能，然后通过液压缸或气压马达（气缸或气马达）将流体的压力能再转换为机械能推动负载运动。

7.1.4 气压传动系统的优缺点

1. 气压传动的优点

（1）空气来源方便，用后直接排出，无污染。
（2）空气黏度小，气体在传输中摩擦力较小，故可以集中供气和远距离输送。
（3）气动系统对工作环境适应性好。特别在易燃、易爆、多尘埃、强磁、辐射、振动等恶劣工作环境工作时，安全可靠性优于液压、电子和电气系统。
（4）气动动作迅速、反应快、调节方便，可利用气压信号实现自动控制。
（5）气动元件结构简单、成本低且寿命长，易于标准化、系列化和通用化。

2. 气压传动的缺点

（1）运动平稳性较差。因空气可压缩性较大，其工作速度受外负载变化影响大。
（2）工作压力较低（0.3~1 MPa），输出力或转矩较小。
（3）空气净化处理较复杂。气源中的杂质及水蒸气必须被净化处理。
（4）空气黏度小，润滑性差，需设置单独的润滑装置。
（5）有较大的排气噪声。

7.2 气压传动元件

7.2.1 气源装置及辅助元件

气源装置是气压系统的重要组成部分，一般由产生压缩空气的压缩机、净化和储存压缩空气的装置及设备、输送压缩空气的管路系统几个部分组成。辅助元件是保证气压传动系统正常工作必不可少的组成部分。

1. 气源装置的组成及工作原理

气源装置为气压系统的设备工作提供动力，作为气动系统的动力源，不仅要满足系统对气体压力和流量的要求，而且要满足系统及其应用对象和作业环境对空气质量的要求，即要求输出清洁和干燥的压缩空气。若不能完全满足上述条件，就会加速系统的中期老化过程。常见的气源装置组成示意图如图 7.5 所示。

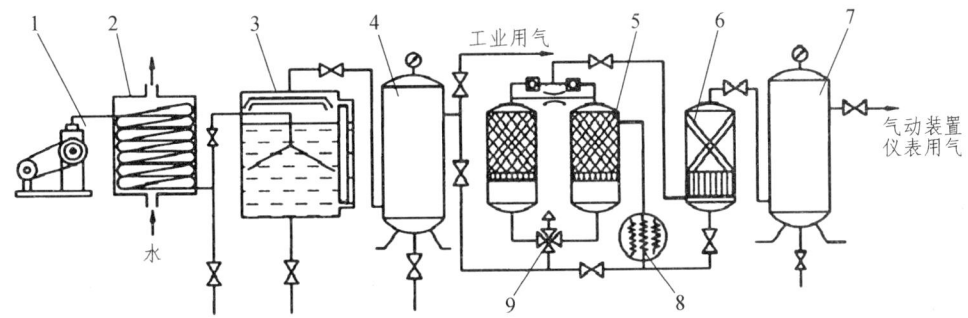

图 7.5 气源装置组成示意图
1—空压机；2—冷却器；3—油水分离器；4，7—储气罐；5—干燥器；
6—过滤器；8—加热器；9—四通阀

当启动空气压缩机后，经过压缩使压力提高、温度上升的空气先进入后冷却器 2 内冷却，并析出水分和油雾，再经过油水分离器 3 除去凝结的水和油后存于贮气罐 4 内。对气体清洁度要求不高的工业用气，可直接从 4 中引出使用。经干燥器 5 和过滤器 6 进行进一步的干燥和去除杂质后的压缩空气送入储气罐 7，可用于要求较高的气动系统（如气动化仪表及某些控制回路等）。

（1）空气压缩机。

空气压缩机是气源装置的主体部分，它是将原动机的机械能转化为气体的压力能的能量转换装置。

空气压缩机有多种分类方法，常用的有如下几种：

① 按工作原理分为容积式和速度式空气压缩机两类。容积式空气压缩机是通过机件的运动，使气缸的容积发生周期的变化，从而完成对空气的吸入和压缩过程。通过空气的压缩，使单位体积内气体分子密度增加而提高气体压力。容积式空气压缩机有活塞式、膜片式、螺杆式、叶片式及转子式等。速度式空气压缩机是利用提高气体分子运动速度的方法，使气体分子具有的动能转化为气体的压力能，如离心式和轴流式空气压缩机。

② 按输出压力大小分为低压空气压缩机（$0.2\ \text{MPa} < p < 1.0\ \text{MPa}$）；中压空气压缩机（$1.0\ \text{MPa} < p < 10\ \text{MPa}$）；高压空气压缩机（$10\ \text{MPa} < p < 100\ \text{MPa}$）和超高压空气压缩机（$p > 100\ \text{MPa}$）。

③ 按输出流量大小分为小型（$1\ \text{m}^3/\text{s} < Q < 10\ \text{m}^3/\text{s}$）、中型（$10\ \text{m}^3/\text{s} < Q < 100\ \text{m}^3/\text{s}$）和大型（$Q > 100\ \text{m}^3/\text{s}$）空气压缩机。

（2）净化装置。

净化装备一般包括后冷却器、油水分离器、干燥器、空气过滤器及储气罐。由空气压缩机输出的压缩空气能够满足一定的压力和流量要求，但不能直接被气动装置使用。从大气中吸入含有水分和灰尘的空气，经压缩后温度可高达 140～170 ℃，这时压缩机气缸里的润滑油和空气中的水分已部分汽化，与含在空气中的灰尘形成混合胶体杂质，这些杂质一旦进入气动设备中，会引起管路堵塞和锈蚀，加速元件的磨损，缩短使用寿命，严重时会使整个气动系统工作不稳定甚至失灵。因此，高压气体进入气动系统之前必须进行除油、除水、除尘和干燥处理，以提高压缩空气的质量。

① 后冷却器。

后冷却器安装在空气压缩机出口处的管道上。其作用是将高温压缩空气冷却到 40~50 ℃，使压缩空气中含有的油气和水汽达到饱和，并使其大部分凝结成油滴和水滴，便于经油水分离器排出。后冷却器有风冷式和水冷式两大类。风冷式后冷却器是靠风扇将冷空气吹向带散热片的热空气管道，经风冷后，压缩空气的出口温度大约比环境温度高 15 ℃ 左右。水冷式是通过强迫冷却水沿压缩空气流动的反方向流动来进行冷却的。经水冷后，压缩空气的出口温度大约比环境温度高 10 ℃ 左右。常使用的水冷式换热器可分为蛇管式和列管式，其结构及图形符号如图 7.6 所示。为提高降温效率，要特别注意冷却水与压缩空气的流动方向，见图中箭头所示。

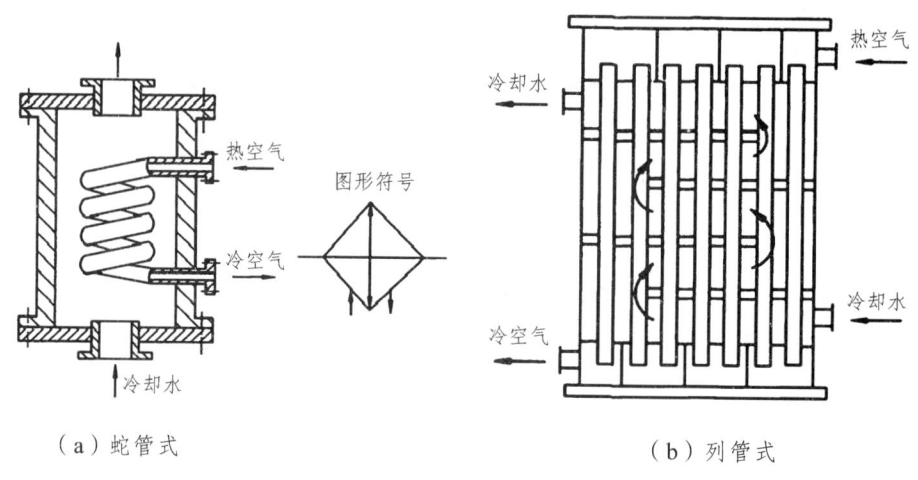

（a）蛇管式　　　　　　　　　（b）列管式

图 7.6　后冷却器结构

在选用后冷却器时，可根据空气压缩机的排气量、排气温度和所需要的冷却温度，计算出或查资料确定换热面积，再查产品样本确定。其标准是每处理 1.67×10^{-2} m²/s 的自由空气流量采用 $0.5 \sim 1$ m² 的冷却面积。

② 油水分离器。

油水分离器的作用是分离压缩空气中凝聚的大部分水分、油分和杂质，使压缩空气得到初步净化。其结构形式有环形回转式、撞击折回式、离心旋转式、水浴式，以及将以上形式组合使用等。

图 7.7 所示为常见的撞击和环形回转式油水分离器的结构及图形符号。压缩空气自入口进入分离器壳体后，气流先受到隔板阻挡被撞击折回向下，继而又回升向上，产生环形回转。这样使水滴、油滴和杂质在离心力和惯性力作用下，从空气中离析出并沉降在壳体底部，可定期打开底部阀门排出。经初步净化的空气从出口送往储气罐。为了达到预期的油水分离效果，气流回转后上升速度宜缓慢，一般不应超过 1 m/s。

③ 干燥器。

干燥器的作用是进一步除去压缩空气中含有的少量油分、水分、粉尘等杂质，使压缩空气干燥，提供给气源质量要求较高的系统及精密气动装置使用。

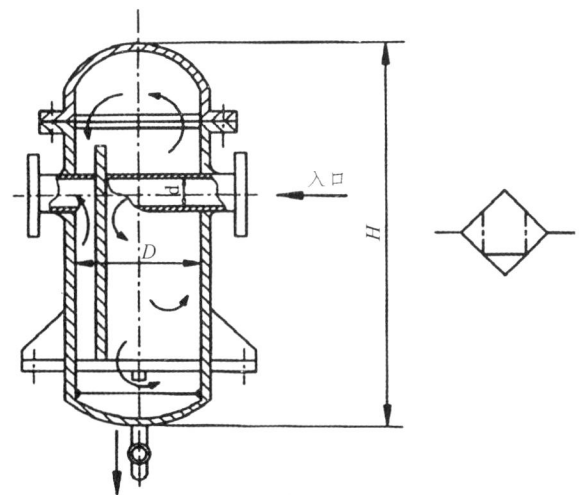

图 7.7 撞击和环形回转式油水分离器

压缩空气的干燥方法主要有机械法、离心法、冷冻法、吸收法和吸附法等。目前使用最广泛的是冷冻法和吸附法。冷冻法是利用制冷设备使空气冷却到其露点温度以下，析出空气中的多余水分，从而达到所需要的干燥程度。吸附法是利用硅胶、活性氧化铝、焦炭或分子筛等具有吸附性能的干燥剂来吸附压缩空气中的水分，使其达到干燥的目的，吸附法的除水效果最好。

图 7.8 所示为吸附式干燥器。湿空气从管 1 进入干燥器，通过吸附剂层 21、过滤网 20、上栅板 19 和下部吸附剂层 16 后，其中的水分被吸收而变得很干燥。然后再经过过滤网 15、下栅板 14 和过滤网 12，干燥、洁净的压缩空气便从输出管 8 排出。

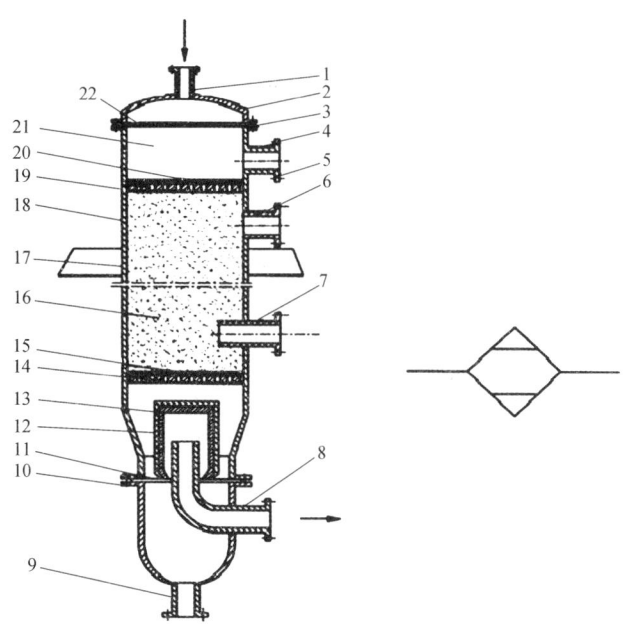

图 7.8 吸附式干燥器及图形符号

1—湿空气进气管；2—顶盖；3，5，10—法兰；4，6—再生空气排气管；7—再生空气进气管；
8—干燥空气输出管；9—排水管；11，22—密封垫；12，15，20—铜丝过滤网；13—毛毡；
14—下栅板；16，21—吸附剂；17—支撑板；18—外壳；19—上栅板

应当注意，干燥吸附剂吸湿后达到饱和状态后，即失去继续吸湿的能力，必须用干燥空气或其他方法去除吸附剂中的水分，使之再生才能继续使用。图 7.8 中的管 4、6、7 即是供再生吸附剂时使用的。一般设置两套干燥器，一套使用，另一套对干燥吸附剂再生，交替使用。

④ 空气过滤器。

空气的过滤是气动系统中的重要环节，过滤器（滤气器）是气动系统中最常用的一种空气净化装置，其作用是进一步滤除压缩空气中的水分、油滴及杂质，以达到气动系统要求的净化程度。有些过滤器常与干燥器和油水分离器等组成一体。过滤器的形式很多，常用的过滤器有一次过滤器和二次过滤器，二次过滤器应用最为广泛。一次过滤器（简易过滤器）滤灰效率为 50%~70%；二次过滤器滤灰效率为 70%~90%；高级过滤器滤灰效率可达 99%。

图 7.9 所示为一种一次过滤器结构及图形符号。气流由切线方向进入筒内，在惯性的作用下分离出液滴，然后气体由下向上通过多孔钢板、毛毡、硅胶、焦炭、滤网等过滤吸附材料，干燥清洁的压缩空气便从筒顶输出。

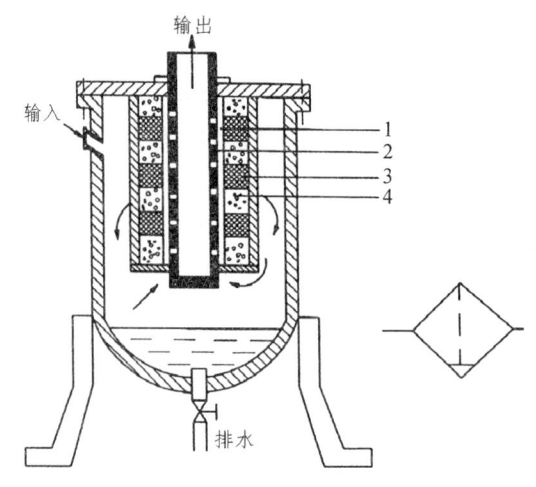

图 7.9　一次过滤器

1—10 mm 密封管；2—280 目细铜丝网；3—硅胶；4—焦炭

图 7.10 所示为二次过滤器结构及图形符号，它与减压阀、油雾器组合使用常被称为气动三联件，也可单独使用。压缩空气从输入口进入后，被引入旋风叶子 1，旋风叶子上有许多成一定角度的缺口，迫使空气沿切线方向产生强烈旋转。夹在空气中的水滴、油滴和杂质微粒便获得较大的离心力，并与水杯 3 内壁高速碰撞，而从空气中分离出来，沉积到存水杯底。然后空气通过滤芯 2，微粒灰尘和雾状水被滤芯拦截而被滤除。洁净的空气从输出口输出。挡水板 4 起防止气流卷起杯中存水的作用。使用中应及时通过排水阀 5 放掉杯中污水，并经常清洗滤芯，以保证分水滤气器正常工作。

⑤ 储气罐。

在气源系统中设置储气罐具有以下几个作用：储存一定数量的压缩空气，解决空压机的输出气量和气动设备的耗气量之间不平衡的矛盾；消除空气压缩机排气时产生的压力脉动，保证供气的连续性和平稳性；进一步分离压缩空气中的水分和油分；减弱由于空压机排气压力脉动引起的管道振动；降低空压机的起动、停止频率（相当于增大空压机的功率）等。

储气罐有多种结构,一般多采用焊接形式,其中立式的较多,其结构及图形符号如图 7.11 所示。

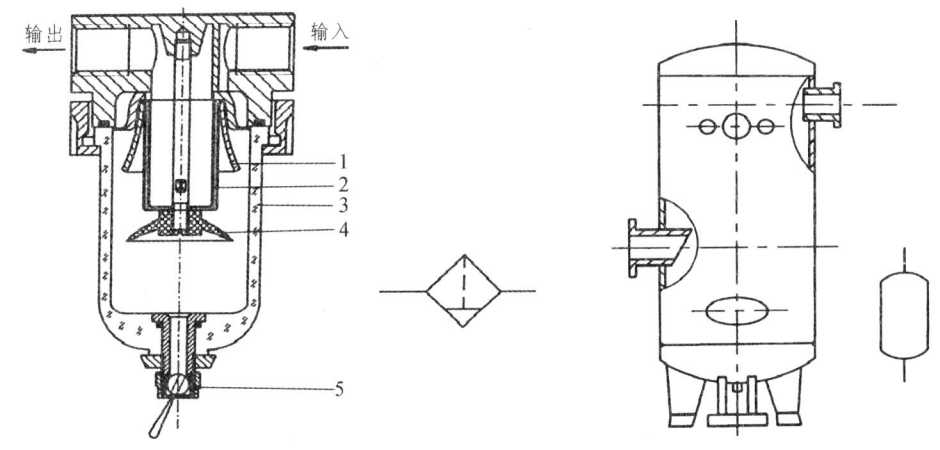

图 7.10 二次过滤器
1—旋风叶子;2—滤芯;3—水杯;4—挡水板;5—排水阀

图 7.11 立式储气罐及图形符号

2. 辅助气动元件

(1) 油雾器。

油雾器是一种特殊的注油装置,它以压缩空气为动力,将润滑油喷射成雾状混合于压缩空气中,使该压缩空气具有润滑气动元件的能力。目前,气动控制阀、气缸和气马达主要是靠这种带油雾的压缩空气来实现润滑的,其优点是方便、干净、润滑质量高。但需要说明的是,有许多气动应用领域是不允许供油润滑的,如食品和药品的包装,这时就应该使用不供油润滑和无油润滑元件。不供油润滑元件内的滑动部位的密封件由橡胶制成,采用特殊形状,设有滞留槽,内部存有润滑剂,以保证密封件的润滑。其他元件也要用不易生锈的金属材料。无油润滑元件使用自润滑材料,不需润滑即可长期工作。

图 7.12 是普通油雾器的结构及图形符号。压缩空气由输入口进入后,一部分由小孔 a 通过特殊单向阀进入存油杯 5 的上腔 c,油面受压,使油经过吸油管 6 将钢球 7 顶起,钢球 7 不能封住它到节流阀的通油孔,油可以不断地经节流阀 1 的阀口流入滴油管,再滴入喷嘴 11 中,被主通道中的高速气流引射出,雾化后从输出口输出。节流阀 1 可以在 0~120 滴/分钟调节滴油量,可通过视油器 8 观察滴油情况。

油雾器的安装应尽量靠近换向阀,与阀的距离一般不超过 5 m,但必须注意管径的大小和管道的弯曲程度。应尽量避免将油雾器安装在换向阀与气缸之间,以免造成润滑油的浪费。

(2) 消声器。

气压传动系统一般不设排气管道,用后的压缩空气直接排入大气。这样因气体的体积急剧膨胀,会产生刺耳的噪声。排气的速度和功率越大,噪声也越大,一般可达 100~120 dB。这种噪声使工作环境恶化,危害人体健康。一般说来,噪声高到 85 dB 就要设法降低,为此可在换向阀的排气口安装消声器来降低排气噪声。消声器是指能阻止声音传播而允许气流通过的一种气动元件,气动装置中的消声器主要有吸收型、膨胀干涉型和膨胀干涉吸收型三大类。

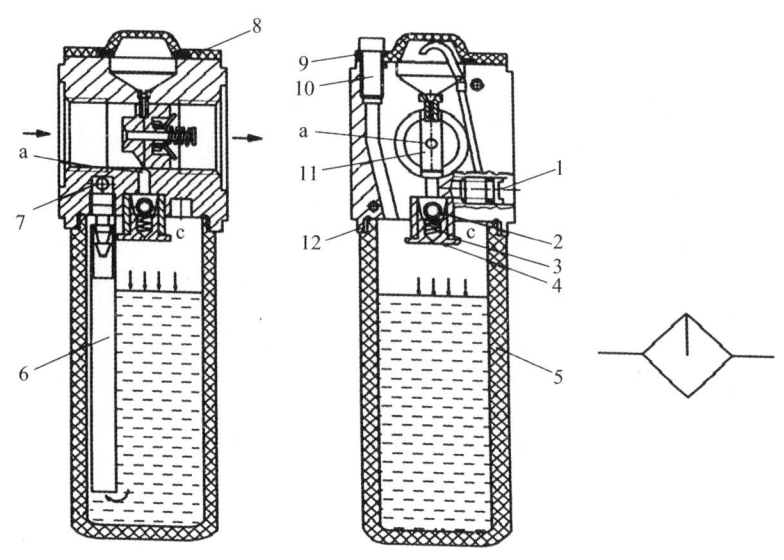

图 7.12 油雾器结构

1—节流阀；2，7—钢球；3—弹簧；4—阀座；5—存油杯；6—吸油管；
8—视油器；9，12—密封垫；10—油塞；11—喷嘴

① 吸收型消声器。

它主要利用吸音材料（玻璃纤维、毛毡、泡沫塑料、烧结金属、烧结陶瓷以及烧结塑料等）来降低噪声。在气体流动的管道内固定吸声材料，或按一定方式在管道中排列。这种消声器能在较宽的中高频范围内消声，特别对刺耳的高频声波消声效果更为显著。其结构如图 7.13 所示，消音罩 2 为多孔的吸音材料，一般用聚苯乙烯颗粒或铜珠烧结而成。当消声器的通径小于 20 mm 时，消声罩多用聚苯乙烯制成；当消声器的通径大于 20 mm 时，消声罩多采用铜珠烧结，以增加强度。吸收型消声器的消声原理是当有压气体通过消声罩时，气流受到阻力，声能量被部分吸收而转化为热能，从而降低了噪声强度。吸收型消声器结构简单，具有良好的消除中、高频噪声的性能，消声效果大于 20 dB。

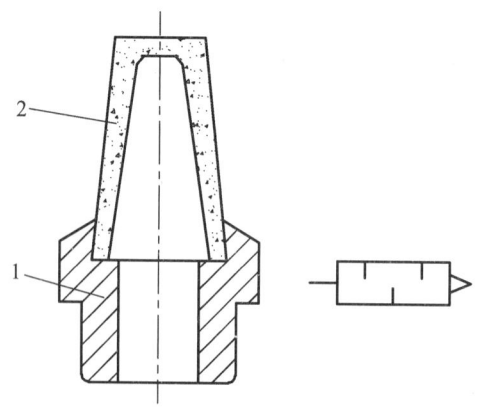

图 7.13 吸收型消声器及图形符号

1—连接件；2—消声罩

② 膨胀干涉型消声器。

膨胀干涉型消声器又称声学滤波器，呈管状，是根据声学滤波器的原理制造的，排气阻力小，具有良好的低频消声性能，但消声频带窄，对高频消声效果差，且结构较大，不够紧凑。膨胀干涉型消声器最简单的结构是一段管件，将一段粗而长的塑料管接在元件的排气口，气流在管道里膨胀、扩散、反射、相互干涉，减弱噪声强度而消声。最后经过非吸音材料制成的开孔较大的多孔外壳排入大气。

③ 膨胀干涉吸收型消声器。

它是前两种消声器的综合应用，既有阻性吸声材料，又有抗性消声器的干涉等作用，能在很宽的频率范围内起消声作用，其结构如图 7.14 所示。当气流由斜孔引入，在 A 室扩散、减速、碰壁撞击后反射到 B 室，气流束相互撞击、干涉，并进一步减速，从而使噪声减弱。然后气流经过吸音材料的多孔侧壁排入大气，噪声被再次削弱。

（3）转换器。

在气动控制系统中，也与其他自动装置一样，有发信、控制和执行部分，其控制部分工作介质为气体，而信号传递部分和执行部分不一定会用气体，可能用电或液体传输，这就要通过转换器来转换。常用的转换器有气-电、电-气、气-液等类型。图 7.15 所示是气-液转换器结构，它是把气压直接转换成液压的压力转换装置。压缩空气自上部进入转换器内，直接作用在油面上，使油液液面产生与压缩空气相同的压力，压力油从转换器下部引出供液压系统使用。

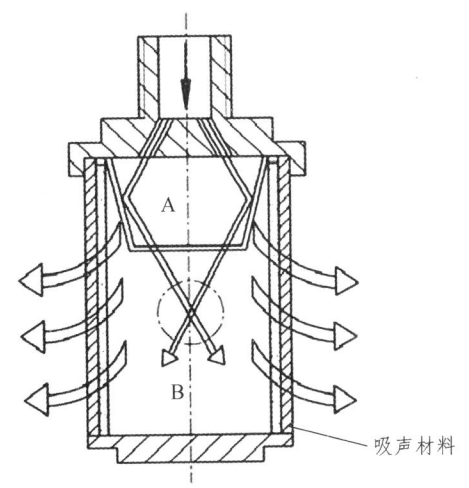

图 7.14　膨胀干涉吸收型消声器

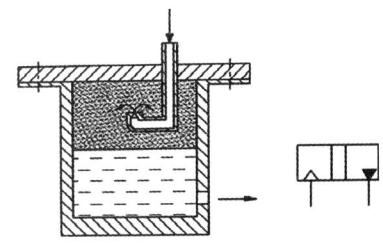

图 7.15　气-液转换器及图形符号

选择气-液转换器应考虑液压执行元件的用油量，一般应是液压执行元件用油量的 5 倍。转换器内装油不能太满，液面与缓冲装置间应保持 20～50 mm 距离。

7.2.2　气动执行元件

从气源装置产生的压缩空气经过净化后输往各个工作部分，其间需经控制元件对其压力、流量和方向等进行控制、调节和变换。气动元件包括气动执行元件和气动控制元件。认识各类气动元件，理解常用气动元件的作用、特点和工作原理，了解其使用注意事项，是解决气动技术应用实际问题的基础。

气动系统常用的执行元件为气缸和气马达。它们是将压缩空气的压力能转化为机械能的元件。气缸用于实现直线往复运动，输出力和直线位移。气马达用于实现连续回转运动，输出力矩和角位移。

1. 气缸类型及工作原理

在气动自动化系统中，气缸由于其具有相对较低的成本，容易安装，结构简单，耐用，各种缸径尺寸及行程可选等优点，成为应用较为广泛的一种执行元件。

（1）气缸类型。

气缸的种类很多，一般可按其驱动方式、结构特征和安装形式来分类，常用的有以下几种：

① 按驱动气缸时压缩空气作用在活塞端面上的方向，可分为单作用气缸和双作用气缸。单作用气缸的特点是压缩空气只能使活塞向一个方向运动，另一个方向的运动则需要借助外力、重力。双作用气缸的特点是压缩空气可使活塞向两个方向运动。

② 按结构特点可分为活塞式气缸、叶片式气缸、薄膜式气缸、气-液阻尼缸等。

③ 按安装方式可分为耳座式、法兰式、轴销式和凸缘式。

④ 按气缸的功能可分为普通气缸和特殊气缸。普通气缸主要指活塞式单作用气缸和双作用气缸，用于无特殊使用要求的场合，如一般的驱动、定位、夹紧装置的驱动等。特殊气缸包括气-液阻尼缸、薄膜式气缸、冲击气缸、伸缩气缸、回转气缸、摆动式气缸（摆动气马达）等。

⑤ 按气缸的尺寸分类。通常称缸径为 2.3~6 mm 的为微型气缸，8~25 mm 的为小型气缸，32~320 mm 的为中型气缸，大于 320 mm 的为大型气缸。

（2）气缸结构及工作原理。

① 双作用气缸。

图 7.16 所示为双作用气缸的结构，它主要由缸筒、活塞、活塞杆、前后端盖及密封件等组成。所谓双作用是指活塞的往复运动均由压缩空气来推动。在单伸出活塞杆的动力缸中，因活塞右边面积比较大，当空气压力作用在右边时，提供慢速的和作用力大的工作行程；返回行程时，因为活塞左边的面积较小，所以速度较快而作用力变小。此类气缸的使用最为广泛，一般应用于包装机械、食品机械、加工机械等设备上。

② 串联式气-液阻尼缸。

图 7.17 所示是串联式气-液阻尼缸的工作原理。它将液压缸和气缸串联成一个整体，两个活塞固定在一根活塞杆上。一般是将双活塞杆腔作为液压缸，因为这样可使液压缸两腔的排油量相等。若压缩空气自 A 口进入气缸左侧，气缸克服外载荷并推动活塞向右运动，此时液压缸右腔排油，单向阀关闭，油液只能经节流阀缓慢流入液压缸左腔，对整个活塞的运动起阻尼作用，调节节流阀的通道面积，就能达到调节活塞运动速度的目的；反之，当压缩空气经换向阀从气缸 B 口进入时，液压缸左腔排油，此时单向阀开启，无阻尼作用，活塞快速向左运动。

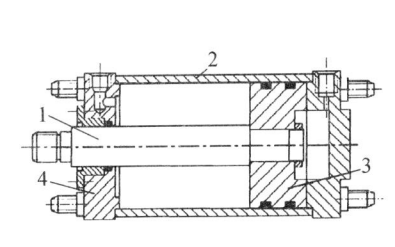

图 7.16 双作用气缸
1—活塞杆；2—缸筒；3—活塞；4—缸盖

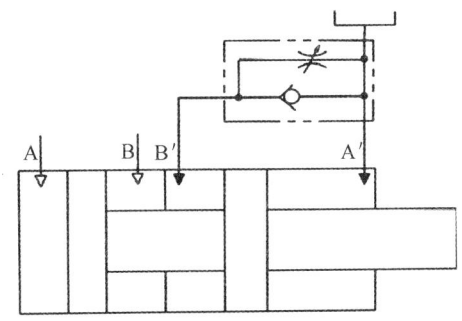

图 7.17 串联式气-液阻尼缸

气-液阻尼缸是由气缸和液压缸组合而成的，它以压缩空气为能源，利用油液的不可压缩性和控制流量来获得活塞的平稳运动和调节活塞的运动速度。与普通气缸相比，它传动平稳、停位精确、噪声小；与液压缸相比，它不需要液压源，油液的污染小、经济性好。由于气-液阻尼缸同时具有气动和液压的优点，因而它得到了广泛的应用。

③ 薄膜式气缸。

图 7.18 所示为薄膜式气缸的结构，它由缸体、膜片、膜盘和活塞杆等主要零件组成。它是利用压缩空气通过膜片的变形来推动活塞杆做直线运动的气缸。图 7.18（a）为单作用式薄膜气缸，图 7.18（b）为双作用式薄膜气缸。

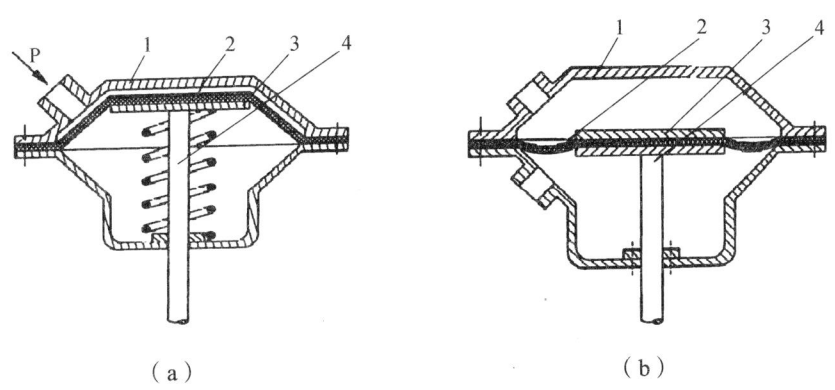

（a） （b）

图 7.18 薄膜式气缸
1—缸体；2—膜片；3—膜盘；4—活塞杆

薄膜式气缸具有结构紧凑、质量轻、维修方便、密封性能好、制造成本低等优点，但是因膜片的变形量有限，其行程短（一般不超过 40~50 mm），且气缸活塞上的输出力随着行程加大而减小。它广泛应用于化工生产过程的调节器上。

④ 冲击气缸。

图 7.19 所示为冲击气缸工作原理，它是把压缩空气的能量转化为活塞高速运动能量的一种气缸。活塞的最大速度可达每秒十几米，利用此动能去做功，可完成型材下料、打印、铆接、弯曲、冲孔、镦粗、破碎、模锻等多种作业。

冲击气缸由缸体、中盖、活塞和活塞杆等主要零件组成。中盖与缸体固结在一起，它和活塞把气缸容积分隔成三部分，即蓄能腔、活塞腔和活塞杆腔，中盖中心开有一喷嘴口。当压缩空气刚进入蓄能腔时，其压力只能通过喷嘴口的小面积作用在活塞上，还不能克服活塞杆腔的排气压力所产生的向上推力以及活塞和缸体间的摩擦阻力，喷嘴处于关闭状态。当蓄能腔中充气压力逐渐升高到作用在喷嘴口面积上的总推力能克服活塞杆腔的排气压力与摩擦力总和时，活塞向下移动，喷嘴口开启，积聚在蓄能腔中的压缩空气通过喷嘴口突然作用在活塞全部面积上，喷嘴口处的气流速度可达声速。而此时活塞杆腔内的压力很低，于是活塞在很大的压差作用下迅速加速，加速度可达 1 000 m/s² 以上，在很短的时间（约为 0.25～1.25 s）内，以极高的速度（平均冲击速度可高达 8 m/s）向下冲击，从而获得很大的动能。

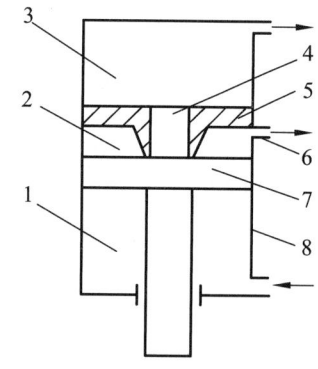

图 7.19　冲击气缸
1—活塞杆腔；2—活塞腔；3—蓄能腔；
4—喷嘴口；5—中盖；6—泄气口；
7—活塞；8—缸体

喷入活塞腔的高速气流进一步膨胀，给予活塞很大的向下推力，泄气口的作用是在活塞开始冲击之前，使活塞腔的压力能接近于大气压，当活塞开始冲击后应关闭，以免造成泄漏。

⑤ 伸缩气缸。

图 7.20 为伸缩气缸结构，其特点是行程长，径向尺寸较大而轴向尺寸较小，推力和速度随工作行程的变化而变化。

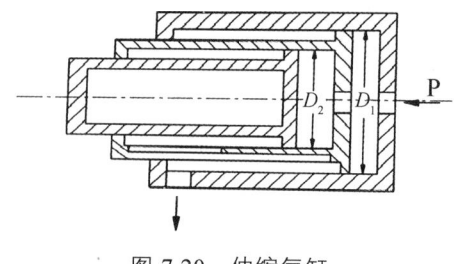

图 7.20　伸缩气缸

（3）气缸的选择。

应根据压力、负载、工作行程、工作介质温度、环境条件（如温度）、润滑及安装要求来选择气缸。

2. 气动马达的工作原理

常用的气动马达有叶片式（又称滑片式）、活塞式和薄膜式 3 种。

图 7.21（a）是叶片式气动马达的工作原理。压缩空气由 A 孔输入时分为两路：一路经定子两端密封盖的槽进入叶片底部（图中未表示出来），将叶片推出，叶片就是靠此气压推力及转子转动后离心力的综合作用而紧密地贴在定子内壁上。另一路经 A 孔进入相应的密封工作空间而作用在两个叶片上，由于两叶片伸出长度不等，就产生了转矩差，使叶片与转子按逆时针方向旋转。做功后的气体由定子上的孔 C 排出，剩余残气经孔 B 排出。若改变压缩空气输入方向，则可改变转子的转向。

图 7.21(b)是径向活塞式气动马达的工作原理。压缩空气经进气口进入分配阀(又称配气阀)后再进入气缸,推动活塞及连杆组件运动,使曲轴旋转。在曲轴旋转的同时,带动固定在曲轴上的分配阀同步转动,使压缩空气随着分配阀角度位置的改变而进入不同的缸内,依次推动各个活塞运动,并由各活塞及连杆带动曲轴连续运转,与此同时,与进气缸相对应的气缸则处于排气状态。

图 7.21(c)是薄膜式气动马达的工作原理。它实际上是一个薄膜式气缸,当它做往复运动时,通过推杆端部棘爪使棘轮转动。

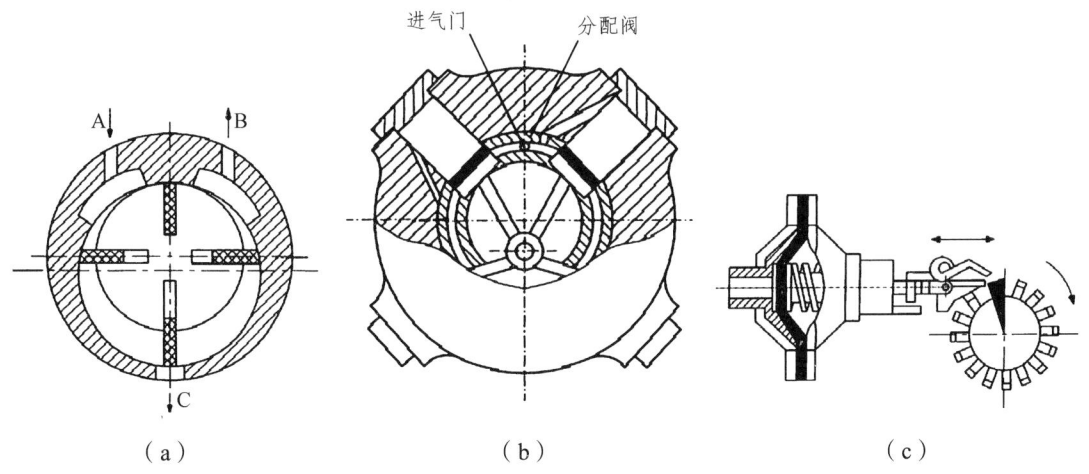

图 7.21 气动马达工作原理

各种常用气动马达的性能并不完全相同,在选择和使用时可参考表 7.1。

表 7.1 常用气动马达特点及应用

型 式	转 矩	速 度	功 率	每千瓦耗气量 $Q/(m^3/min)$	特点及应用范围
叶片式(滑片式)	低转矩	高速度	由零点几千瓦到13千瓦	小型:1.8~2.3 大型:1~1.4	制造简单、结构紧凑,但低速起动扭矩小,低速性能不好。适合要求低或中等功率的机械,如手提工具、复合工具、传动带、升降机、泵、拖拉机等
活塞式	中、高转矩	低速和中速	由零点几千瓦到17千瓦	小型:1.9~2.3 大型:1~1.4	在低速时,有较大的功率输出和较好的转矩特性。起动准确,且起动和停止特性均较叶片式好。适用载荷较大和要求低及转矩较高的机械,如手提工具、起重机、绞车、拉管机等
薄膜式	高转矩	低速度	小于1千瓦	1.2~1.4	适用于控制要求很精确、起动转矩极高和速度低的机械

7.2.3 气动控制元件

在气压传动系统中,气动控制元件是用来控制和调节压缩空气的压力、流量、流动方向和发送信号的重要元件。利用这些气动控制元件可以组成具有特定功能的控制回路,使气压系统实现预先要求的程序动作。按其作用和功能可分为压力控制阀、流量控制阀和方向控制阀3类。

1. 压力控制阀

压力控制阀用来控制和调节系统压力的大小,主要有溢流阀、减压阀和顺序阀。

(1)溢流阀。

溢流阀的作用是当系统压力超过调定值时,便自动排气,使系统的压力下降,以保证系统安全。按控制方式分,溢流阀有直动型和先导型两种。

如图7.22所示为直动型溢流阀的结构和符号,将阀的P口与系统或容器直接连通,O口通大气,当系统中空气压力升高到大于溢流阀弹簧调定压力值时,气体推开阀芯,经阀口从O口排至大气,使系统压力稳定在调定值,保证系统安全。当系统压力低于调定值时,在弹簧的作用下阀口关闭。使系统内的压力维持在安全阀调定压力值之下,从而保证系统不会因压力超高而发生事故。开启压力的大小与调整弹簧的预压缩量有关。膜片式安全阀的密封性好,压力损失较小。

如图7.23所示为先导型溢流阀的结构和符号。其先导阀为减压阀,由它减压后的空气从上部K口进入阀内,以代替直动型的弹簧控制溢流阀。先导型溢流阀适用于管道通径较大及远距离控制的场合。溢流阀选用时其最高工作压力应略高于所需控制压力。

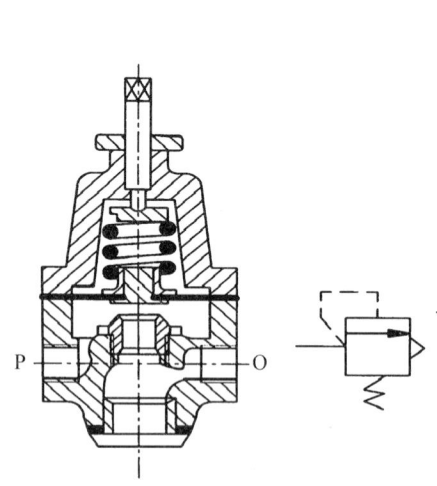

图7.22 直动型溢流阀及图形符号

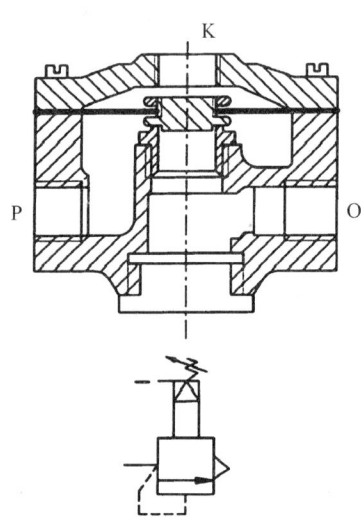

图7.23 先导型溢流阀及图形符号

图7.24为溢流阀的应用回路。气缸的行程长,运动速度快,如单靠减压阀溢流孔的排气作用,难以保证气缸的右腔压力恒定。因此,在回路中装有溢流阀,并使减压阀的调定压力低于溢流阀的设定压力,缸的右腔在行程中由减压阀供给减压后的压力空气,左腔经换向阀排气。由溢流阀配合减压阀控制缸内压力并保持恒定。

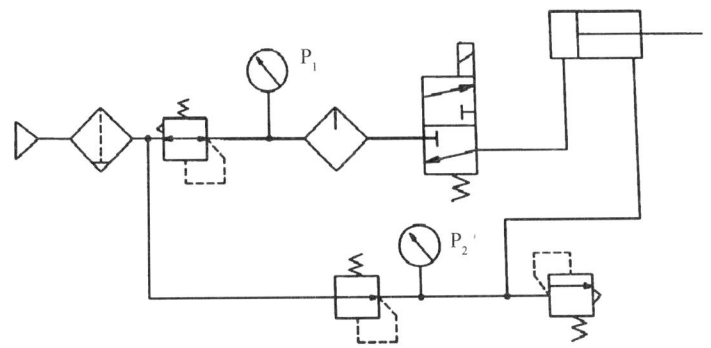

图 7.24 溢流阀的应用回路

（2）减压阀。

减压阀又称调压阀，它的作用是降低来自空气压缩机的压力，以适合每台气动设备的需要，并使这一部分压力保持稳定。减压阀一般安装在空气过滤器之后，油雾器之前。按其调节压力方式的不同，减压阀有直动型和先导型两种。

图 7.25 所示为某飞机冷气系统的 KJY-8 型直动型减压阀（俗称 50 减压器）的结构和符号。它由壳体、进气活门、调压部分和安全活门组成，壳体上有进气接头、安全活门，壳体下部有调压螺帽。进气接头内有铜丝滤网，安全活门处有气孔。该减压阀可将飞机主冷气系统压力从 11~12.7 MPa 减压到 4.61~5.5 MPa。其工作原理是阀处于工作状态时，压缩空气从左侧入口流入，经进气口后再从阀出气口流出。当出口气压小于 4.9 MPa 时，调压弹簧通过弹簧座、铜薄膜、顶杆将进气活门顶开，高压冷气可经进气孔进入出口管路，随着高压冷气不断进入，出口气压逐渐升高，薄膜上的气压作用力也随之增大，通过薄膜、弹簧座压缩调压弹簧，进气活门在弹簧力作用下也逐渐关小，当进气活门刚好关闭时，高压冷气就不能再流过活门，

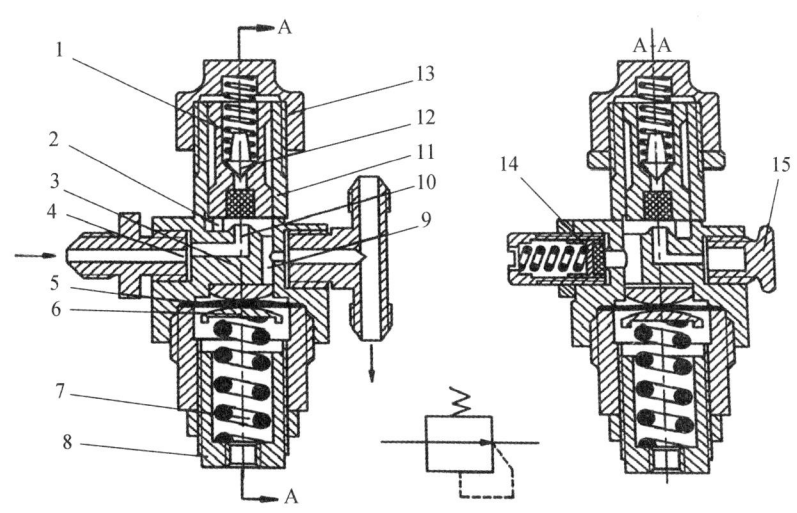

图 7.25 KJY-8 型减压阀及图形符号

1—活门弹簧；2—顶杆；3—活门座；4—滤网；5—铜薄膜；6—弹簧座；7—调压弹簧；
8—调压螺帽；9—通气孔；10—进气孔；11—壳体；12—进气活门；13—上盖；
14—安全活门；15—备用接头

活门上的力是平衡的。此时,作用在进气活门上向上的力有调压弹簧力,活门面积与进出口气压差的乘积所表示的气压作用力,作用在进气活门上向下的作用力有活门弹簧力和铜薄膜上的出口气压作用力。当出口压力超过 5.9 MPa 时,安全活门打开放气,防止传动部分压力过高。

从以上分析可以看出,进气活门面积与薄膜有效面积的比值越小,进气压力对出口压力的影响越小。所以一般这个比值很小,另外活门弹簧力一般也很小,所以出口压力主要由调压弹簧力决定。顺时针拧调压螺帽,调压弹簧预加张力加大,出口压力即增大,反之出口压力减小。这种形式的减压阀因进气活门面积较小,不适用于大流量的冷气传动部分。

图 7.26 所示为先导型减压阀结构简图,它由先导阀和主阀两部分组成。当气流从左端流入阀体后,一部分经进气阀口 9 流向输出口,另一部分经固定节流孔 1 进入中气室 5,经喷嘴 2、挡板 3、孔道反馈至下气室 6,再经阀杆 7 中心孔及排气孔 8 排至大气。

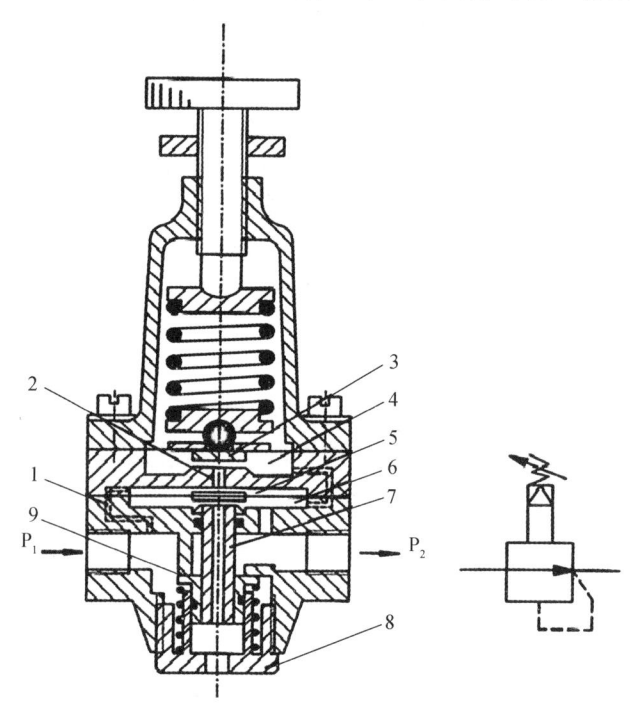

图 7.26　先导型减压阀及图形符号

1—固定节流孔；2—喷嘴；3—挡板；4—上气室；5—中气室；6—下气室；
7—阀杆；8—排气孔；9—进气阀口

把手柄旋到一定位置,使喷嘴挡板的距离在工作范围内,减压阀就进入工作状态。中气室 5 的压力随喷嘴与挡板间距离的减小而增大,于是推动阀芯打开进气阀口 9,即有气流流到出口,同时经孔道反馈到上气室 4,与调压弹簧相平衡。

若输入压力瞬时升高,输出压力也相应升高,通过孔口的气流使下气室 6 的压力也升高,破坏了膜片原有的平衡使阀杆 7 上升,节流阀口减小,节流作用增强,输出压力下降,使膜片两端作用力重新平衡,输出压力恢复到原来的调定值。

当输出压力瞬时下降时,经喷嘴挡板的放大也会引起中气室 5 的压力较明显地升高,而使阀芯下移,阀口开大,输出压力升高,并稳定到原调定值上。

减压阀选择时应根据气源压力确定阀的额定输入压力,气源的最低压力应高于减压阀最高输出压力 0.1 MPa 以上。

图 7.27 为减压阀的应用实例。图 7.27（a）是由减压阀控制同时输出高、低压力 p_1，p_2。图 7.27（b）是利用减压阀和换向阀得到高、低输出压力 p_1，p_2。这两种回路常用于气动设备之前，可根据需要用同一气源得到两种工作压力。

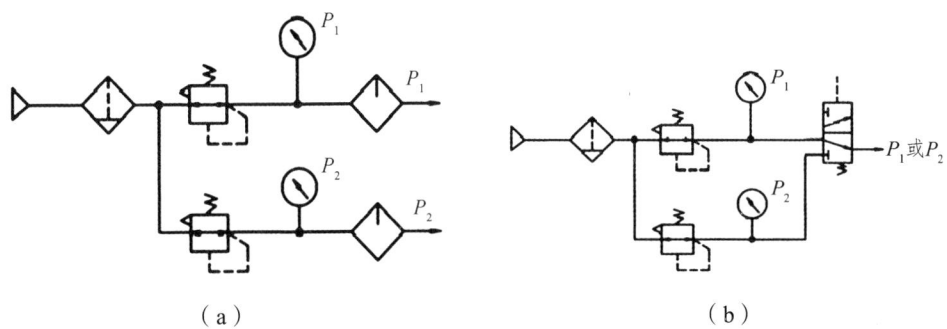

图 7.27 减压阀应用回路

（3）顺序阀。

顺序阀是当入口压力或先导压力达到设定值时，便允许压缩空气从入口侧向出口侧流动的阀。其作用是依靠气路中压力的大小来控制执行机构按顺序动作。顺序阀常与单向阀并联组合成一体，称为单向顺序阀。

图 7.28 为单向顺序阀的工作原理，当压缩空气由 P 进入腔 4 后，作用在活塞 3 上的力小于弹簧 2 上的力时，阀处于关闭状态。而当作用于活塞上的力大于弹簧力时，活塞被顶起，压缩空气经腔 4 流入腔 5 由 A 口流出，然后进入其他控制元件或执行元件，此时单向阀关闭。当切换气源时［见图 7.28（b）］，腔 4 压力迅速下降，顺序阀关闭，此时腔 5 压力高于腔 4 压力，在气体压力差作用下，打开单向阀，压缩空气由腔 5 经单向阀 6 流入腔 4 向外排出。

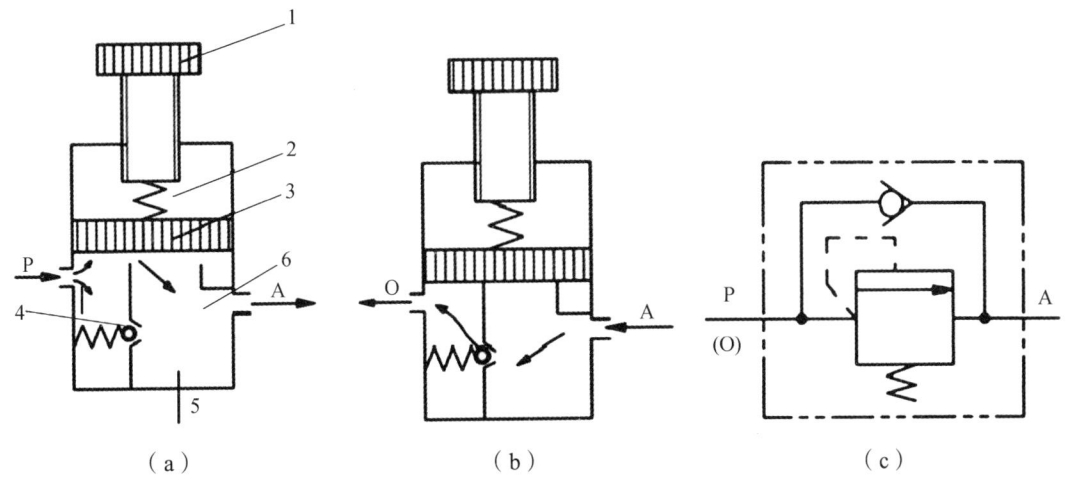

图 7.28 单向顺序阀的工作原理图

1—调压手柄；2—调压弹簧；3—活塞；4—阀左腔；5—阀右腔；6—单向阀

图 7.29 为单向顺序阀的结构。

图 7.30 所示为顺序阀控制两个气缸顺序动作的原理。压缩空气先进入气缸 1，待上升到一定压力后，打开顺序阀 4，压缩空气才开始进入气缸 2 使其动作。切断气源，气缸 2 返回的气体经单向阀 3 和排气孔 O 排空。

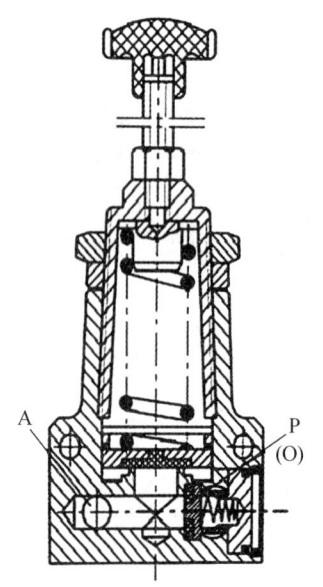

图 7.29 单向顺序阀结构

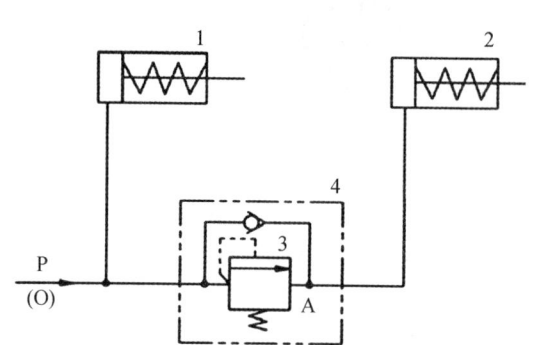

图 7.30 顺序阀的应用回路
1，2—气缸；3—单向阀；4—顺序阀

2. 流量控制阀

在气动系统中，气缸的运动速度、换向阀的切换时间和气动信号的传递速度等，都需要通过控制调节压缩空气的流量来实现。

通过改变阀口的通流面积来控制压缩空气流量的元件称为气动流量控制阀。流量控制阀主要有节流阀、单向节流阀和排气节流阀等。

（1）节流阀。

节流阀的作用是通过改变阀的通流面积来调节流量。

图 7.31 所示为圆柱斜切式节流阀的结构图。气体由输入口 P 进入阀内，经阀座与阀芯间的节流通道从输出口 A 流出，通过调节螺杆使阀芯上下移动，改变节流口通流面积，实现流量的调节。通过调节螺杆使阀芯上下移动，改变节流口的流通面积，从而调节压缩空气的流量。这种节流阀的结构简单、体积小，故应用广泛。

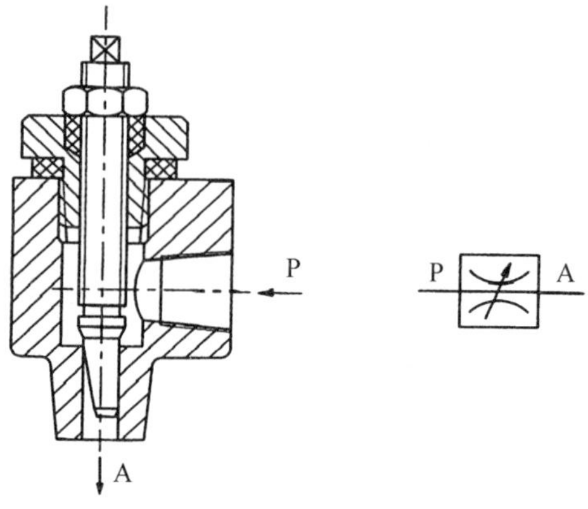

（2）单向节流阀。

单向节流阀是由单向阀和节流阀并联组合而成的组合式控制阀。图 7.32 和图 7.33 所示

图 7.31 节流阀及图形符号

分别为单向节流阀的结构和工作原理。当压缩空气正向流动（从 P 流向 A）时，单向阀 1 在弹簧和气压作用下处于关闭状态，气流经节流阀 2 节流后自 A 口流出。而在气流反向流动（从 A 流向 T）时，单向阀 1 被推开，不起节流作用，大部分气体将从阻力小、通流面积大的单向阀流过，少量气体经节流阀流出，汇集由 T 口排除。

单向节流阀常用于控制气缸的运动速度，或用于延时环节和缓冲机构等。

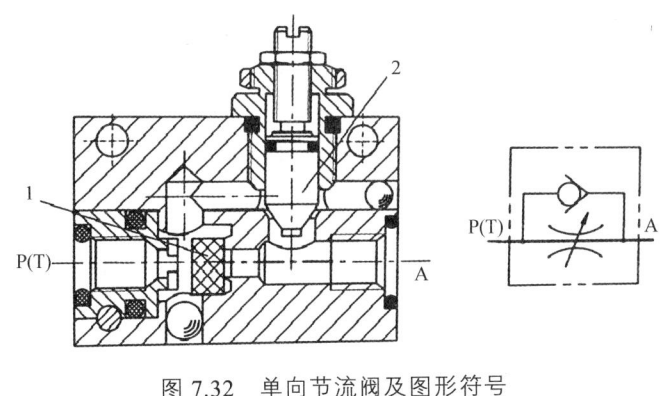

图 7.32 单向节流阀及图形符号

1—单向阀；2—节流阀

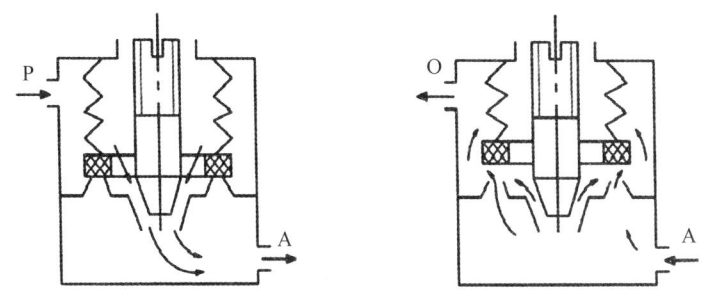

图 7.33 单向节流阀工作原理

（3）排气节流阀。

排气节流阀是装在执行元件的排气口处，用来调节排入大气中气体流量的一种流量控制阀。它不仅能调节执行元件的运动速度，如带消声器，还可起到减小排气噪声的作用。图 7.34 所示是带消声器的排气节流阀的结构。消声器的选择主要依据排气口直径的大小及噪声的频率范围。调节手轮 8，可改变阀芯 3 左端节流口处通流面积的大小，即可调节从 A 口来的排气量的大小，由消声套 4 降低排气噪声。

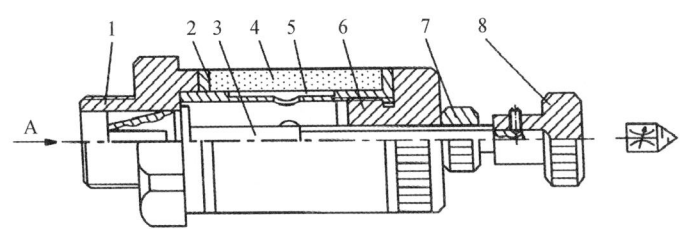

图 7.34 排气节流阀及图形符号

1—封盖；2—销；3—阀芯；4—消声套；5—消音口；6—阀体；
7—紧固螺母；8—调节手轮

用流量阀可以控制气动执行元件的运动速度,但是采用气动控制比液压控制困难,特别是在超低速控制中,要按照预定的行程变化来控制速度,只用气动很难实现。为了获得比较平稳的运动速度,应严格防止管道泄漏,保持气缸的润滑状态,减少摩擦阻力,负载也要相对稳定,流量阀应尽量安装在气缸附近,尽可能缩短与气缸之间的距离。在外界负载变化很大时,仅用气动流量阀也不会得到满意的调速效果。为了能够进行准确的调速,可采用气-液联合调速。

3. 方向控制阀

(1) 类型。

方向控制阀是气动系统中通过改变压缩空气的流向和气流的通、断来控制执行元件的启、停及运动方向的气动元件。它是气动系统中应用最为广泛、种类最多的一种气动控制元件。

按气流在阀内的流动方向,方向阀可分为换向型和单向型两种。

按阀芯工作位置和通路,方向阀可分为二位三通阀、二位五通阀、三位四通阀、三位五通阀等。

按阀芯的结构形式,方向阀可分为滑阀式、截止式、旋塞式等。

按阀的控制方式,方向阀可分为气压控制阀、电磁控制阀、机械控制阀、人力控制阀、时间控制阀等。

(2) 气压控制换向阀。

气压控制换向阀是利用气体压力来获得轴向力,使主阀芯迅速移动,从而使气体改变流向的一种控制阀。按施加压力的方式不同,这种换向阀可分为加压控制、泄压控制、差压控制和延时控制。常用的控制方式有加压控制和差压控制两种。

加压控制是指所加的控制信号压力是逐渐上升的,当气压增加到阀芯的动作压力时,主阀便换向。图 7.35 (a) 是二位三通加压控制换向阀的图形符号。

差压控制是利用控制气压作用在阀芯两端不同面积上所产生的压力差,使阀换向的一种控制方式。图 7.35 (b) 是二位五通的差压控制换向阀的图形符号,当没有控制信号 K 时,P 与 A 相通,B 与 O_2 相通;当有控制信号 K 时,P 与 B 相通,A 与 O_1 相通。

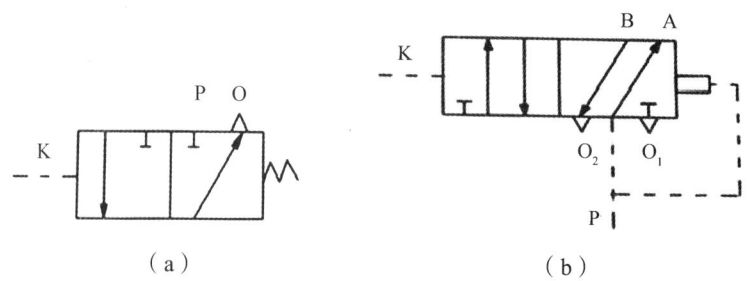

图 7.35 气压控制换向阀的图形符号

显然,气压控制阀在易燃、易爆、潮湿等工作环境中比电磁阀安全,但远距离控制或遥控比较困难。

(3) 电磁控制换向阀(电磁阀)。

气压传动中的电磁控制换向阀与液压传动中的电磁控制换向阀一样,也由电磁铁控制部分和主阀两部分组成。是利用电磁力来获得轴向力使阀芯迅速移动,从而使气体改变流向的一种控制阀。

图 7.36（a）所示的二位三通电磁阀处于原始状态，（b）为通电状态，（c）为该阀的图形符号。

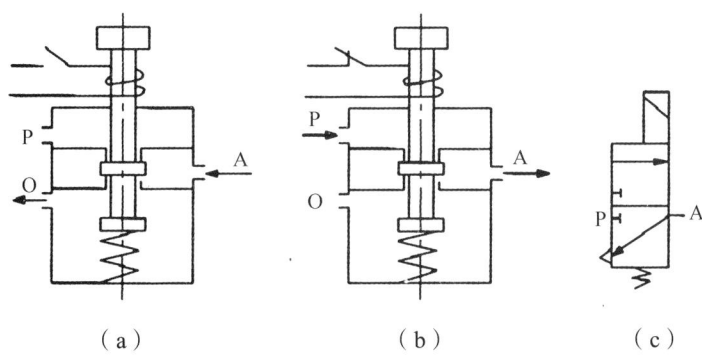

图 7.36　二位三通电磁阀

（4）方向控制阀的选用。

选用方向控制阀应考虑以下几个方面的问题：

① 根据流量选择阀的通径。阀的通径是依据气动执行机构在工作压力状态下的流量值来选取的。所选用阀的流量应大于系统所需的流量。一般对于集中控制或距离在 20 m 以内的场合，可选 3 mm 通径的阀；对距离在 20 m 以上或控制数量较多的场合，可选 6 mm 通径的阀。

② 根据气动系统的工作要求和使用条件选用阀的机能和结构，包括元件的位置数、通路数、静止时的通断状态等。应尽量选用所需的阀的机能和结构。

③ 根据控制要求，选择阀的控制方式。

④ 根据实际情况选择阀的安装方式。应注意选用标准化产品，便于供货、安装及维护。

⑤ 根据实际使用条件，包括气源压力大小、电源条件（交直流及值的大小等）、介质温度、环境温度等选用工作可靠的阀。

⑥ 根据气动系统的工作要求选用阀的性能，包括阀的最低工作压力、最低控制压力、响应时间、气密性、寿命及可靠性。

7.2.4　气动机械手

气动控制是实现工业生产机械化、自动化的方式之一。由于气压传动系统使用安全、可靠，可在高温、震动、腐蚀、易燃、易爆、多尘埃、强磁场、辐射等恶劣环境下工作，其应用十分广泛。本节简述阅读气压传动系统图的一般步骤和方法，并对几个气压系统应用实例进行分析。

阅读气压传动系统图的步骤如下：

（1）看懂气压传动系统原理图中各气动元件的图形符号，了解其名称及一般用途，并分析气压传动系统的组成及各元件在系统中的作用。

（2）分析图中的基本回路及功用。需要注意的是，因为一个空压机能向多个气动回路供气，所以，通常在设计气动回路时，压缩机是另行考虑的，在回路图中通常被省略。但在设计时必须考虑原空压机的容量，以免在增设回路后引起使用压力下降。一般所介绍的回路原理图，也仅是单个气动控制系统中的核心部分，一个完整的气动系统还应有气源装置、气动三大件及其他气动辅助元件等。同时，气动回路一般不设排气管道。由于气动元件的安装位置对其功能影响很大,对空气过滤器、调压阀和油雾器的安装位置更需要特别注意。

(3)了解系统的工作程序及程序转换的发信元件。

(4)按工作程序图逐个分析其程序动作。这里要特别注意主控阀芯的切换是否存在障碍,若设备说明书中附有逻辑框图,则用来分析气动回路原理图将显得更为方便。一般规定工作循环中的最后程序终了时的状态作为气动回路的初始位置(或静止位置),因此回路原理图中控制阀及行程阀的供气及进出口的连接位置,应按回路初始位置状态连接。这里必须指出的是回路处于初始位置时,回路中的每个元件并不一定都处于静止位置(原位)。

机械手是自动生产设备和生产线上的重要装置之一,它可以根据各种自动化设备的工作需要,模拟人手的部分动作,按照预定的控制程序、轨迹和工艺要求实现自动抓取、搬运,完成工件的上料、卸料和自动换刀。因此,机械手在机械加工、冲压、锻造、铸造、装配和热处理等生产过程中应用较广泛,以减轻工人的劳动强度。气动机械手是机械手的一种,它具有结构简单、质量轻、动作迅速、平稳、可靠、节能和不污染环境等优点。

图 7.37 所示是气动机械手的结构。它由真空吸头 A、水平缸 B、垂直缸 C、立柱回转机构缸 D、齿轮齿条副及小车等组成。该回转气缸为齿轮齿条缸,它有两个活塞,分别装在带齿条的活塞杆两端,齿条的往复运动带动垂直缸上的齿轮旋转,从而实现垂直缸及水平缸的回转。它一般可用在机修车间装卸轻质和薄片工件,按要求完成如下工作循环:垂直缸(立柱)上升→水平缸(手臂)伸出→立柱回转机构缸顺时针转→真空吸头取工件→立柱回转机构缸逆时针转→水平缸(手臂)缩回→垂直缸(立柱)下降。

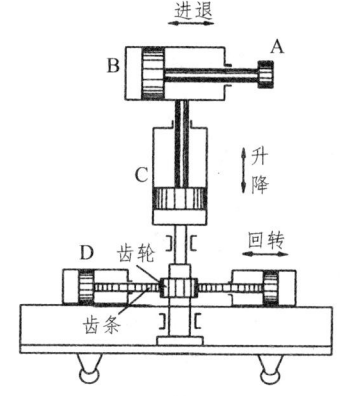

图 7.37 气动机械手的结构

A—真空吸头;B—水平缸;C—垂直缸;D—立柱回转机构

图 7.38 所示为机械手气压传动系统原理。3 个气缸 B、C、D 分别与 3 个三位四通双作用电-气控制换向阀 1、2、3 和单向节流阀 4、5、6、7 组成换向、调速回路。各气缸的行程位置均由电气行程开关进行控制。表 7.2 所示为该气动机械手的电磁铁动作顺序。

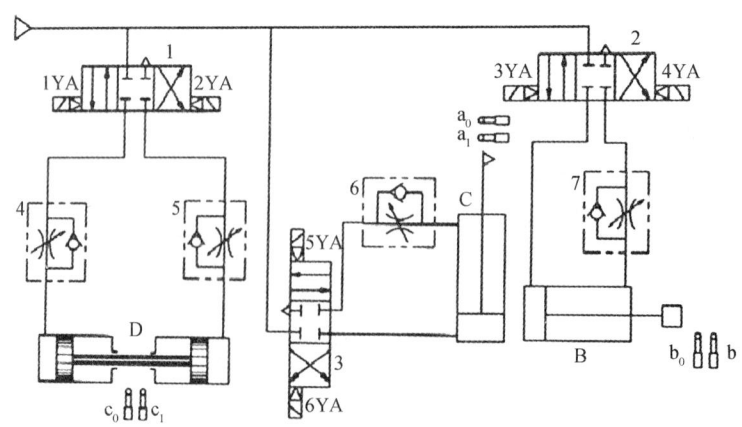

图 7.38 机械手气压系统原理

1,2,3—换向阀;4,5,6,7—单向节流阀;B—水平气缸;C—垂直气缸;D—回转气缸

表 7.2　电磁铁动作顺序表

电磁铁动作	1YA	2YA	3YA	4YA	5YA	6YA
垂直缸上升					+	
水平缸伸出			+		−	
回转缸转位	+	−				
回转缸复位	−	+				
水平缸缩回		−		+		
垂直缸下降				−		+

气动机械手工作循环分析：

（1）垂直缸（立柱）上升。按下启动按钮，5YA 通电，阀 3 处于上位，压缩空气进入垂直气缸 C 下腔，活塞杆上升。

（2）水平缸（手臂）伸出。当缸 C 活塞杆上的挡块碰到电气行程开关 a_0 时，5YA 断电，3YA 通电，阀 2 处于左位，水平气缸 B 活塞杆伸出，带动真空吸头进入工作点并吸取工件。

（3）立柱回转机构缸顺时针回转。当缸 B 活塞杆上的挡块碰到电气行程开关 b_1 时，3YA 断电，1YA 通电，阀 1 处于左位，回转机构缸 D 顺时针回转，使真空吸头进入卸料点卸料。

（4）立柱回转机构缸复位。当回转缸 D 活塞杆上的挡块压下电气行程开关 c_1 时，1YA 断电，2YA 通电，阀 1 处于右位，回转缸 D 复位。

（5）水平缸（手臂）缩回。回转缸复位时，其上的挡块碰到电气行程开关 c_0 时，4YA 通电，2YA 断电，阀 2 处于右位，水平缸 B 活塞杆缩回。

（6）垂直缸（立柱）下降。水平缸 B 活塞杆缩回时，挡块碰到电气行程开关 b_0，4YA 断电，6YA 通电，阀 3 处于下位，垂直缸 C 活塞杆下降，到达原位时，碰到电气行程开关 a_1，使 6YA 断电，至此完成一个工作循环。

如再给起动信号，可进行同样的工作循环。根据需要只要改变电气行程开关的位置，调节单向节流阀的开度，即可改变各气缸的行程和运动速度。

复习思考题

1. 指出气压传动与液压传动的不同点。
2. 气动系统由哪几个部分组成？
3. 相对压力和真空度的含义是什么？
4. 有一个 3 m³ 的气罐，假设罐内气压为 0.8 MPa，需要多少体积的大气压缩而成呢（假设大气压力为 0.1 MPa）？
5. 空气的主要物理性质中，哪些会对气压传动造成不良影响？它们是如何影响的？
6. 空气压缩机如何分类？选用的依据是什么？
7. 螺杆式空压机与活塞式空压机相比较有何优点？

8 机械连接

为了便于机器的制造、安装、维护和运输,在机器和设备的各零、部件间广泛采用各种连接。连接分为可拆连接和不可拆连接两类。不损坏连接中的任一零件就可将被连接件拆开的连接称为可拆连接,这类连接经多次装拆后使用性能基本不会改变,如螺纹连接、键连接和销连接等。不可拆连接是指至少必须毁坏连接中的某一部分才能拆开的连接,如焊接、铆接和黏接等。

8.1 螺纹连接

螺纹连接是利用具有螺纹的零件进行工作的,把需要相对固定在一起的零件用螺纹零件连接起来,这种连接称为螺纹连接。螺纹连接是可拆连接,结构简单、拆卸方便、连接可靠,且多数螺纹连接件已标准化,生产效率高、成本低廉,因而得到广泛应用。

8.1.1 螺纹的基本知识

在圆柱体的外表面形成的螺纹称为外螺纹,如图 8.1(a)所示的螺栓;在圆柱孔的内表面形成的螺纹称为内螺纹,如图 8.1(b)所示的螺母。

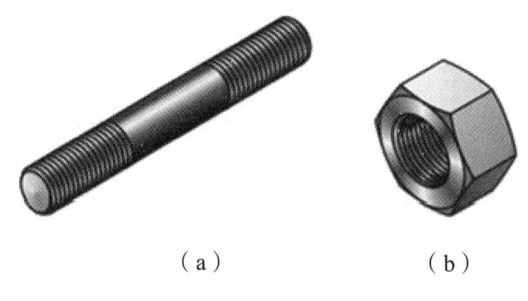

(a)　　　　　(b)

图 8.1

螺纹的基本要素包括牙型、大径、小径、螺距和导程、线数及旋向等。

1. 牙　型

在通过螺纹轴线的剖面螺纹的轮廓形状称为螺纹牙型。螺纹的牙型可以分为三角形螺纹(普通螺纹)、管螺纹(连接螺纹)、矩形螺纹、梯形螺纹、锯齿形螺纹(传动螺纹),如图 8.2 所示。

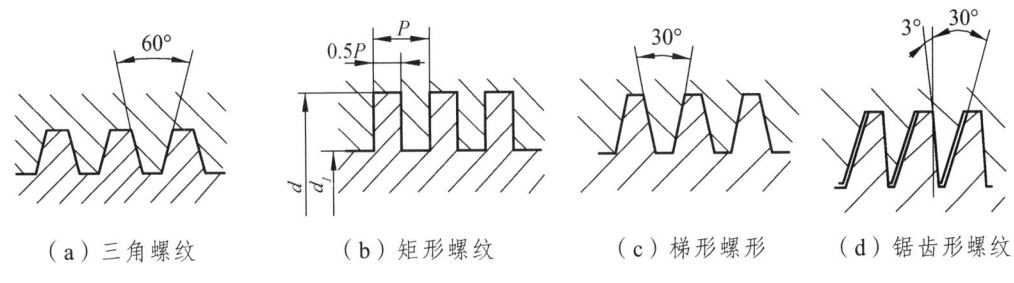

(a)三角螺纹　　(b)矩形螺纹　　(c)梯形螺形　　(d)锯齿形螺纹

图 8.2　螺纹的牙型

常用的三角形螺纹有如下分类：

三角形螺纹 $\begin{cases}$ 粗牙螺纹——用于连接 \\ 细牙螺纹——自锁性好，适于薄壁细小零件和冲击及变化载荷等 $\end{cases}$

2．大径、小径和中径

（1）大径（公称直径）——指和外螺纹的牙顶、内螺纹的牙底相重合的假想圆柱（或圆锥）的直径，如图 8.3 所示。

（2）小径——指和外螺底、内螺纹的牙顶相重合的假想圆柱（或圆锥）的直径，如图 8.3 所示。

（3）中径——在大径和小径之间设有一圆柱（或圆锥），在其轴线剖面内素线上的牙宽和槽宽相等，则该假想圆柱（或圆锥）的直径称为中径，如图 8.3 所示。

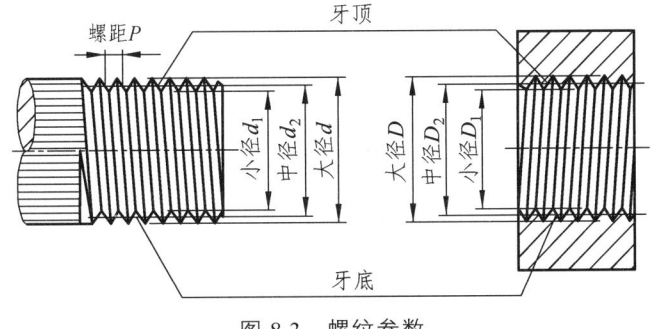

图 8.3　螺纹参数

3．螺　距

相邻两牙在中径圆柱面的母线上对应两点间的轴向距离叫螺距，如图 8.4 所示。

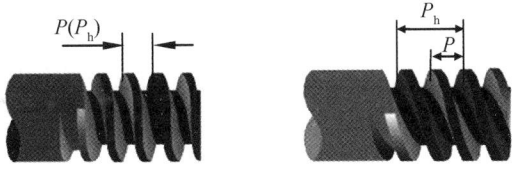

（a）单线螺纹　　　　（b）双线螺纹

图 8.4　单线螺纹和双线螺纹

4. 导　程

同一条螺旋线上相邻两牙在中径圆柱面的母线上的对应两点间的轴向距离叫导程，如图 8.4 所示。

5. 线　数

形成螺纹螺旋线的条数为线数。螺纹有单线和多线之分，如图 8.4 所示。

6. 旋　向

螺纹分左旋和右旋，如图 8.5 所示。

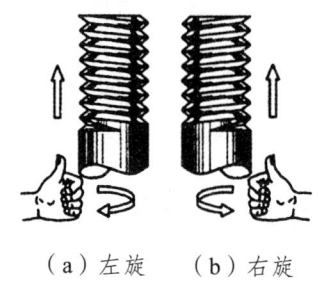

（a）左旋　　（b）右旋

图 8.5　螺纹旋向

8.1.2　螺纹的标注

各种螺纹的尺寸标注示例如图 8.6 所示，螺纹标记要标注在螺纹大径上。

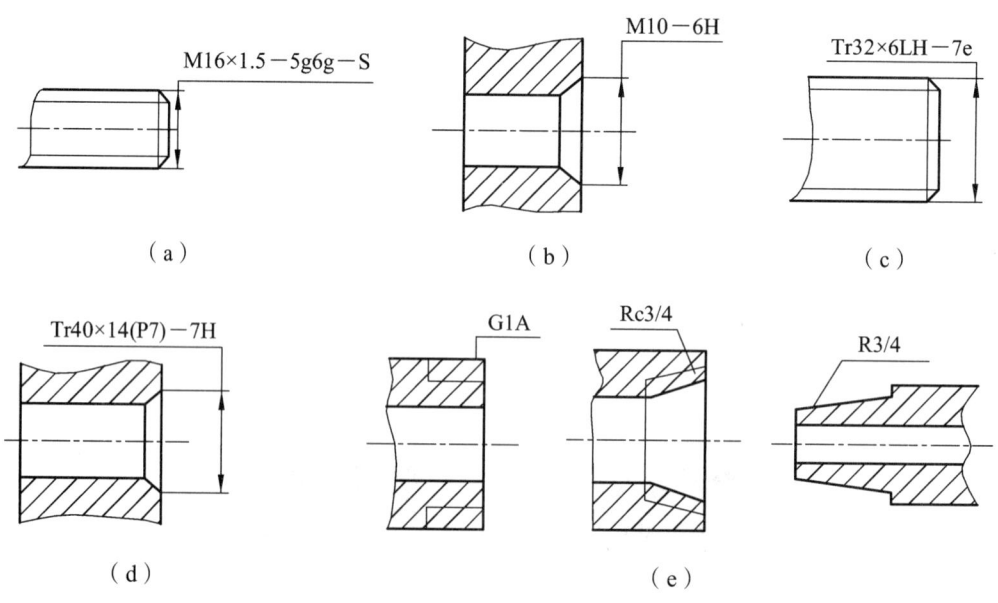

图 8.6　螺纹标注

1. 普通螺纹的标注

粗牙：M 公称直径 旋向-公差带代号-旋合长度代号

细牙：M 公称直径×螺距旋向-公差带代号-旋合长度代号

普通螺纹的标注如图 8.6（a）、（b）所示。标注螺纹标记时，如符合下列情况，应省略有关标注内容：① 粗牙普通螺纹的螺距和管螺纹每英寸牙数不标注；② 如中径和顶径公差带代号相同，只标注一次；③ 右旋螺纹不注旋向，左旋螺纹必须另注字母"LH"；④ 螺纹旋合长度为中型（代号为 N）时不注，长型用 L 表示，短形用 S 表示。

2. 梯形螺纹的标注

Tr 公称直径×导程（螺距） 旋向-公差带代号-旋合长度代号

梯形螺纹的标注如图 8.6（c）、（d）所示。

3. 管螺纹的标注

管螺纹分为密封的管螺纹和非密封的管螺纹两种。管螺纹的尺寸引指线必须指向大径，其标记组成如下：

（1）密封的管螺纹：

特征代号 尺寸代号-旋向代号

（2）非密封的管螺纹：

特征代号 尺寸代号 公差等级代号-旋向代号

要注意的是管螺纹的尺寸代号是指管子的公称直径，并不是指螺纹大径，其大径和小径等参数可从有关手册中查出，如图 8.6（e）所示。

8.1.3 螺纹连接的主要类型

常用的螺纹连接件有螺栓、螺母、垫圈等，其结构形式、尺寸都已标准化。通常根据螺栓、螺钉所承受的载荷或者结构要求，计算或按经验选定螺纹的公称直径，在标准中选配螺母、垫圈的规格、型号。常用螺纹连接件见表 8.1。

表 8.1 螺纹连接件

类型	图例	结构及应用
螺栓	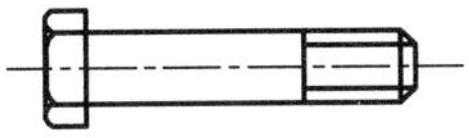 （a）六角头螺栓 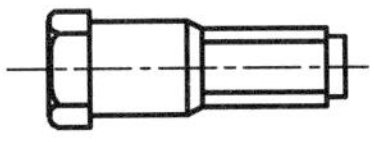 （b）铰制孔用六角头螺栓	螺栓有普通螺栓和铰制孔用螺栓两种。螺栓头部形状多为六角形，有标准六角头和小六角头两种。由冷拉法生产的小六角头螺栓，用料省、生产率高、力学性能好，但由于头部尺寸小、质量轻，不宜用于拆装频繁，被连接件抗压强度较低或易锈蚀的场合

续表

类 型	图 例	结构及应用
双头螺柱		双头螺柱两端都制有螺纹，两头螺纹长度有相等和不相等两类。旋入被连接件的一端长度视被连接件材料而定。螺纹长度相等的螺柱，用于两头都配以螺母的场合
螺钉	内六角头螺钉 十字槽沉头螺钉 开槽盘头螺钉 开槽头沉头螺钉	螺钉头部形状有内六角头圆柱头、十字槽头、开槽头等。内六角头螺钉适用于拧紧力矩大，连接强度高的场合；十字槽头螺钉拧紧时易对中，不易打滑、打秃，易实现自动化装配；开槽头螺钉结构简单，适用于拧紧力矩小的场合
紧定螺钉	（a）一字槽 （b）平端 （c）圆柱端 （d）锥端	紧定螺钉用末端顶住被连接件，其末端形状有平端、圆柱端、锥端等。平端螺钉适用于顶紧硬度较大的平面或经常拆卸的场合；圆柱端螺钉不伤及顶表面，多用于经常调节位置的场合；锥端螺钉要求被顶表面有凹坑，紧定可靠，适用于被紧定零件的表面硬度较低或不经常拆卸的场合
螺母	（a）普通六角螺母 （b）薄螺母 （c）厚螺母 （d）圆螺母	常用的螺母有六角螺母和圆螺母。六角螺母应用较广，根据螺母的厚度不同分为普通螺母、薄螺母、厚螺母。普通螺母供高性能等级的螺栓配用；薄螺母用于高度空间受限制的地方；厚螺母可用于拆装频繁、易于磨损的地方
垫圈	（a）平垫圈 （b）弹簧垫圈 （c）斜垫圈	常用的垫圈有平垫圈、弹簧垫圈、斜垫圈等。其作用是增大被连接件的支承面，降低支承面的压强，防止拧紧螺母时擦伤被连接件的表面。平垫圈与螺栓、螺柱、螺钉配合使用，弹簧垫圈与螺母等配合使用，可起摩擦防松作用

1. 螺栓连接

图 8.7（a）、（b）所示为螺栓连接。其特点是使用时不受被连接件材质的限制，结构简单、装拆方便、成本低，通常使用在被连接件不太厚又需经常拆装的场合。根据连接要求的不同，其连接形式有两种：一种是被连接件上的通孔和螺栓杆间留有间隙的普通螺栓连接，如图 8.7（a）所示；另一种是螺杆与孔采用基孔制过渡配合的铰制孔用螺栓连接，如图 8.7（b）所示。其中，普通螺栓连接中孔的加工精度低，而铰制孔用螺栓连接中的孔需铰制，加工精度要求较高。

2. 双头螺柱连接

图 8.7（c）所示为双头螺柱连接。其特点是被连接件之一制有与螺柱相配合的螺纹，另一被连接件上有通孔。这种连接适用于被连接件之一太厚而不便于加工通孔并需经常拆装的场合。

3. 螺钉连接

图 8.7（d）所示为螺钉连接。其特点是不用螺母，螺钉直接拧入被连接件的螺孔中。这种连接适用的场合与双头螺柱连接相似，但多用于受力不大，不需经常拆装的场合。

4. 紧定螺钉连接

图 8.7（e）所示为紧定螺钉连接。其特点是螺钉旋入被连接件之一的螺纹孔中，末端顶住另一连接件的表面或顶入相应的坑中。这种连接适用于固定两零件的相对位置，并可传递不大的力和转矩。

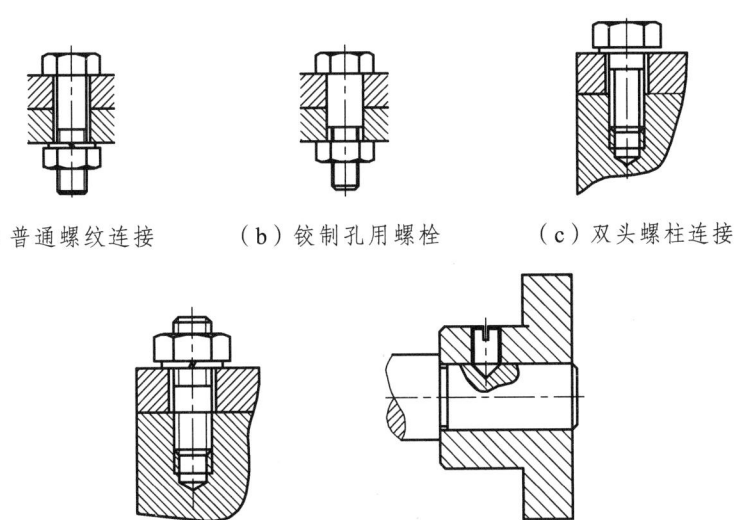

（a）普通螺纹连接　　（b）铰制孔用螺栓　　（c）双头螺柱连接

（d）螺钉连接　　（e）紧定螺钉连接

图 8.7　螺纹连接

根据国家标准规定，螺纹连接件分为 3 个精度等级，其代号为 A、B、C 级。A 级精度最高，用于要求配合精确、防止振动等重要零件的连接；B 级精度多用于受载荷较大且经常拆装、调整或承受变载的连接；C级精度多用于一般的螺纹连接。

螺纹连接件的常用材料有Q215A、Q235A、10、35和45钢，对于重要和特殊用途的螺纹连接件，可采用15Cr、40Cr等力学性能较高的合金钢。

8.1.4 螺纹连接的预紧和防松

1. 预 紧

在生产实践中，大多数螺纹连接在安装时都需要预紧。连接在工作前因预紧所受到的力，称为预紧力。预紧可以增强连接的刚性、紧密性和可靠性，防止受载后被连接件间出现缝隙或发生相对移动。

对于普通场合使用的螺纹连接，为了保证连接所需的预紧力，同时又不使螺纹连接件过载通常由工人用普通扳手凭经验决定。对重要场合，如气缸盖、管路凸缘等紧密性要求较高的螺纹连接，预紧时应控制预紧力。

控制预紧力的方法很多，通常是借助测力矩扳手［见图8.8（a）］或定力矩扳手［见图8.8（b）］，利用控制拧紧力矩的方法来控制预紧力的大小。测力矩扳手的工作原理是根据板手上的弹性元件，在拧紧力的作用下所产生的弹性变形来指示拧紧力矩的大小。为方便计量，可将指示刻度表直接以力矩值标出。定力矩扳手的工作原理是当拧紧力矩超过规定值时，弹簧3被压缩，扳手卡盘1与圆柱销2之间打滑，如果继续转动手柄，卡盘即不再回转。拧紧力矩的大小可利用调整弹簧螺钉4调整弹簧压力来加以控制。

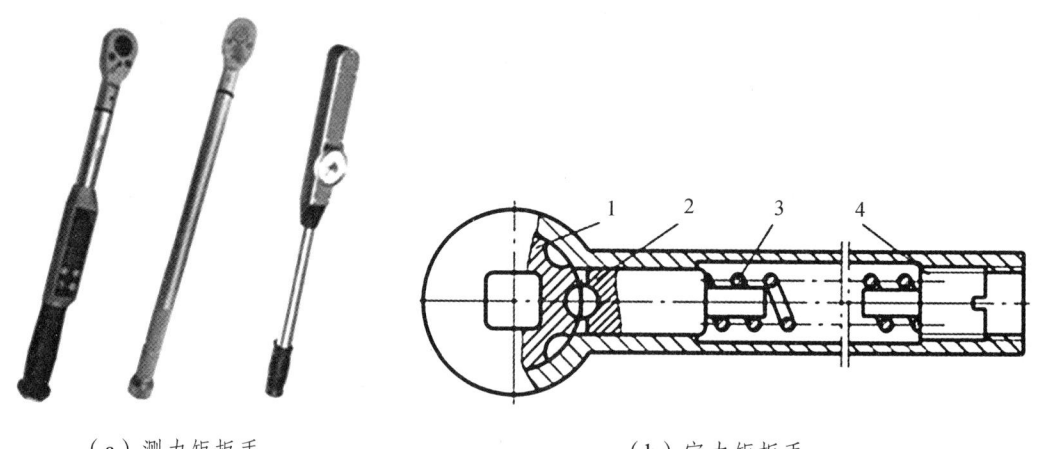

（a）测力矩扳手　　　　　　　　　（b）定力矩扳手

图8-8 控制拧紧力矩的扳手

1—扳手卡盘；2—圆柱销；3—弹簧；4—调整弹簧螺钉

2. 防 松

螺纹连接一般采用三角螺纹，其升角γ为1.5°~3.5°，具有自锁性能。此外，螺母、螺栓头部等承面处的摩擦也有防松作用，因此在静载荷作用下，连接一般不会自动松脱。但在冲击、振动或变载荷下，或当温度变化很大时，螺纹中的摩擦阻力可能瞬间消失或减小，这种现象多次重复出现就会使连接逐渐松脱，甚至会引起严重事故。因此，在设计螺纹连接时必考虑防松措施。螺纹连接常用的防松方法见表8.2。

表8.2 螺纹连接常用的防松方法

防松方法		结构形式	特点和应用
摩擦力防松	对顶螺母		两螺母对顶拧紧后使旋合螺纹间始终受到附加的压力和摩擦力,从而起到防松作用。该方式结构简单,适用于平稳、低速和重载的固定装置上的连接,但轴向尺寸较大
	弹簧垫圈		螺母拧紧后,靠垫圈压平而产生的弹簧弹性反力使旋合螺纹间压紧,同时垫圈斜口的尖端抵住螺母与被连接件的支承面也有防松作用。该方式结构简单,使用方便。但在冲击振动的工作条件下,其防松效果较差,一般用于不重要的连接
	自锁螺母		螺母一端制成非圆形收口或开缝后径向收口,当螺母拧紧后,收口胀开,利用收口的弹力使旋合螺纹压紧。该方式结构简单,防松可靠,可多次装拆而不降低防松能力
机械防松	开口销与六角开槽螺母		将开口销穿入螺栓尾部小孔和螺母槽内,并将开口销尾部瓣开与螺母侧面贴紧,靠开口销防止螺栓与螺母相对转动以防松。该方式适用于较大冲击、振动的高速机械中
	止防垫圈		螺母拧紧后,将单耳或双耳止防垫圈上的耳分别向螺母和被连中接件的侧面折弯贴紧,即可将螺母锁住,该方式结构简单,使用方便,防松可靠
	串联钢丝	(a)正确 (b)不正确	用低碳钢丝穿入各螺钉头部的孔内,将各螺钉串联起来使其相互制约,使用时必须注意钢丝的穿入方向,该方式适用于螺钉组连接。其防松可靠,但装拆不方便

续表

防松方法		结构形式	特点和应用
其他方法防松	黏结剂	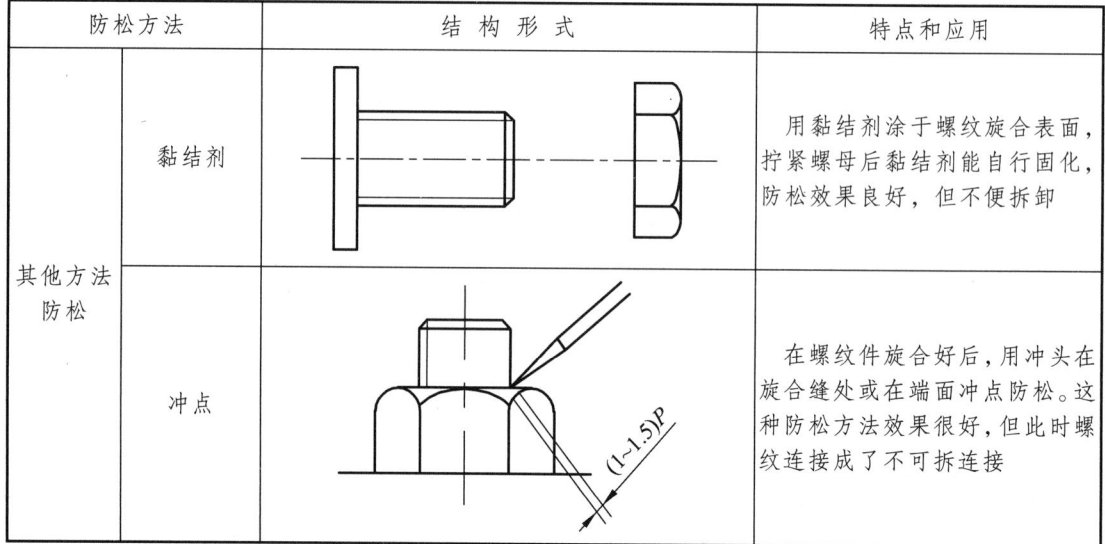	用黏结剂涂于螺纹旋合表面，拧紧螺母后黏结剂能自行固化，防松效果良好，但不便拆卸
	冲点		在螺纹件旋合好后，用冲头在旋合缝处或在端面冲点防松。这种防松方法效果很好，但此时螺纹连接成了不可拆连接

3. 螺纹连接的拆装

螺纹连接拆装的技术要领如下：

（1）用扳手拆装螺纹（母）时，扳手的开口尺寸要适合螺栓头或螺母的六角头尺寸，不能过松。旋转时，使扳手开口与六方表面尽量靠合，如图 8.9 所示。无论拧紧还是旋松螺钉，都要用力将螺丝刀顶住螺钉，避免损坏螺钉槽口，造成拆装困难。

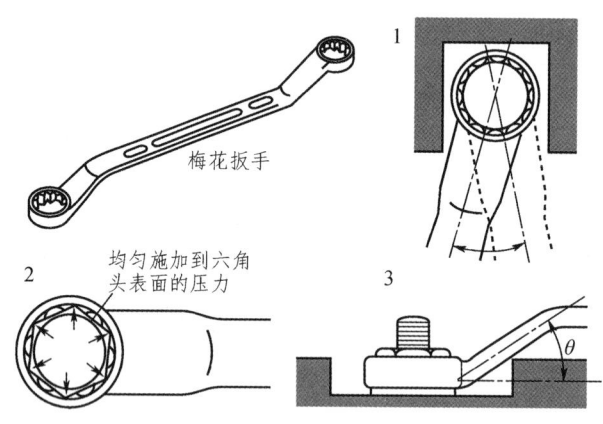

图 8.9　用扳手拧螺母

（2）在向螺栓上拧紧螺母或向螺孔内拧螺栓（钉）时，一般先用手旋进一定距离，这样既可感觉螺纹配合是否合适，又可提高工作效率。在旋进螺母（栓）两圈后，如果感觉阻力很大，则应停下检查原因。如因螺纹生锈或夹有铁屑等杂物造成，可清洗后涂少许润滑油；如因螺纹乱牙造成，可用板牙或丝锥修正螺纹；如因粗细螺纹不相配造成，应重新选配。

（3）在螺纹连接件中，垫圈有重要的作用，它可以保护被连接件的支承表面，还能防松。因此，决不能随意弃之不用，要安装到位。

（4）螺纹孔为盲孔时，在旋入螺钉前，必须清除孔中的铁屑、水、油等杂物，否则，螺栓不能拧紧到位。如加力拧进，有可能造成螺钉断裂等后果。

（5）在拆装由螺栓（钉）组紧固的零件时，为防止零件变形，必须按一定顺序、一定力矩，分步拧紧各个螺栓。

（6）在安装一些重要连接时，必须用扭力扳手按规定力矩紧固。拆卸时遇到螺纹锈死，可先用手锤敲打螺栓头部周围，振松锈层，也可以向反向拧回，再向外旋出，或者使用松动剂、加热等方法使锈层松脱，逐步退出螺栓。如果螺栓断在螺孔内，可用一根淬火的四棱锥形钢棒。将其尖端打入预先钻孔的螺柱内，然后旋出螺柱。

8.2 键连接

键连接在机器中应用极为广泛，常用于轴与轮毂之间的周向固定，用来传递运动和转矩。有些键连接还能实现轴向移动，用作动连接。由于键已标准化，因此通常先根据工作特点选择键的类型，再根据轴径和轮毂长度确定键的尺寸，必要时还应对键连接进行强度校核。

键连接分为松键连接、紧键连接和花键连接3大类。松键连接可分为平键、半圆键连接两种。松键连接的特点：键的两侧面是工作面，靠键与键槽侧面的挤压传递运动和转矩；键的顶面为非工作面，与轮毂键槽底部表面间留有间隙。因此，这种连接只能用作轴上零件的周向固定。紧键连接有楔键和切向键连接两种。紧键连接的特点：键的上下两表面是工作面，装配时，将键楔紧固在轴毂之间，工作时，靠键楔紧产生的摩擦力来传递转矩。

8.2.1 松键连接的类型、标准及应用

1. 平键连接

平键连接具有结构简单、装拆方便、对中性好等优点，故应用最广。平键又分为普通平键、导向平键和滑键。

（1）普通平健。

普通平健常用于静连接，按其每形状不同分为圆头（A型）、平头（B型）及单圆头，如图8.10所示。用A型和C型平键时，轴上的键槽是用端铣刀加工的，键在槽中间轴向固定较好，但键槽两端会引起较大的应力集中；用B型平键时，键槽是用盘铣刀加工的，应力集中较小，但键在槽中间轴向固定不好。A型平键应用最广，C型平键则多用于轴端。平键和键槽的尺寸见表8.3。

图8.10 普通平键（A型、B型、C型）

表 8.3 平键和键槽尺寸　　　　　　　　　　　　　　　　　　　　　　mm

轴	键	宽度 b					深 度				半径 r	
			极限偏差				轴 t		轴 t_1			
公称尺寸			较松键连接		一般键连接		较紧键连接	公称尺寸	极限偏差	公称尺寸	极限偏差	最小	最小
		轴 H9	毂 D10	轴 N9	毂 Js9	轴和毂 p9						
>22~30	8×8	+0.0360	+0.098 +0.040	0 −0.036	±0.018	−0.015 −0.051	4.0	+0.20	3.3	+0.20	0.16	0.25
>30~38	10×8						5.0		3.3			
>38~44	12×8	+0.0430	+0.120 +0.050	0 −0.043	±0.0215	−0.018 −0.061	5.0		3.3		0.25	0.40
>44~50	14×9						5.5		3.8			
>50~58	16×10						6.0		4.3			
>58~65	18×11						7.0		4.4			
键的长度系数列	6, 8, 10, 12, 14, 16, 18, 20, 22, 25, 28, 32, 36, 40, 45, 50, 56, 63, 70, 80, 90, 100, 110, 125, 140, 160, 180, 200, 220, 250, 280, 300, 360											

（2）导向平键和滑键。

导向平键和滑键用于动连接。当轮毂在轴上需沿轴向移动时，可采用导向平键或滑键。导向平键（见图 8.11）用螺钉固定在轴上的键槽中，而轮毂可沿着键做轴向滑动，如汽车齿轮变速器中齿轮轴上的键。当被连接零件滑移的距离较大时，宜采用滑键，如图 8.12 所示。滑键固定在轮毂上，与轮毂同时在轴上的键槽中做轴向滑移。

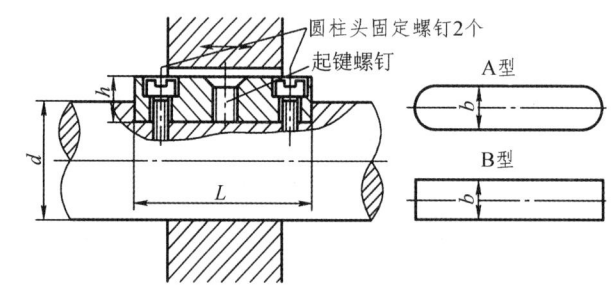

图 8.11　导向平键

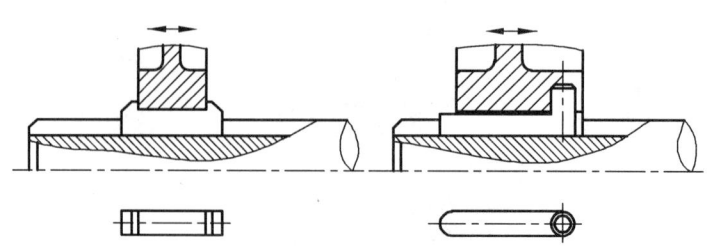

图 8.12　滑　键

2. 半圆键连接

图 8.13 所示为半圆键连接。轴槽呈半圆形,键能在轴槽内自由摆动以适应轴线偏转引起的位置变化。其缺点是键槽较深,对轴的强度削弱大,故一般多用于轻载或锥形结构的连接中。

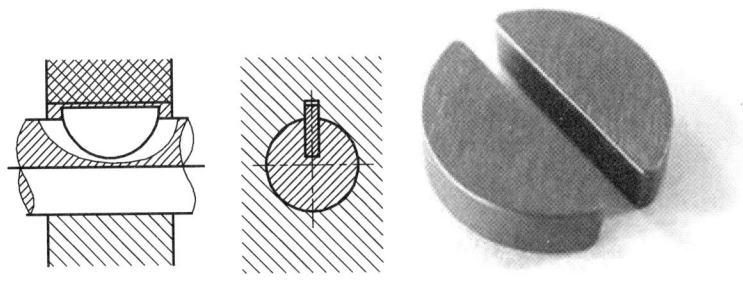

图 8.13　半圆键连接

8.2.2　紧键连接的类型、标准及应用

1. 楔键连接

如图 8.14 所示的为楔键连接的结构形式。键的上表面和与之相配合的轮毂键槽底部表面,均具有 1∶100 的斜度,靠键楔紧产生的摩擦力来传递转矩和承受单向的轴向力。楔键连接对中性差,仅适用于要求不高、载荷平稳、速度较低的场合(如某些农业机械及建筑机械中)。楔键连接分为普通楔键[见图 8.14(a)]及钩头楔键[见图 8.14(b)]两种。为便于拆卸,楔键最好用于轴端。使用带钩头的楔键时,拆卸较为方便,但应加装安全罩。

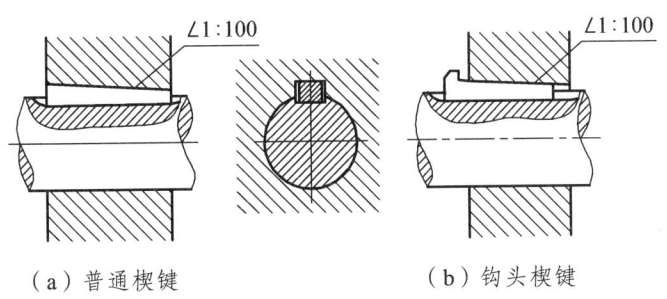

(a)普通楔键　　　　　　(b)钩头楔键

图 8.14　楔键连接

2. 切向键连接

切向键连接如图 8.15 所示,由两个斜度为 1∶100 的楔键组成。装配时,将一对楔键分别从轮毂的两端打入,其斜面相互贴合。共同楔紧在轴和轮毂之间。用一个切向键时,只能传递单向转矩;如要传递双向转矩。则要用两对切向键按 120°~135°分布。切向键对轴削弱较大,故适用于速度较小,对中性要求不高、轴径大于 100 mm 的重型机械中。

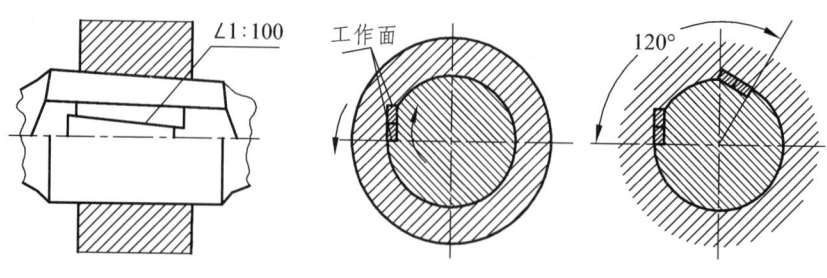

图 8.15 切向键连接

8.2.3 花键连接

花键连接是由周向均布多个键齿的花键轴，与带有相应键槽的轮毂相配合的可拆连接，如图 8.16（a）所示。与平键连接相比，由于键齿与轴一体，故花键连接的承载能力高，定心性和导向性好，对轴的削弱较小，因此适用于载荷较大和对定心精度要求较高的静连接和动连接，特别是在飞机、汽车、拖拉机、机床及农业机械中应用较广。其缺点是齿根仍有应力集中，加工需专用设备和量刃具，制造成本高。

花键根据其齿形的不同，可分为矩形花键和渐开线花键两种。

1. 矩形花键

如图 8.16（b）所示，矩形花键的齿侧边为直线，廓形简单。一般采用小径定心。这种定心方式的定心精度高、稳定性好，但花键轴和孔上的齿均需在热处理后磨削，以消除热处理变形。

2. 渐开线花键

如图 8.16（c）所示，渐开线花键的两侧齿形为渐开线，标准规定，渐开线花键的标准压力角有 30°和 45°两种。这种花键采用齿形定心，受载时，齿上有径向分力，能起自动定心作用，有利于各齿受力均匀。渐开线花键可用加工齿轮的方法制造，工艺性好，易获得的较高的精度和互换性。渐开线花键齿根强度高、应力集中小、寿命长，因此常用于载荷较大、定心精度较高以及尺寸较大的连接。

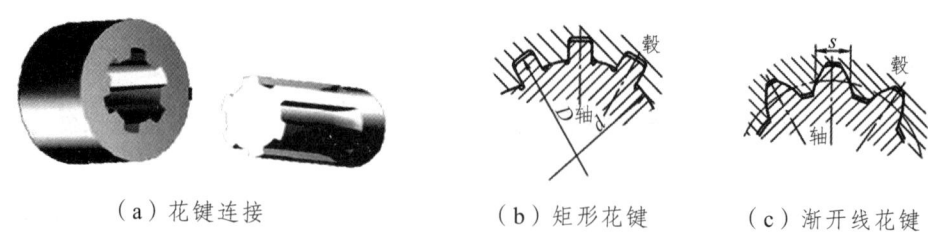

（a）花键连接　　　　（b）矩形花键　　　　（c）渐开线花键

图 8.16 花键连接

8.3 销连接

销连接主要用于固定零件之间的相对位置，即定位销，如图 8.17（a）所示；也可用轴与轮毂的连接或其他零件的连接，即连接销，以传递不大的载荷，如图 8.17（b）所示；在装置中，销还常用作过载剪断元件，即安全销，如图 8.17（c）所示。

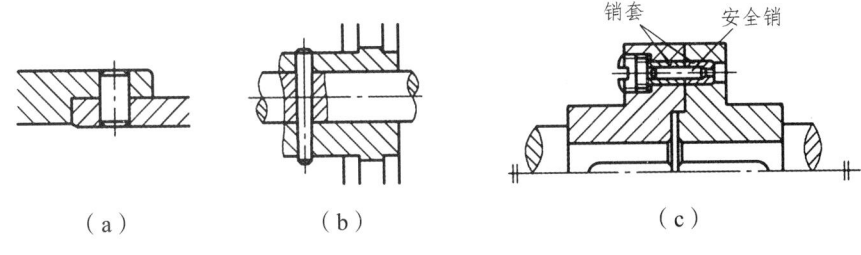

图 8.17　销连接

销是标准件，其材料根据用途可选用 35、45 钢。按销形状的不同，可分为圆柱销、圆锥销、开口销、异形销等，如图 8.18 所示。

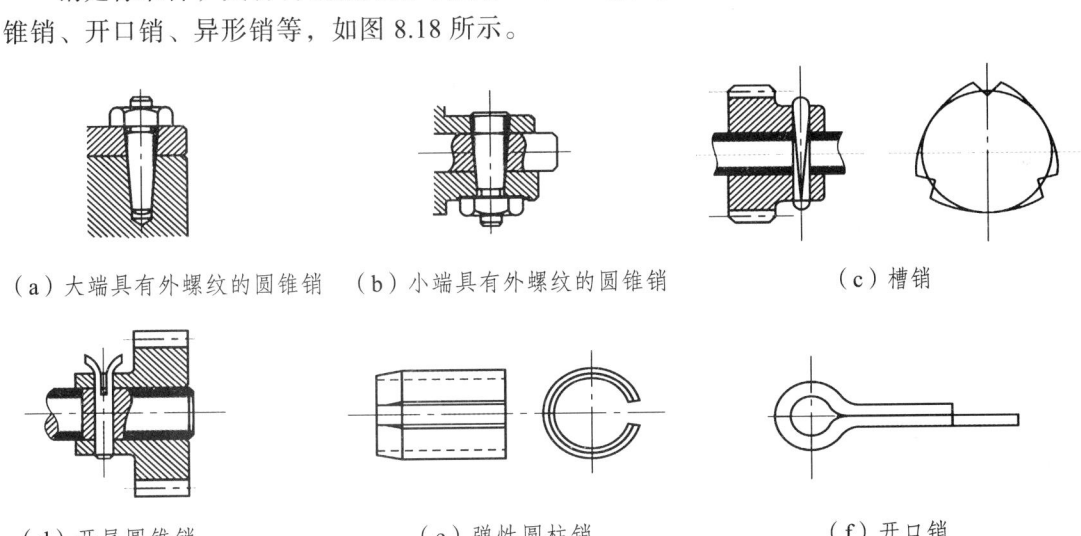

图 8.18　各种销连接

8.4　焊　接

如图 8.19 所示。焊接是利用局部加热或加压的方法使两个以上的金属件在连接处形成原子或分子间的结合而构成的不可拆连接。焊接连接性好、省工省料、结构质量轻，广泛应用于锅炉、压力容器、船舶、桥梁、化工设备等制造。

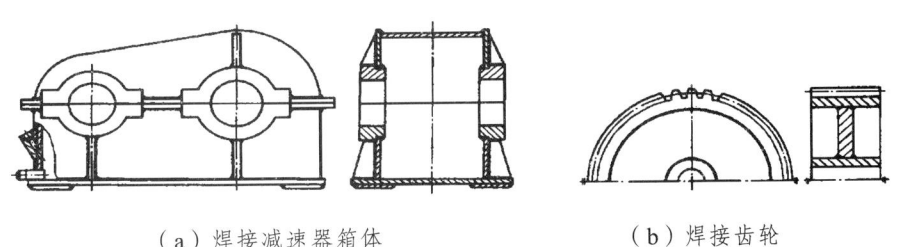

图 8.19　焊接应用实例

8.4.1 焊接方法的主要特点

(1) 节省材料,减轻质量。焊接的金属结构件可比铆接件节省材料 10%~25%。采用点焊的汽车车体结构质量明显减轻,使汽车油耗降低,运载能力提高。

(2) 简化复杂零件和大型零件的制造过程。焊接方法灵活,可化大为小,以简拼繁,加工快,生产周期短。许多结构都以铸-焊、锻-焊的形式组合,简化了加工工艺。

(3) 适应性强。多样的焊接方法几乎可焊接所有的金属材料和部分非金属材料。可焊范围大,连接性能较好。焊接接头可达到与工件金属等强度或相应的特殊性能。

(4) 满足特殊连接要求。不同材料焊接在一起,能使零件的不同部分或不同位置具备不同的性能,达到使用要求。如防腐容器的双金属筒体焊接、钻头工作部分与柄的焊接、水轮机叶片耐磨表面堆焊等。

(5) 降低劳动强度,改善劳动条件。

焊接加工在应用中仍存在某些不足,如不同焊接方法的焊接性能有较大差别,焊接接头的组织不均匀,焊接热过程所造成的结构应力与变形以及各种裂纹问题等,都有待进一步研究和完善。

8.4.2 焊接方法在工业生产中的主要应用

(1) 制造金属结构件。焊接方法广泛应用于各种金属结构件的制造,如桥梁、船舶、压力容器、化工设备、机动车辆、矿山机械、发电设备及飞行器等。

(2) 制造机器零件和工具。焊接件具有刚性好、改型快、周期短、成本低的优点,适合于单件或小批量生产加工各类机器零件和工具,如机床机架和床身、大型齿轮和飞轮、各种切削工具等。

(3) 修复。采用焊接方法修复某些有缺陷、失去精度或有特殊要求的工件,可延长其使用寿命,提高使用性能。

8.4.3 焊接的分类

近年来,焊接技术迅速发展,新的焊接方法不断出现。根据实现金属原子或分子间结合的方式不同,焊接可分为熔化焊、压力焊和钎焊 3 种,具体分类如下:

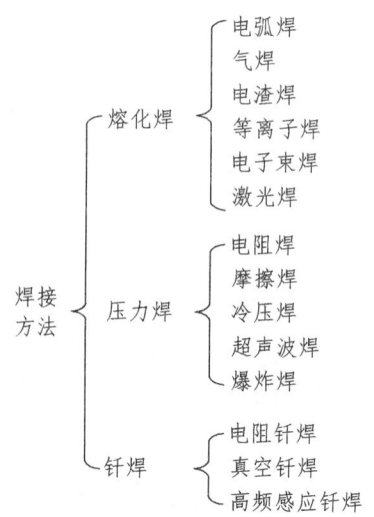

熔化焊是将被焊接的结合部位加热达熔化状态（通常加入充填金属，如焊条或焊丝等），冷凝后形成牢固的接头的焊接方式。

压力焊接是对两被焊件施加压力（或同时加热），使它们的结合部位接触在一起，形成分子或原子间的结合而连成一体的焊接方式。

钎焊是将被焊件和作为填充金属的钎料加热，被焊件熔点高不被熔化，钎料的熔点低，被融化后充填于被焊件的结合部位之间，与固态的被焊件金属相互溶解和扩散，冷凝后连成一体的焊接方式。

8.4.4 焊接接头和焊缝的基本形式

被焊件的结合部位称为接头，按被焊件的相互位置，接头有 3 种形式：对接接头、搭接接头和正交接头。

焊接时形成的接缝称为焊缝。焊缝有两种：对接焊缝和角焊缝。前者用于对接接头，连接同一平面内的被焊件，焊缝传力较均匀，后者用于搭接接头和正交接头，分别称为搭接角焊缝和正交角焊缝，连接不同平面内的被焊件。焊接接头和焊缝的基本形式如表 8.4 所示。

表 8.4 焊接接头和焊缝的基本形式

接头类型	焊缝名称	焊缝形式	符号	标注方法		板厚 δ/mm
				在平面（正面）	在横截面	
对接	I 形焊缝		||			手工焊 1.5~3 埋弧焊 3~10
	I 形焊缝（双面焊）					手工焊 3~6 埋弧焊 6~20
	I 形焊缝（带垫板）					手工焊 2~4 埋弧焊 3~12
	带钝边单边 V 形焊缝					手工焊（$\alpha=50°\pm5°$）6~26 埋弧焊（$\alpha=40°\pm5°$）10~20
	带钝边 V 形焊缝					手工焊 3~9（$\alpha=70°$）9~26 （$\alpha=60°$） 埋弧焊 10~24（$\alpha=50°$）
搭接	双面角焊缝					手工焊 2~30 埋弧焊 2~10
	塞焊缝			$c \quad n\times1(e)$		手工焊 ≥2

续表

接头类型	焊缝名称	焊缝形式	符号	标注方法 在平面（正面）	标注方法 在横截面	板厚 δ/mm
正交	角接	I 形焊缝		‖			手工焊 2~8
正交	角接	带钝边单边 V 形和角焊缝					手工焊（$\alpha=50°\pm5°$）6~30 埋弧焊（$\alpha=40°\pm5°$）10~20
正交	角接	带钝边 V 形焊缝		Y			手工焊（$\alpha=60°\pm5°$）12~30
正交	角接	带钝边双单边 V 形焊缝		K			手工焊（$\alpha=50°\pm5°$）20~40
T 形		角焊缝		▷			手工焊 2~60 埋弧焊 2~60
T 形		双面角焊缝		▶			手工焊 2~60 埋弧焊 2~60
T 形		带钝边双单边 V 形焊缝		K			手工焊（$\alpha=50°\pm5°$）20~40 埋弧焊（$\alpha=45°\pm5°$）16~40

1. 对接焊缝

对接接头处的坡口形状如图 8.20 所示。

   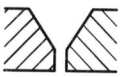 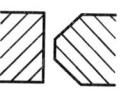

（a）I 形坡口　　（b）带钝边单边 V 形坡口　　（c）Y 形坡口　　（d）带钝边双单边 V 形坡口

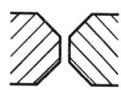  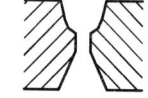 

（e）双 Y 形坡口　　（f）带钝边 U 形坡口　　（g）带钝边双 U 形坡口　　（h）I 形坡口

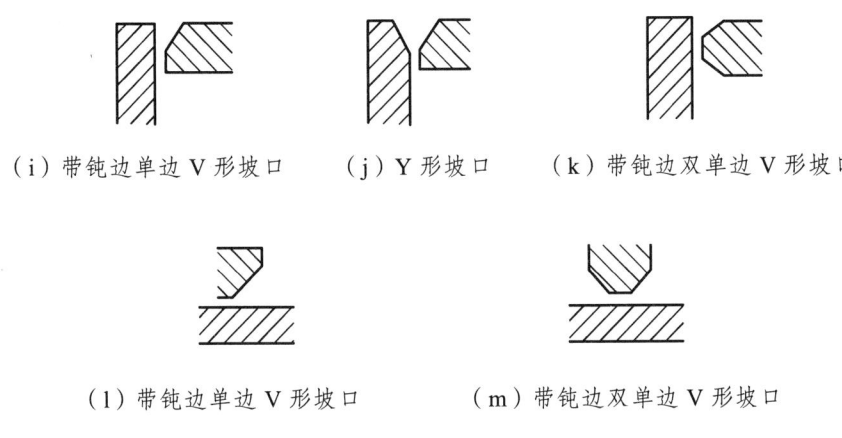

（i）带钝边单边V形坡口　　（j）Y形坡口　　（k）带钝边双单边V形坡口

（l）带钝边单边V形坡口　　（m）带钝边双单边V形坡口

图 8.20　预制坡口的形状

2. 填角焊缝

如图 8.21 所示：垂直于载荷方向的焊缝称为端焊缝；平行于载荷方向的焊缝称为侧焊缝；既不平行又不垂直的焊缝称为斜焊缝；同一接头不止一种焊缝时，称为组合焊缝。

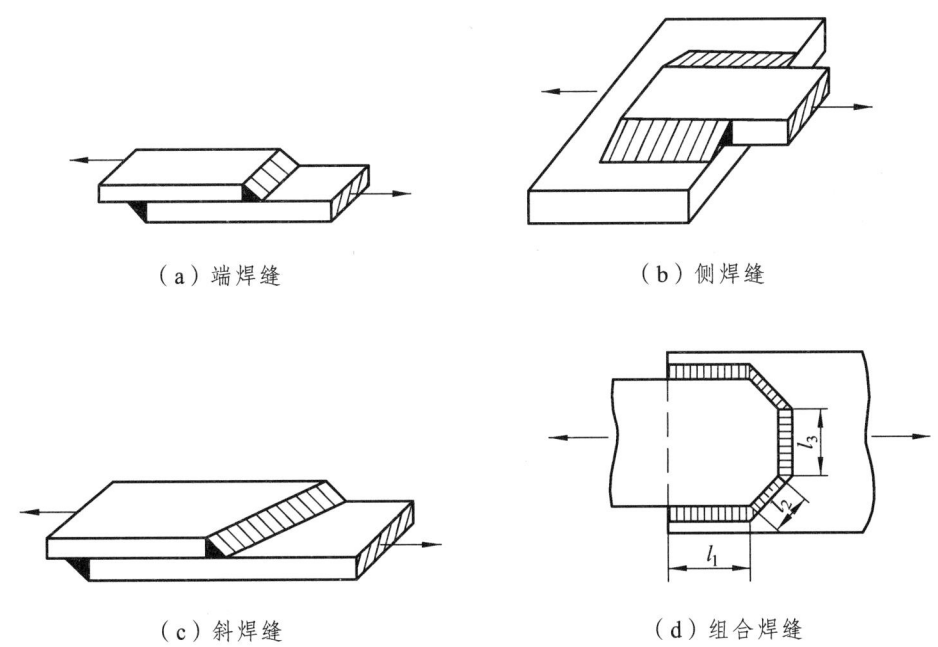

（a）端焊缝　　　　　　　　　　　　（b）侧焊缝

（c）斜焊缝　　　　　　　　　　　　（d）组合焊缝

图 8.21　搭接接头填角焊缝的型式

3. 塞焊缝

塞焊缝一般只用作辅助焊缝以补充主焊缝强度的不足或用来使被焊件互相贴紧，如图 8.22 所示。

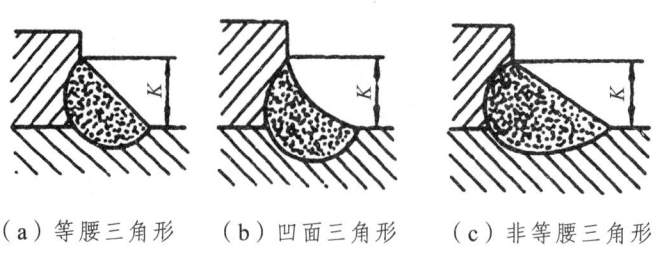

（a）等腰三角形　　（b）凹面三角形　　（c）非等腰三角形

图 8.22　填角焊缝的剖面形状

8.5　铆　接

利用铆钉把两个或两个以上的被连接件（通常是板材或型材）连接在一起的不可拆连接称为铆钉连接，简称铆接。

铆接的主要优点：工艺简单、连接可靠、抗振性好、耐冲击。与焊接相比，其缺点是结构笨重，铆孔削弱被连接件截面强度，操作劳动强度大、噪声大，生产效率低。因此，铆接经济性和紧密性不如焊接。相对螺栓连接而言，铆接更为经济、质量更轻，适于自动化安装。但铆接不适于太厚的材料，材料越厚铆接越困难，一般的铆接不适于承受拉力，因为其抗拉强度比抗剪强度低得多。

铆接具有在承受严重冲击和剧烈振动载荷时工作比较可靠，接头质量易于检查，工艺简单等优点，至今仍是主要的连接形式。铆接在建筑、锅炉制造、铁路桥梁、航空和航天飞行器等方面均有应用。

铆接分为活动铆接、固定铆接、密封铆接 3 类。活动铆接主要是结合件可以相互转动，不是刚性连接。如剪刀、钳子等。固定铆接是结合件不能相互活动，如角尺、三环锁上的铭牌、桥梁建筑等。密封铆接主要是铆缝严密，不漏气体、液体。如水箱、气罐、油罐等容器。

8.5.1　铆钉结构

常用的铆钉由铆钉杆和铆钉头两部分组成，如图 8.23 所示。

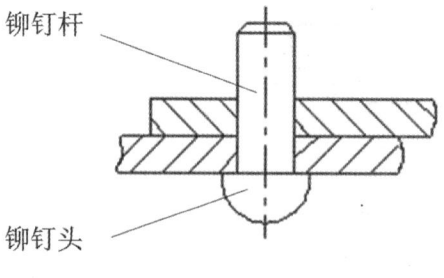

图 8.23　铆钉的结构

铆钉有空心的和实心的两种，如图 8.24 所示。空心铆钉用于受力较小的薄板或非金属零件的连接上。

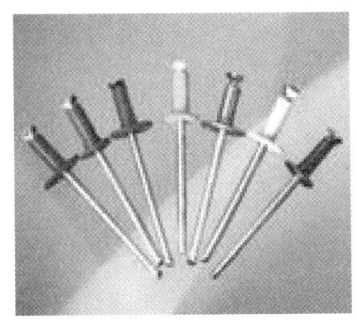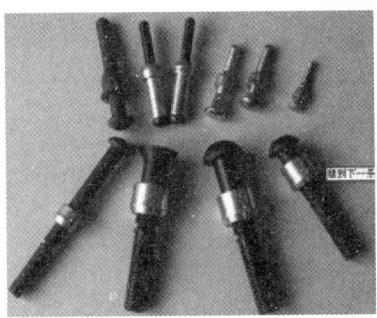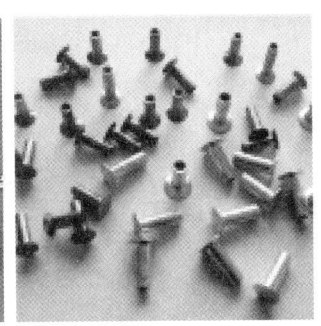

图 8.24 铆钉

钢制实心铆钉按其钉头形状有多种类型,并已标准化。常见铆钉的型式见表 8.5。

铆钉所用材料应具有高的塑性和不可淬性,钢铆钉常用 Q215、Q235 等低碳钢制成。在要求高强度时,也可使用低碳合金钢。铆钉也可用其他塑性金属制成,如铜、铝等。但铆钉材料应和被铆件材料相同,以避免由于线膨胀系数不同而使铆缝恶化,并避免产生电化腐蚀。

表 8.5 常见铆钉的型式

国家标准	铆钉形式 名称	铆钉形式 形状	铆钉杆直径 d/mm		一般用途
GB/T 863—1986 GB/T 867—1986	半圆头铆钉		粗制	12～36	铆接锅炉、桥梁、车辆等承受较大横向载荷的焊缝
			精制	0.6～16	
GB/T 864—1986 GB/T 868—1986	平锥头铆钉		粗制	12～36	钉头肥大、耐蚀,用于船舶、锅炉
			精制	2～16	
GB/T 865—1986 GB/T 869—1986	沉头铆钉		粗制	12～36	表面光滑、载荷不大的铆接
			精制	1～16	
GB/T 866—1986 GB/T 870—1986	半沉头铆钉		粗制	12～36	常用在船壳等处铆接
			精制	1～16	
GB/T 109—1986	平头铆钉		2～10		用于受力不大或有色金属构件铆接
GB/T 871—1986	扁圆头铆钉		1.2～10		
GB/T 872—1986	扁平头铆钉		1.2～10		

8.5.2 铆接方法

普通铆接的工艺过程是:钻孔—(锪窝)—(去毛刺)—插入铆钉—顶模(顶把)顶住铆钉—旋铆机铆成形(或手工墩紧—墩粗—铆成—罩形)。

常用的铆接方法有锤铆和压铆。锤铆最普通的铆接,是利用铆枪[见图 8.26(a)]的活塞撞击铆卡,在铆钉的另一端由顶铁顶住,使钉杆墩粗,形成镦头。它具有机动灵活、噪声、振动及劳动强度大,生产效率低,应用较少等特点。锤铆又分为正铆和反铆,如图 8.25 所示。

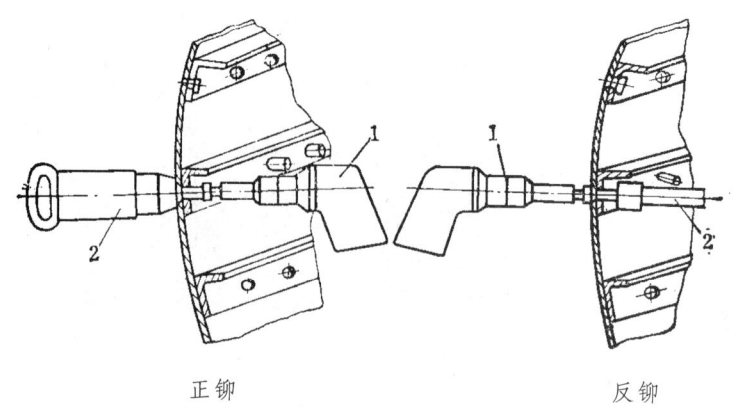

图 8.25 正铆和反铆

1—铆枪；2—顶铁

（1）正铆。

正铆是用顶铁顶住铆钉头，铆枪的锤击力直接打在钉杆上而形成镦头。其特点是在铆接埋头铆钉时表面质量好，因为铆枪直接打在钉杆上，蒙皮不受锤击。但其顶铁较重，一般用于铆接蒙皮表面。

（2）反铆。

反铆是铆枪在铆钉头那面锤击，用顶铁顶住钉杆一端面而形成镦头。其特点是顶铁重量轻，一般为正铆的四分之一，并且铆枪锤击力直接打在钉头的零件表面上，能够促使工件贴紧，故在铆接骨架结构时用反铆。

锤铆质量很大程度上取决于工人水平，容易产生各种缺陷，铆接强度会降低。

压铆是靠压铆机［见图 8.26（b）］的静压力镦粗钉杆，形成镦头。因此铆接质量稳定，与操作者技术水平关系较小，操作简便，表面质量好，工件变形小，劳动生产率高，应用较广等特点。

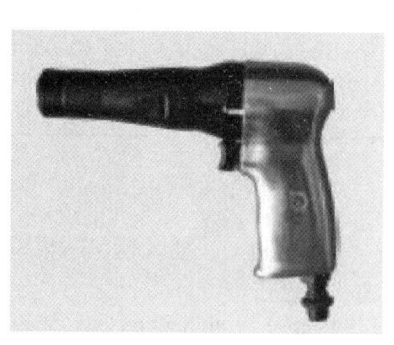
（a）铆枪

（b）压铆机

图 8.26 常用的铆接工具

8.6 黏　接

黏接是借助胶黏剂在固体表面上所产生的黏合力，将同种或不同种材料牢固地连接在一起的方法。黏接也是一种不可拆连接。图 8.27 所示为金属黏接的应用示例。

 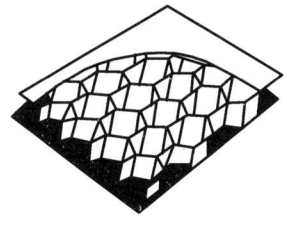

图 8.27　金属黏接应用示例

黏接具有如下优点：

（1）能够将不同的金属或金属与非金属黏接在一起。

（2）可以黏接一些不宜焊接或铆接的异形、复杂、微小和极薄的零件。

（3）黏接接头处应力分布比较均匀，黏接胶层具有缓和冲击、削减振动的作用，使接头处疲劳强度得以提高。

（4）黏接胶层密封性能好，黏合剂可以将两种不同金属隔开，能防止电化学腐蚀。

（5）黏接质量轻、外表光整。目前黏接技术在许多具有特殊要求的连接中应用比较普遍，如航天、电子设备等连接中。

黏接的缺点：

（1）黏合剂对温度变化比较敏感。

（2）耐老化、耐介质（如酸、碱等）性能较差。

（3）如果黏合面不清洁、胶层涂抹不均匀或过厚、固化温度与压力控制不当，将造成连接内部缺陷，且不易发现，因而降低了连接的可靠性。

8.6.1　黏接接头

黏接接头就是通过胶黏剂把被黏物连接成为一个整体的过渡受力或不受力的黏接部位。

黏接接头主要有 4 种形式，即对接、角接、T 形接和平接。实际所用的接头不管多么复杂，都是由这 4 种形式单独或组合使用。

1. 对　接

如图 8.28 所示，纯粹的对接，就是将两个被黏接的面合在一起，由于黏接面积小，承受的是不均匀分离力的作用，容易引起应力集中，黏接强度低，效果不好，应尽量不采用。然而在很多修补情况下，不能改变原来的形状，则必须采用对接的形式。若受力不大，强度能满足要求的；若受力较大，应采用改形的对接形式，如台阶对接、V 形对接和补对接等形式增加对接强度。

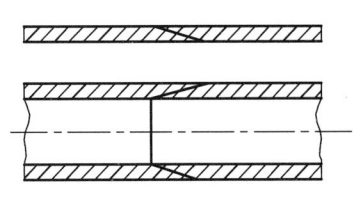

图 8.28　对接型式

2. 角接

如图 8.29 所示，简单的角接形式会受到不均匀的扯离力作用，由于应力集中，黏接强度低。

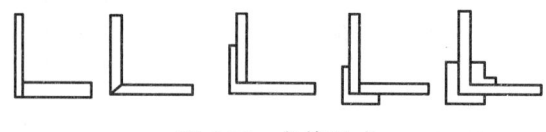

图 8.29 角接形式

3. T 形接

如图 8.30 所示单纯 T 形黏接接头，由于受力情况不好，粘接强度较低，基本上不能采用。

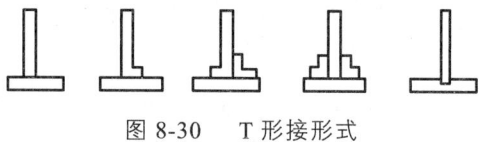

图 8-30 T 形接形式

4. 平 接

如图 8.31 所示，平接就是两个被黏物的平面结合在一起，它的黏接面积大，黏接强度高，适于柔性材料之间或柔性材料与刚性材料的黏接。

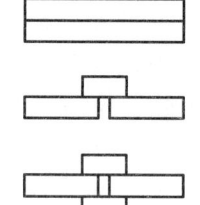

图 8.31 平接形式

设计黏接接头时应注意以下几点：

（1）尽可能使胶层受剪或受压。受拉时，胶层易发生扯开或剥离破坏，必要时应采取一些保护措施，如图 8.32 所示。

（2）尽量使胶层应力分布均匀。以搭接接头为例，若搭接长度过长，应力分布越不均匀，两侧最大切应力与平均切应力之比越大。

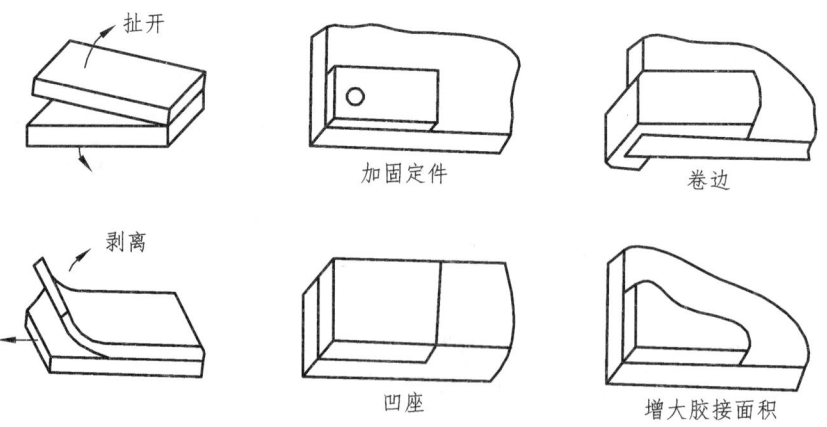

图 8.32 胶层应避免的受力和保护措施

8.6.2 黏合剂

黏合剂的品种很多，基本组合成分有环氧树脂、酚醛树脂、环氧树脂-酚醛树脂、聚酰胺、聚酰胺-环氧树脂、丙烯酸酯树脂、氰基丙烯酸酯、聚酰亚胺等。

粘接前应对表面进行预处理，做到没有脂、油、氧化皮或其他残留物。

机械处理方法有刮削、车削、砂布打磨、喷砂等。化学处理方法有用有机溶剂脱脂、酸洗、侵蚀等。表面粗糙的、经阳极氧化处理的（轻金属）黏接件，黏接强度更高。如被黏接件为钢，经酸处理的黏接强度比用蒸气脱脂的可提高约50%。黏接接头的强度还与固化温度、压力和时间有关。

8.7 联轴器

联轴器是用来连接两轴，使其一同回转并传递转矩的部件。联轴器连接的两轴，只有在机器停车后用拆卸方法才能使两轴分离。

联轴器的种类繁多。大多已标准化、系列化，一般只需要根据工作要求正确选择它们的类型和尺寸，必要时对其中易损的薄弱环节进行承载能力的校核计算。

8.7.1 联轴器的性能要求和种类

联轴器所连接的两轴，由于制造及安装误差、承载后变形、温度变化和轴承磨损等原因，不能保证严格对中，使两轴线之间出现相对位移或偏斜，如图 8.33 所示。如果联轴器对各种位移没有补偿能力，工作中将会产生附加动载荷，使轴的工作情况恶化。因此，要求联轴器具有补偿一定范围内两轴线相对位移量的能力。对于经常负载起动或工作载荷变化的场合，可采用具有起缓冲、减振作用的弹性元件的联轴器，以保护原动机和工作机不受或少受损伤。同时，还要求联轴器安全、可靠，有足够的强度和使用寿命。

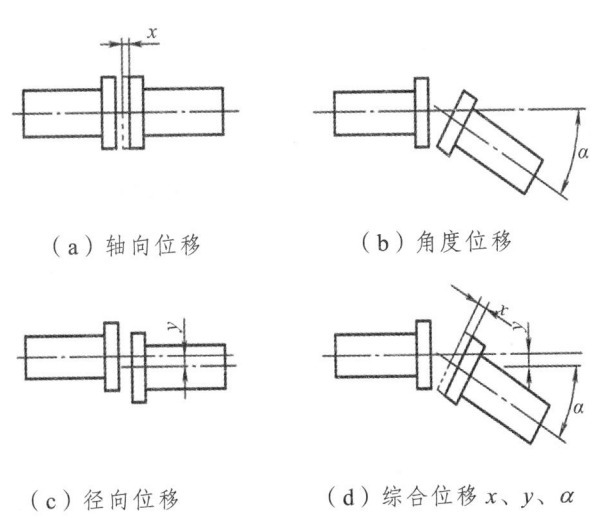

图 8.33 轴线间的相对位移

联轴器根据各种位移有无补偿能力可分为刚性联轴器和挠性联轴器两大类。刚性联轴器不具有缓冲性和补偿两轴线相对位移的能力，要求两轴安装严格对中。此类联轴器结构简单、制造成本较低，装拆、维护方便，能保证两轴有较高的对中性，传递转矩较大，故应用广泛。

挠性联轴器又可分为无弹性元件挠性联轴器和有弹性元件挠性联轴器。前一类只具有补偿两轴线相对位移的能力，但不能缓冲减振；后一类因含有弹性元件，除具有补偿两轴线相对位移的能力外，还具有缓冲和减振作用，但传递的转矩因受到弹性元件强度的限制，一般不及无弹性元件挠性联轴器。

8.7.2 常用联轴器的结构和特点

1. 固定式刚性联轴器

（1）凸缘联轴器。

凸缘联轴器结构如图 8.34 所示，由两个带凸缘的半联轴器用螺栓连接而成，半联轴器与两轴之间用键连接。常用的结构形式有两种，它们的对中方法不同。图 8.34（a）为两半联轴器的凸肩与凹槽相配合面对中，用普通螺栓连接，依靠接合面间的摩擦力传递转矩，对中精度高。装拆时，轴必须做轴向移动。图 8.34（b）为两半联轴器用铰制孔螺栓连接，靠螺栓杆与螺栓孔配合对中，依靠螺栓杆的剪切及其与孔的挤压传递转矩，装拆时轴不须做轴向移动。

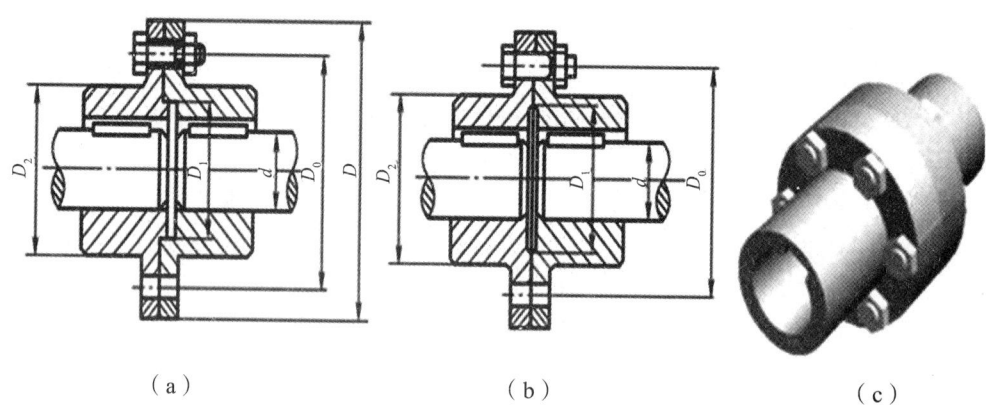

（a） （b） （c）

图 8.34 凸缘联轴器

凸缘联轴器结构简单、价格低廉、传递扭矩大、传力可靠、对中性好、装拆方便，但其不具有位置补偿功能，也不能缓冲减振，只适用于两轴能严格对中、载荷平稳的场合。

（2）套筒联轴器。

图 8.35（a）为键连接的套筒联轴器，图 8.35（b）为销连接的套筒联轴器。套筒的材料通常用 45 钢，适用于轴径小于 60～70 mm 的对中性较好的场合。其径向尺寸小、结构简单，可根据不同轴径自行设计制造，在仪器中应用较广。

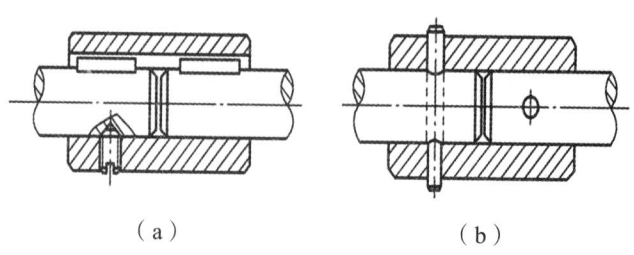

（a） （b）

图 8.35 套筒联轴器

2. 移动式刚性联轴器

十字滑块联轴器属于移动式刚性联轴器。如图 8.36（a）所示，这种联轴器由两个端面开有凹槽的半联轴器 1、3，利用两面带有凸块的中间盘 2 连接，半联轴器 1、3 分别与主、从动轴连接成一体，实现两轴的连接。如图 8-36（b）所示，中间盘沿径向滑动补偿径向位移 y，并能补偿角度位移 α，若两轴线不同心或偏斜，则在运转时中间盘上的凸块将在半联轴器的凹槽内滑动。转速较高时，由于中间盘的偏心会产生较大的离心力和磨损，并使轴承承受附加动载荷，故这种联轴器适用于低速场合。为减少磨损，可由中间盘油孔注入润滑剂。半联轴器和中间盘的常用材料为 45 钢，工作表面淬火硬度为 48～58 HRC。

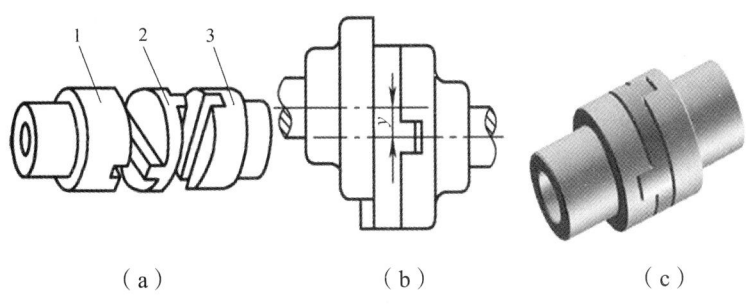

图 8.36　十字滑块联轴器

1，3—半联轴器；2—中间圆盘

3. 弹性联轴器

（1）弹性套柱销联轴器。

如图 8.37 所示，弹性套柱销联轴器的结构与凸缘联轴器相似，只是用套有弹性圈 1 的柱销 2 代替了连接螺栓，故能吸振。弹性圈一般用耐油橡胶制成，柱销材料多采用 45 钢。为补偿较大的轴向位移，安装时在两轴间留有一定的轴向间隙 c；为了便于更换易损件弹性套，设计时应留一定的距离。

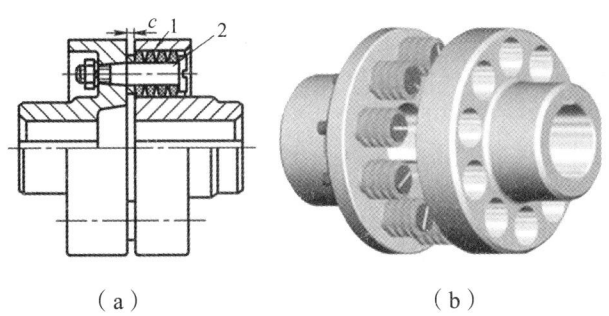

图 8.37　弹性套柱销联轴器

1—弹性圈；2—柱销

弹性套柱销联轴器制造简单，装拆方便，成本较低，但容易磨损，寿命较短，适用于连接载荷平稳、需正反转或启动频繁的小转矩传动轴。

（2）弹性柱销联轴器。

如图 8.38 所示，弹性柱销联轴器与弹性套柱销联轴器结构相似，只是柱销材料为尼龙，柱销形状一端为柱形，另一端制成腰鼓形，以增大角度位移的补偿能力。为防止柱销脱落，柱销两端装有挡板，用螺钉固定。

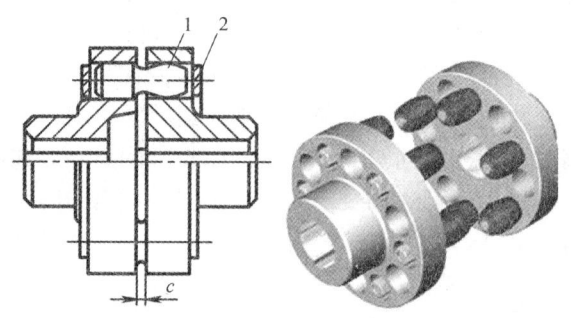

图 8.38　弹性套柱销联轴器
1—尼龙柱销；2—挡板

弹性柱销联轴器结构简单，能补偿两轴间的相对位移，并具有一定的缓冲、吸振能力，应用广泛，可代替弹性套柱销联轴器。因尼龙对温度敏感的缘故，它的使用温度受限制。

（3）万向联轴器。

如图 8.39（a）所示，万向联轴器由两个轴叉分别与中间的十字轴以铰链相连，它利用中间连接件十字轴连接的两叉形半联轴器均能绕十字轴的轴线转动，从而使联轴器的两轴线能成任意角度 α，一般 α 最大可达 35°～45°。但 α 角越大，传动效率越低。万向联轴器单个使用时，当主动轴以等角速度转动时，从动轴做变角速度回转，从而在传动中引起附加动载荷。为避免出现这种现象，可采用两个万向联轴器成对使用，使两次角速度变化的影响相互抵消，达到主动轴和从动轴同步转动，如图 8.39（b）所示。图 8.39（c）是万向联轴器的实物。

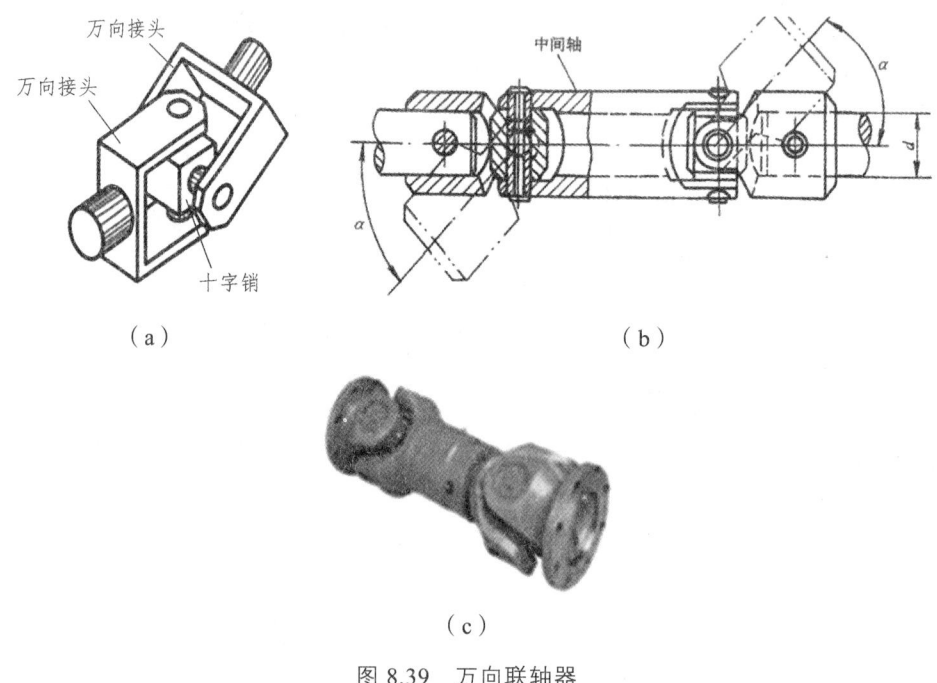

图 8.39　万向联轴器

万向联轴器常用合金钢制造，以获得较高的耐磨性和较小的尺寸。万向联轴器能补偿较大的角位移，结构紧凑，使用、维护方便，广泛用于汽车、工程机械等的传动系统中。

复习思考题

一、判断题
1. 工程实践中螺纹连接多采用自锁性好的三角形粗牙螺纹。　　　　　　　（　）
2. 键连接的主要用途是使轴与轮毂之间有确定的相对位置。　　　　　　（　）
3. 键的截面尺寸通常根据传递转矩的大小来确定。　　　　　　　　（　）
4. 由于花键连接较平键连接的承载能力高，因此花键连接主要用于载荷较大的场合。
　　　　　　　　　　　　　　　　　　　　　　　　　　　　　　　（　）
5. 销的功用是用作零件之间相对位置的固定。　　　　　　　　　　（　）

二、选择题
1. 双头螺柱连接适用于连接件之一太厚而不便打通孔并（　　）的场合。
   A．不需要经常拆装　　　B．需要经常拆装　　　C．受力不大
2. 普通平键连接的工作特点是（　　）。
   A．键的两侧面是工作面　　　B．键的上下两表面是工作面
3. 齿轮减速器的箱体与箱盖用螺纹连接，箱体被连接处的厚度不太大，且经常拆装，一般选用（　　）。
   A．螺栓连接　　　　B．螺钉连接　　　　C．双头螺柱连接
4. 下列几种螺纹连接中，（　　）更适用于承受冲击、振动和变载荷。
   A．粗牙普通螺纹　　B．细牙普通螺纹　　C．梯形螺纹

三、简答题
1. 螺纹连接为什么要预紧？常用的控制预紧力的方法有哪些？
2. 螺纹连接为什么要防松？防松原理是什么？常用方法有哪些？
3. 焊接的主要特点是什么？
4. 焊接、铆接、黏接的特点及应用是什么？
5. 万向联轴器有何特点？

参考文献

[1] 徐坚,柴鹏飞. 城市轨道交通机械基础[M]. 北京:机械工业出版社,2010.
[2] 张涛,丁建平. 机械基础[M]. 北京:人民交通出版社,2016.
[3] 李东和,丁韧. 机械基础[M]. 哈尔滨:哈尔滨工业大学出版社,2018.
[4] 陈继刚,等. 工程力学[M]. 徐州:中国矿大出版社,2002.
[5] 陈位宫,等. 工程力学[M]. 北京:高等教育出版社,2001.
[6] 邱家骏,等. 工程力学[M]. 北京:机械工业出版社,2002.
[7] 顾志荣,等. 材料力学学习方法及解题指导[M]. 上海:同济大学出版社,2003.
[8] 张继世. 机械工程材料基础[M]. 北京:高等教育出版社,2000.
[9] 曲保中,朱炳林,周继红. 新大学化学[M]. 北京:科学出版社,2002.
[10] 周继杨. 铸铁彩色金相学[M]. 北京:机械工业出版社,2002.
[11] 左键民. 液压与气压传动[M]. 北京:机械工业出版社,2000.
[12] 丁树模. 液压传动[M]. 北京:机械工业出版社,2000.
[13] 凤勇. 汽车机械基础[M]. 北京:人民交通出版社,2007.